象棋谱丛书

扁

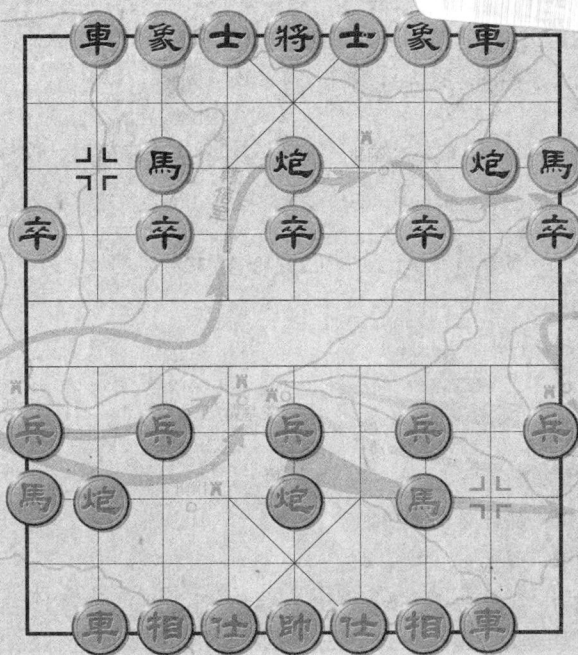

列炮局

黄少龙 段雅丽 杜彬 编

经济管理出版社·棋书中心

图书在版编目（CIP）数据

列炮局/黄少龙，段雅丽，杜彬编．—北京：经济管理出版社，2014.10
ISBN 978-7-5096-3314-4

Ⅰ.①列…　Ⅱ.①黄…②段…③杜…　Ⅲ.①中国象棋—布局（棋类运动）
Ⅳ.①G891.2

中国版本图书馆 CIP 数据核字（2014）第 192737 号

组稿编辑：郝光明　王　琼
责任编辑：郝光明　史岩龙
责任印制：黄章平
责任校对：超　凡

出版发行：经济管理出版社
　　　　　（北京市海淀区北蜂窝 8 号中雅大厦 A 座 11 层　100038）
网　　址：www.E-mp.com.cn
电　　话：（010）51915602
印　　刷：保定金石印刷有限公司
经　　销：新华书店
开　　本：720mm×1000mm/16
印　　张：12.75
字　　数：236 千字
版　　次：2014 年 10 月第 1 版　2014 年 10 月第 1 次印刷
印　　数：1—5000 册
书　　号：ISBN 978-7-5096-3314-4
定　　价：33.00 元

总　序

　　具有初、中级水平的棋友，如何提高棋力？这是大家关心的问题。

　　一是观摩象棋大师实战对局，细心观察大师在开局阶段怎样舒展子力、部署阵型，争夺先手；在中局阶段怎样进攻防御，谋子取势、攻杀入局；在残局阶段怎样运子，决战决胜，或者巧妙求和。从大师对局中汲取精华，为我所用。

　　二是把大师对局按照开局阵式分类罗列，比较不同阵式的特点、利弊及对中局以至残局的影响，从中领悟开局的规律及其对全盘棋的重要性。由于这些对局是大师们经过研究的作品，所以对我们有很实用的价值，是学习的捷径。

　　本丛书就是为满足广大棋友的需要，按上述思路编写的。全套丛书以开局分类共51册，每册一种开局阵式。读者可以选择先学某册开局，并在自己对弈实践中体会有关变化，对照大师对局的弈法找出优劣关键，就会提高开局功力，然后选择另一册，照此办理。这样一册一册学下去，掌握越来越多的开局知识，你的开局水平定会大为提高，赢棋就多起来。

　　本丛书以宏大的气魄，把象棋开局及其后续变化的巨大篇幅展示在读者面前，是棋谱出版的创举，也是广大棋友研究象棋的好教材，相信必将得到棋友们的喜爱。

黄少龙

2013. 11. 6

前　言

列炮局历史悠久。明代象棋谱《适情雅趣》曾载 8 局，表明列炮局在象棋发展初期已相当流行。

列炮阵式由红黑双方按反方向摆中炮而成。一方面从中线展开对攻，另一方面双方先出动的车不在同一侧，造成各攻一翼的激烈场面，短兵相接展开肉搏战。另外，也会出现模仿型阵式，看谁攻杀速度快、杀力大，便能捷足先登。

列炮局的特点是从中路及侧翼展开攻击，其对抗性比顺炮更为激烈，因而在比赛的关键时刻，常常被采用以求一搏。早期的列炮局型，双方均跳边马，称为大列手炮，通常靠巡河车带动边马跃出。着重侧翼配合中炮。这种阵式变化简单，为人们所熟悉。

后来红方发展了左正马及进炮封车战术，使黑方束手无策，于是宣告大列手炮的衰落。但这也启发黑方运用此种战术。

现代列炮局，双方均跳左正马，加强了中心区域的攻防力量，黑首着不摆列炮，到第 4 回合才摆列炮，故称为半途列炮，这是新旧列炮局的分水岭，扭转了旧列炮的一度低迷状态，又获得了新生。半途列炮局富于反弹力，曾给红方阵型以巨大冲击。当然，红方也发展了两头蛇兵阵的攻法，能保持先手，使列炮局继续发展下去。

黄少龙　段雅丽

目　录

第一章　左三步虎转列手炮…………………………… 1

第 1 局　阎文清胜张强………………………………… 1

第 2 局　李来群负吴贵临……………………………… 2

第 3 局　洪智胜胡荣华………………………………… 3

第 4 局　胡荣华胜赵国荣……………………………… 4

第 5 局　万春林胜金波………………………………… 5

第 6 局　陈翀胜陶汉明………………………………… 6

第 7 局　言穆江胜付光明……………………………… 7

第 8 局　李少庚胜陈寒峰……………………………… 8

第 9 局　于幼华负柳大华……………………………… 9

第 10 局　胡荣华胜曹霖……………………………… 10

第 11 局　柳大华胜陶汉明…………………………… 11

第 12 局　徐天红负李艾东…………………………… 12

第 13 局　柳大华负吴贵临…………………………… 13

第 14 局　吕钦负胡荣华……………………………… 14

第 15 局　郭福人负李林……………………………… 15

第 16 局　胡荣华胜李来群…………………………… 16

第 17 局　赵国荣胜蒋凤山…………………………… 17

第 18 局　洪智胜陶汉明……………………………… 18

第 19 局　刘星负于幼华……………………………… 19

第 20 局　余仲明负吴贵临…………………………… 20

第 21 局　卜凤波负吕钦……………………………… 21

第 22 局　陈安强胜汪洋北…………………………… 22

第 23 局　赵国荣胜阎文清…………………………… 23

第24局 李鸿嘉胜谢靖……………………………………24

第25局 郭福人负李家华……………………………………25

第26局 胡荣华胜孙志伟……………………………………26

第27局 徐天红负陶汉明……………………………………27

第28局 胡荣华胜吕钦………………………………………28

第29局 万春林胜杨德琪……………………………………29

第30局 胡荣华胜李来群……………………………………30

第31局 付光明胜吴贵临……………………………………31

第32局 邬正伟胜吕钦………………………………………33

第33局 胡荣华负李来群……………………………………34

第34局 张强胜陈寒峰………………………………………35

第35局 胡荣华胜于幼华……………………………………36

第36局 王斌负汪洋…………………………………………38

第37局 柳大华胜李来群……………………………………39

第38局 吕钦负许银川………………………………………40

第二章 大列手炮或小列手炮……………………………43

第39局 胡荣华胜戴荣光……………………………………43

第40局 杨官璘胜张增华……………………………………44

第41局 吕钦胜李来群………………………………………45

第42局 赵鑫鑫胜陈富杰……………………………………46

第43局 陈松顺胜张德魁……………………………………47

第44局 喻之青胜赵国荣……………………………………48

第45局 郑鑫海胜付光明……………………………………49

第46局 赵鑫鑫胜胡荣华……………………………………50

第47局 王嘉良胜孟立国……………………………………51

第48局 陈翀胜张晓平………………………………………52

第49局 黄松轩胜黄章………………………………………53

第50局 赵冠芳胜欧阳琦琳…………………………………54

第51局 窦国柱负邵次明……………………………………55

第52局 尚威胜董旭彬………………………………………56

第53局 杨官璘胜何顺安……………………………………57

第 54 局　万启友胜张德魁……………………………………… 58

第 55 局　徐超胜宇兵…………………………………………… 59

第 56 局　沈志奕胜高琪………………………………………… 60

第 57 局　许波胜梁文斌………………………………………… 61

第 58 局　杨官璘胜曾益谦……………………………………… 62

第 59 局　许银川胜胡荣华……………………………………… 63

第 60 局　黄松轩胜黄章………………………………………… 64

第 61 局　孟立国胜郭长顺……………………………………… 65

第 62 局　申鹏胜金松…………………………………………… 66

第 63 局　徐天红胜赵庆阁……………………………………… 67

第 64 局　项阳红负龚晓民……………………………………… 69

第 65 局　周俊来负赵庆阁……………………………………… 70

第 66 局　汪洋胜陈富杰………………………………………… 71

第 67 局　陈孝坤负黄少龙……………………………………… 73

第 68 局　朱剑秋负马宽………………………………………… 74

第三章　左炮封车转列手炮…………………………………… 77

第 69 局　朱晓虎负赵力………………………………………… 77

第 70 局　唐丹胜欧阳琦琳……………………………………… 78

第 71 局　钱洪发负胡荣华……………………………………… 79

第 72 局　许银川胜聂铁文……………………………………… 80

第 73 局　李忠雨负付光明……………………………………… 81

第 74 局　胡荣华胜余仲明……………………………………… 82

第 75 局　钱洪发胜李忠雨……………………………………… 83

第 76 局　柳大华负李来群……………………………………… 84

第 77 局　黄勇负徐天红………………………………………… 85

第 78 局　申鹏胜卜凤波………………………………………… 86

第 79 局　刘殿中负聂铁文……………………………………… 87

第 80 局　喻之青胜许波………………………………………… 88

第 81 局　林宏敏胜季本涵……………………………………… 89

第 82 局　何顺安胜季本涵……………………………………… 90

第 83 局　徐天红胜赵国荣……………………………………… 91

第84局　吕钦胜胡荣华……………………………92
第85局　许银川胜苗永鹏……………………………93
第86局　徐天红胜胡荣华……………………………94
第87局　许银川胜金波………………………………95
第88局　刘殿中胜陈孝坤……………………………96
第89局　汪洋负洪智…………………………………97
第90局　刘伯良负胡荣华……………………………98
第91局　黎德志胜车兴国……………………………99
第92局　胡荣华胜戴荣光……………………………100
第93局　赵国荣胜陈锦安……………………………101
第94局　韩松龄负李来群……………………………102
第95局　钱洪发胜邹立武……………………………103
第96局　张江胜柳大华………………………………104
第97局　黎金福负胡荣华……………………………105
第98局　洪智负金松…………………………………106
第99局　马国梁负杨官璘……………………………107
第100局　赵国荣胜孟立国……………………………108
第101局　黄学谦负赵鑫鑫……………………………109
第102局　聂铁文胜蒋凤山……………………………110
第103局　王嘉良负臧如意……………………………111
第104局　蒋志梁胜胡荣华……………………………112
第105局　于幼华胜陈孝坤……………………………113
第106局　尚威负邹立武………………………………114
第107局　邓颂宏胜张元启……………………………115
第108局　李庆先负马仲威……………………………116
第109局　胡荣华胜于幼华……………………………117
第110局　卜凤波负陈孝坤……………………………118
第111局　聂铁文胜苗永鹏……………………………119
第112局　王跃飞负柳大华……………………………120
第113局　武俊强胜郑一泓……………………………121
第114局　胡荣华胜陈孝坤……………………………122
第115局　金启昌胜孟昭忠……………………………123

目　录

第 116 局　于幼华负柳大华 ……………………………… 124

第 117 局　刘殿中负胡荣华 ……………………………… 125

第 118 局　蔚强负赵力 …………………………………… 126

第 119 局　李家华负陈孝坤 ……………………………… 127

第 120 局　徐天红胜金松 ………………………………… 128

第 121 局　蒋川胜陈富杰 ………………………………… 129

第 122 局　党斐胜赵力 …………………………………… 130

第 123 局　万春林胜许银川 ……………………………… 131

第 124 局　郑乃东胜于幼华 ……………………………… 132

第 125 局　黄勇胜孙志伟 ………………………………… 134

第 126 局　徐俊杰负李来群 ……………………………… 135

第 127 局　于幼华负赵国荣 ……………………………… 136

第 128 局　程福臣胜车兴国 ……………………………… 137

第 129 局　洪智负陶汉明 ………………………………… 138

第 130 局　刘殿中胜金波 ………………………………… 139

第 131 局　郑鑫海负付光明 ……………………………… 141

第 132 局　蔡忠诚胜陈渔 ………………………………… 142

第 133 局　蒋川负许银川 ………………………………… 143

第 134 局　王跃飞胜卜凤波 ……………………………… 144

第 135 局　吕钦胜王嘉良 ………………………………… 145

第 136 局　潘振波负许银川 ……………………………… 147

第 137 局　黄勇胜梁文斌 ………………………………… 148

第 138 局　吕钦胜李艾东 ………………………………… 149

第 139 局　柳大华胜王嘉良 ……………………………… 150

第 140 局　吴贵临负吕钦 ………………………………… 152

第 141 局　刘殿中胜赵国荣 ……………………………… 153

第 142 局　钱洪发负赵国荣 ……………………………… 154

第 143 局　胡荣华胜吴贵临 ……………………………… 156

第 144 局　张影富胜李来群 ……………………………… 157

第 145 局　杨官璘负胡荣华 ……………………………… 158

第 146 局　刘星负邹立武 ………………………………… 160

第 147 局　钱洪发负赵庆阁 ……………………………… 161

第 148 局　王斌负林宏敏……………………………… 162

第 149 局　刘殿中负胡容儿……………………………… 164

第 150 局　言穆江胜沈芝松……………………………… 165

第 151 局　赵国荣胜蔡福如……………………………… 166

第 152 局　蒋志梁胜卜凤波……………………………… 168

第 153 局　蒋川胜金松…………………………………… 169

第 154 局　刘殿中负赵国荣……………………………… 170

第四章　其　他……………………………………………… 173

第 155 局　蔡忠诚负金松………………………………… 173

第 156 局　李雪松胜李艾东……………………………… 174

第 157 局　赵国荣胜柳大华……………………………… 175

第 158 局　杨官璘胜赵庆阁……………………………… 176

第 159 局　秦劲松负李锦欢……………………………… 177

第 160 局　柳大华胜王秉国……………………………… 178

第 161 局　赵国荣胜苗永鹏……………………………… 179

第 162 局　陈新全负何顺安……………………………… 180

第 163 局　宗永生胜张江………………………………… 181

第 164 局　黄少龙胜梁文斌……………………………… 182

第 165 局　赵国荣胜柳大华……………………………… 183

第 166 局　刘宗泽胜肖革联……………………………… 184

第 167 局　赵国荣胜赵庆阁……………………………… 185

第 168 局　卜凤波胜赵庆阁……………………………… 187

第 169 局　陈翀胜孙浩宇………………………………… 188

第 170 局　徐天红胜李来群……………………………… 189

第一章 左三步虎转列手炮

第1局 阎文清胜张强

1. 炮二平五　马8进7
2. 兵三进一　车9平8
3. 马二进三　炮8平9
4. 马八进七　炮2平5
5. 兵七进一　马2进3
6. 炮八进一　车8进4（图1）
7. 车一平二！车8平2
8. 炮八平七　卒7进1
9. 车二进六！卒7进1
10. 车二平三　马3退5
11. 车三退二　炮9退1
12. 马三进四　炮9平7
13. 马四进三　车1平2
14. 车九进一　前车平6
15. 车九平六　车6退1
16. 车三平四！车6平7？
17. 车六进八！将5平4
18. 车四进五！（图2）

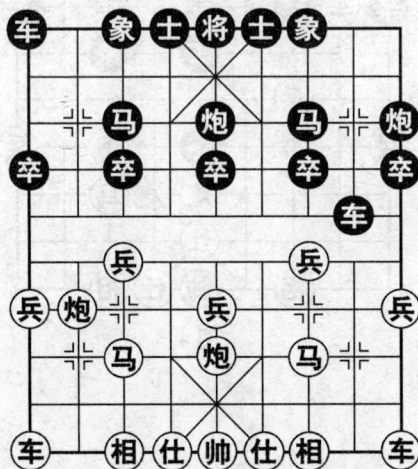

图1

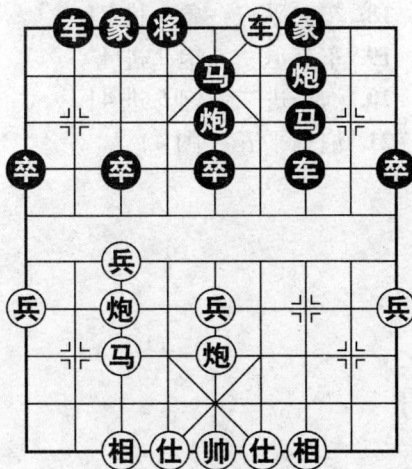

图2

第2局 李来群负吴贵临

1. 炮二平五　马8进7
2. 马二进三　车9平8
3. 马八进七　炮8平9
4. 兵七进一　车8进5
5. 兵五进一　炮2平5
6. 马七进五　卒7进1（图3）
7. 兵三进一　车8退1
8. 兵三进一　车8平7
9. 炮八退一　马7进6
10. 炮八平三　马6进7
11. 车一平二　车1进1！
12. 车九平八　马2进3
13. 仕六进五　车1平6
14. 炮五平七　炮9平7！
15. 车二进四　象7进9
16. 车八进六　卒5进1！
17. 兵五进一?　车7平5
18. 车二平三　象9进7！
19. 车三退一　炮7进4
20. 炮三进二　炮5进4！
21. 炮七平五（图4）

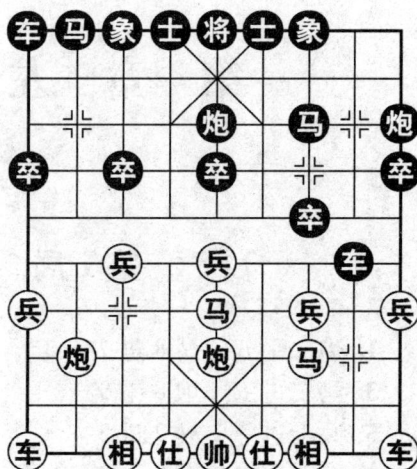

图3

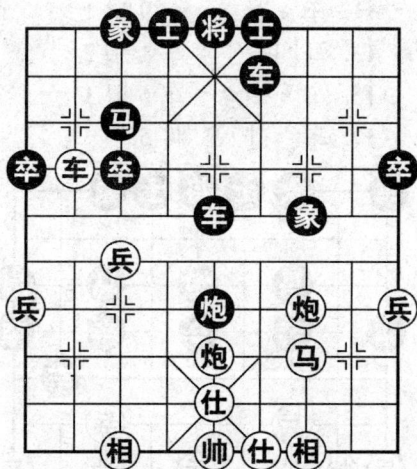

图4

第3局　洪智胜胡荣华

1. 炮二平五　马8进7
2. 马二进三　车9平8
3. 兵三进一　炮2平5
4. 马八进七　马2进3
5. 车九平八　炮8平9
6. 炮八平九　卒3进1
7. 车一进一　车8进4
8. 车一平四　卒7进1（图5）
9. 车四进三　炮5平4
10. 兵五进一　士6进5
11. 兵五进一！卒5进1？
12. 车八进六　卒7进1
13. 车四平三　象7进5
14. 车八平七　车1进2
15. 马三进四　车8平6
16. 马七进五　车6平7
17. 马四进三！炮9平8
18. 马三退五！炮4退1
19. 车三进一　象5进7
20. 车七平二！炮8平9
21. 前马进七！车1平2
22. 马五进四！（图6）

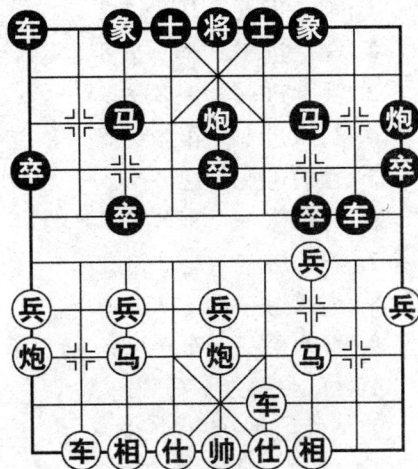

图5

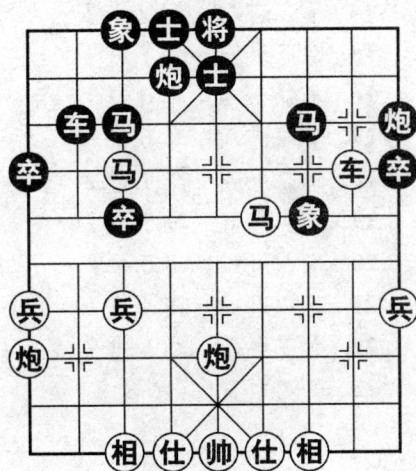

图6

第4局　胡荣华胜赵国荣

1. 炮二平五　马8进7
2. 马二进三　车9平8
3. 兵七进一　炮8平9
4. 马八进七　车8进5?
5. 相七进九　炮2平5
6. 兵三进一　车8平7（图7）
7. 车一进二　马2进3
8. 炮八退一!　车7退1
9. 炮八平三　车7平6
10. 车一平二　马7退5
11. 车九进一!　卒7进1
12. 马三进二　卒7进1
13. 马二进一　炮9进4
14. 车二进六　炮9平7
15. 炮三进三　炮7进1
16. 车九平六　车6退1
17. 车六进六!　车6平9?
18. 车二平四　车1进2
19. 仕四进五　马3退2
20. 车六进二!　将5平4
21. 车四进一!　将4进1
22. 炮三平六　马5进7
23. 车四平五!（图8）

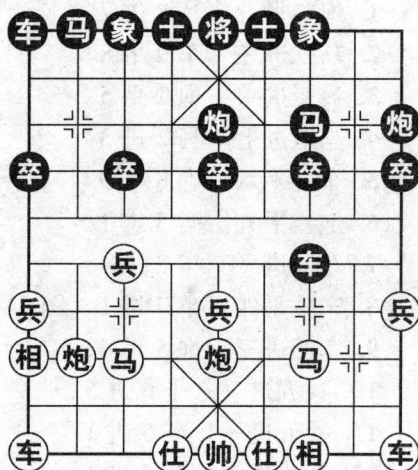

图7

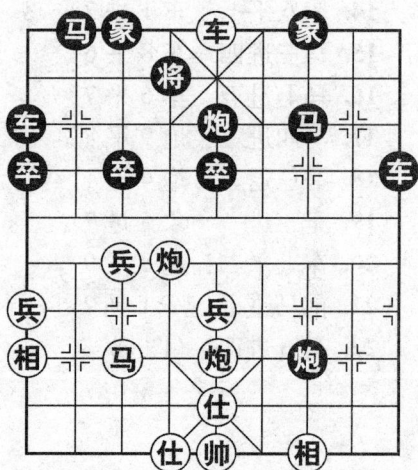

图8

第5局　万春林胜金波

1. 炮二平五　马8进7
2. 兵七进一　车9平8
3. 马二进三　炮8平9
4. 马八进七　车8进5
5. 兵五进一　炮2平5
6. 马七进五　车1进2（图9）
7. 车一进一　车1平2
8. 车九平八　车2进4
9. 车一平八！马2进1
10. 炮八平七　车2平3
11. 前车进二！车3平2
12. 车八进三　车8退1
13. 兵九进一　炮9退1
14. 仕六进五　士4进5
15. 车八进四！卒1进1
16. 兵五进一　卒5进1
17. 兵九进一　卒5进1
18. 炮五进二　车8平1
19. 炮七平五　车1平4
20. 前炮进一！车4退1
21. 马五进四　车4平6
22. 马三进五　卒7进1
23. 后炮平四！车6平7
24. 马四进三　车7退1
25. 车八平七！（图10）

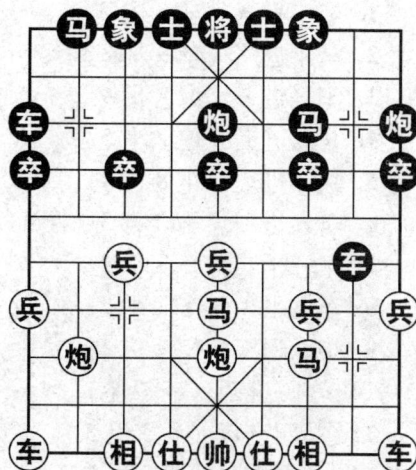

图9

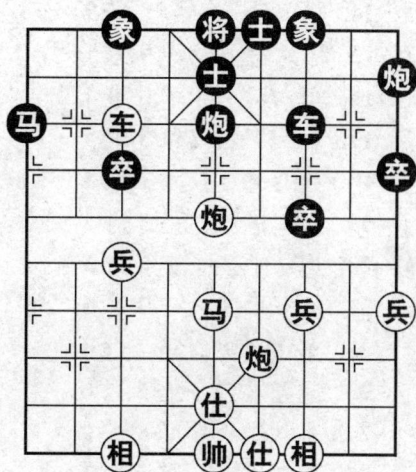

图10

第6局 陈翀胜陶汉明

1. 炮二平五　马8进7
2. 马二进三　车9平8
3. 车一进一　炮8平9
4. 马八进七　炮2平5
5. 兵三进一　车8进4
6. 车九进一　马2进3（图11）
7. 车一平二　车8平3
8. 车九平六　车1平2
9. 炮八退一！卒7进1
10. 马三进四！卒7进1
11. 马四进六　马3退5
12. 马六进四　车3平6
13. 马四进三　车6退3
14. 马三退一　炮5平9
15. 车六进七　炮9退1
16. 车六退一　车6进4
17. 车二平六　象3进5
18. 兵七进一！车2平3
19. 后车进三　马5进3
20. 炮八平三　士6进5
21. 后车平四　卒7平6
22. 车六退三　马7进8
23. 炮五平二　士5退6
24. 车六进一！马8进9
25. 炮二进七　车3进1
26. 车六进二！（图12）

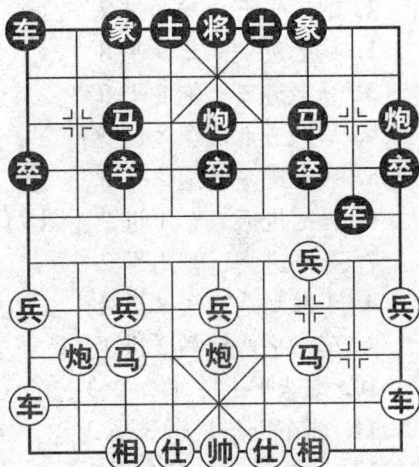

图 11

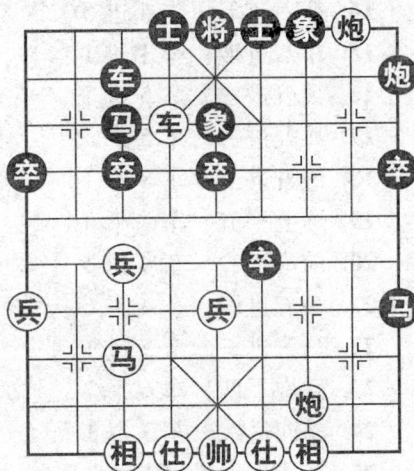

图 12

第7局 言穆江胜付光明

1. 炮二平五　马8进7
2. 马二进三　车9平8
3. 兵七进一　炮2平5
4. 马八进七　马2进3
5. 车九平八　炮8平9
6. 兵三进一　车1进1
7. 炮八平九　车1平4
8. 车八进六　车4进5
9. 马七进八　车4平2
10. 炮九平七　车8进4（图13）
11. 炮七进四　象3进1
12. 炮七平三　士6进5
13. 兵七进一！车8平3
14. 车一平二　车3进1
15. 炮三进三！车2退1
16. 车八退二　车3平2
17. 兵三进一！马3进4
18. 兵三进一　车2平7
19. 车二进二！炮9进4
20. 兵三进一　车7退3
21. 车二进七！炮9进3
22. 炮五平八！车7平5
23. 炮八进七　象1退3
24. 炮三平六　士5退6
25. 炮六平四　象3进1
26. 炮四退二！将5进1
27. 车二退一！（图14）

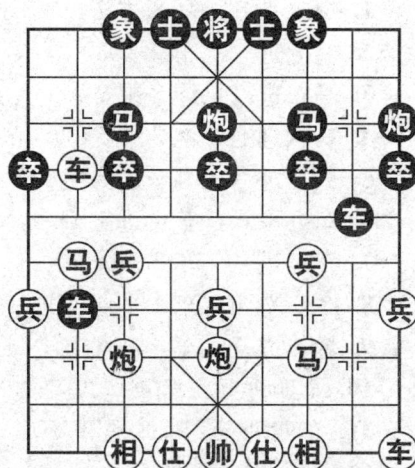

图13

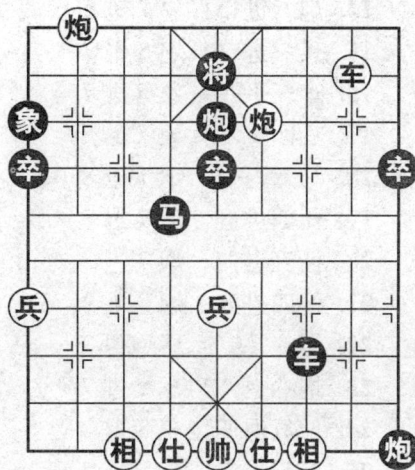

图14

第8局 李少庚胜陈寒峰

1. 炮二平五　　马8进7
2. 兵七进一　　车9平8
3. 马二进三　　炮8平9
4. 马八进七　　炮2平5
5. 兵三进一　　马2进3
6. 车九平八　　车1进1
7. 车一进一　　车8进4
8. 车一平四　　车1平4 (图15)
9. 炮八进三　　车4进5
10. 车四进五　　车4平3
11. 车四平三　　车8退2
12. 车八进二　　炮5退1
13. 马三进四！　卒3进1
14. 炮八进二！　象7进5
15. 兵三进一！　炮5平7
16. 车三平一　　象5进7
17. 马四进六！　象7退5
18. 马六退七　　炮7进8
19. 仕四进五　　炮7退3
20. 仕五退四　　炮7进3
21. 仕四进五　　炮7平9
22. 车一平三　　后炮退2
23. 炮八退一！　车8进7
24. 仕五退四　　车8退2
25. 车三退六　　车8平7
26. 后马退五！　车7进1
27. 炮五平一！(图16)

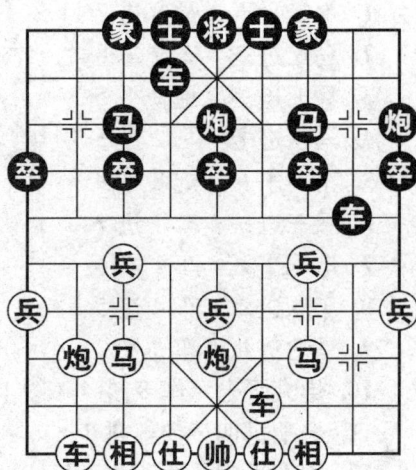

图 15

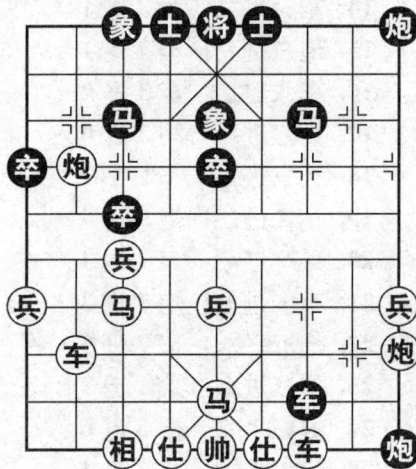

图 16

第9局 于幼华负柳大华

1. 炮二平五 马8进7
2. 兵三进一 车9平8
3. 马二进三 炮8平9
4. 马八进七 炮2平5
5. 车九平八 马2进3
6. 兵七进一 车1进1
7. 炮八平九 车1平4
8. 车八进六 车4进5
9. 马七进八 车4平1!
10. 炮九平七 车1平3（图17）
11. 炮五退一 车8进8
12. 马三进四 车8退4
13. 兵七进一 卒3进1
14. 马四退五 炮5进4!
15. 兵一进一 车8进2
16. 炮五进二 车8平5
17. 车一平二 马7退5!
18. 车二进七 炮9进3
19. 仕六进五 车3退1!
20. 车二退三 炮9平7
21. 马八进九 马3进1
22. 车八平九 卒7进1
23. 炮七退一 马5进7
24. 相七进九 车3进2
25. 车九退二 象7进5
26. 车九平六 车3平1
27. 仕五退六 士4进5!
28. 炮七平五 车5进1!（图18）

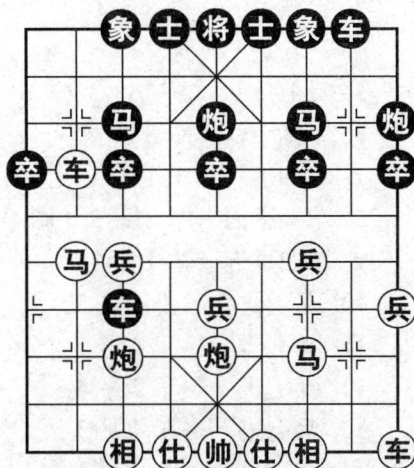

图17

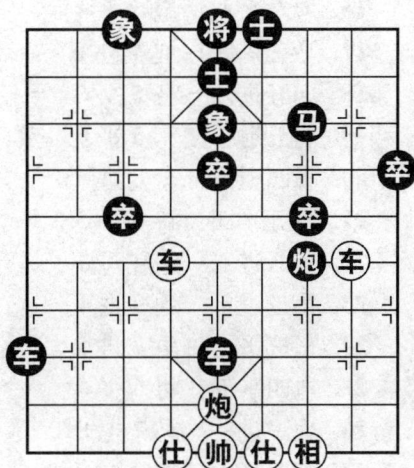

图18

第 10 局　胡荣华胜曹霖

1. 炮二平五　马 8 进 7
2. 马二进三　车 9 平 8
3. 兵三进一　炮 8 平 9
4. 马八进七　炮 2 平 5
5. 兵七进一　马 2 进 3
6. 车九平八　车 8 进 4
7. 车一进一　车 1 进 1
8. 车一平四　车 8 平 2 （图 19）
9. 车四进五　车 1 平 8
10. 马七进六　士 6 进 5
11. 兵七进一！车 2 进 1
12. 兵七进一　车 2 平 4
13. 兵七进一　车 4 平 3
14. 车四平三　车 8 进 1
15. 炮八进七　车 3 退 3
16. 炮八平九！炮 5 平 4
17. 马三进四！炮 4 进 1
18. 炮五进四　将 5 平 6
19. 炮五退二　车 3 平 6
20. 马四退三　车 8 进 5
21. 炮五平四！将 6 平 5
22. 车八进二　炮 4 进 3
23. 兵三进一　炮 9 退 1
24. 车三平七！象 7 进 5
25. 炮四平五！将 5 平 6
26. 兵三进一　马 7 退 8
27. 车七平六　炮 9 进 5
28. 炮五进四！（图 20）

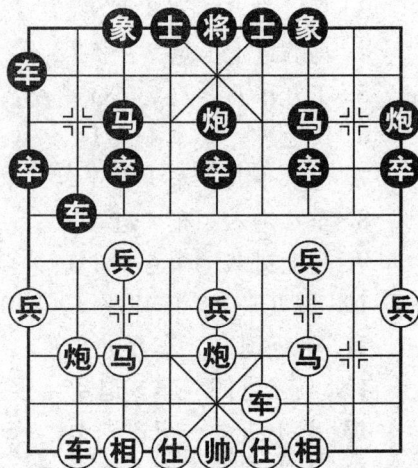

图 19

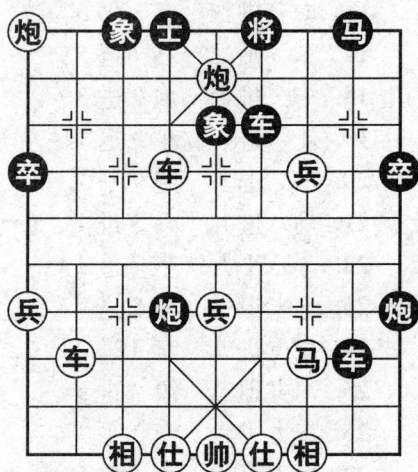

图 20

第 11 局 柳大华胜陶汉明

1. 炮二平五　马 8 进 7
2. 马二进三　车 9 平 8
3. 兵七进一　炮 2 平 5
4. 马八进七　马 2 进 3
5. 车九平八　炮 8 平 9
6. 兵三进一　车 1 进 1
7. 车一进一　车 8 进 4
8. 车一平四　卒 7 进 1（图 21）
9. 车四进三　车 1 平 4
10. 炮八进三　车 8 进 2
11. 兵七进一！卒 3 进 1
12. 炮八平三　士 6 进 5
13. 马七进六　马 3 进 4
14. 车四进四　卒 3 进 1
15. 车四平三　车 8 退 4
16. 马六退四　马 4 进 2
17. 车八进一　车 4 进 4
18. 炮三平八　马 2 进 3
19. 仕六进五　马 3 退 1
20. 车八进二　马 1 退 2
21. 车八进二　炮 5 平 3
22. 兵五进一！车 4 退 3
23. 车三进一　士 5 退 6
24. 兵五进一！士 4 进 5
25. 兵五进一　将 5 平 4
26. 炮五进六！车 8 进 1
27. 炮五平三　车 8 平 5
28. 相七进五　将 4 平 5
29. 炮三平九！炮 3 平 2
30. 马四进五！（图 22）

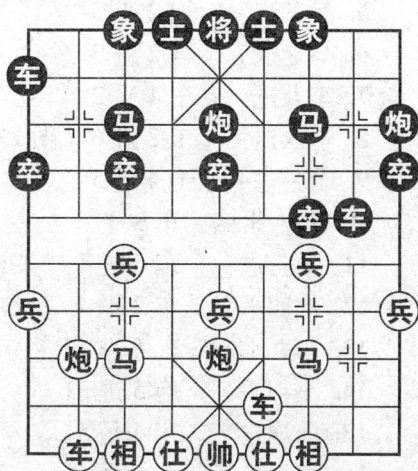

图 21

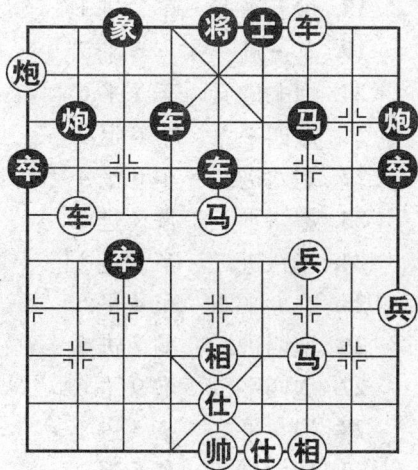

图 22

第 12 局　徐天红负李艾东

1. 炮二平五　马8进7
3. 兵七进一　炮8平9
5. 兵五进一　炮2平5
6. 马七进五　马2进3
7. 车九进一　车1平2
8. 炮八退一　车2进6（图23）
9. 车一进一　士4进5
10. 炮八平四　车8平6
11. 兵三进一　车6进1
12. 炮四平五　车2平4
13. 车九平八　车6进1!
14. 车一平三　炮5进3!
15. 前炮进二　车4平5
16. 相七进五　车5平6!
17. 前炮平四　后车平7!
18. 炮五平七　车7进1
19. 车三进一　车6平7
20. 炮七进五　车7平6
21. 炮四平六　车6退2
22. 炮六进二　车6平4
23. 炮六平三　象3进5
24. 车八进二　卒5进1!
25. 炮七平四　车4平6
26. 炮四进二　马7进5
27. 炮四平一　炮9平6
28. 炮一平二　卒5进1
29. 仕六进五　车6退1
30. 炮二退二　马5进6
31. 炮二退二　车6平2!（图24）

2. 马二进三　车9平8
4. 马八进七　车8进5

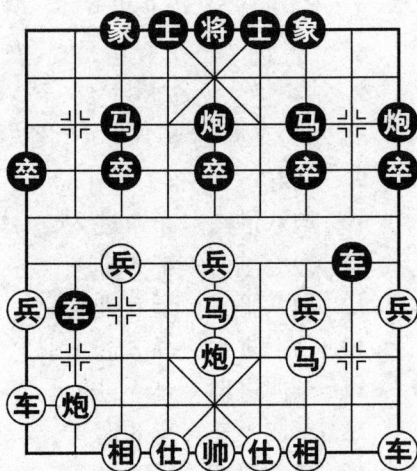

图 23

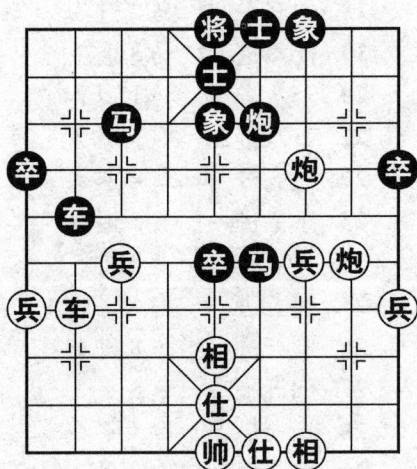

图 24

第 13 局 柳大华负吴贵临

1. 炮二平五　马 8 进 7　　　　2. 马二进三　车 9 平 8
3. 兵七进一　炮 8 平 9　　　　4. 马八进七　车 8 进 5
5. 相七进九　卒 7 进 1
6. 车九进一　炮 2 平 5
7. 兵三进一　车 8 退 1
8. 车一平二　卒 7 进 1（图 25）

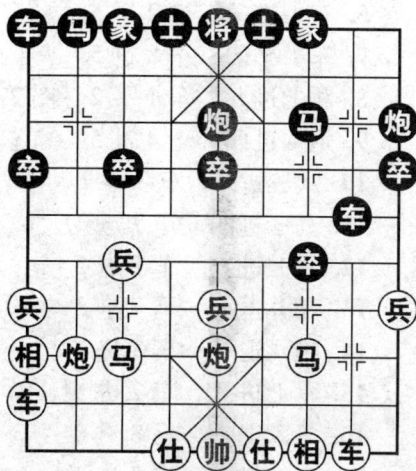

图 25

9. 车二进五　马 7 进 8
10. 车九平二　马 8 退 7
11. 车二进五　车 1 进 2
12. 马七进六　炮 5 退 1
13. 马六进七　车 1 平 4
14. 马七进八？车 4 平 2
15. 炮八平七　象 3 进 5
16. 车二平三　象 5 进 7！
17. 兵七进一　炮 5 平 7
18. 车三平四　车 2 退 1
19. 兵五进一　卒 7 进 1
20. 兵五进一？卒 7 进 1
21. 炮七平三　马 7 退 9！
22. 炮三进六　车 2 平 7
23. 兵五进一　士 6 进 5
24. 仕四进五　马 9 进 7
25. 车四平三　象 7 进 5
26. 兵五平四　车 7 退 1
27. 兵七进一　马 2 进 4
28. 兵七平六　马 4 进 2
29. 兵六进一　马 7 退 9
30. 车三平一　炮 9 平 4！
31. 车一进二（图 26）

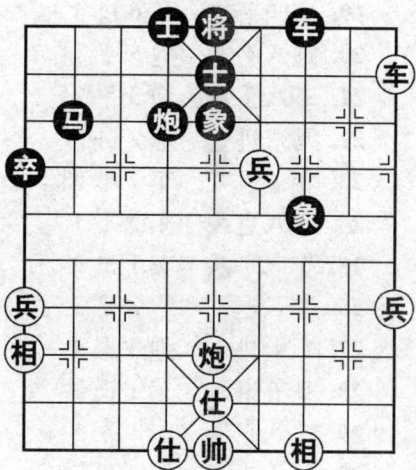

图 26

第 14 局　吕钦负胡荣华

1. 炮二平五　马8进7
2. 马二进三　车9平8
3. 兵七进一　炮8平9
4. 马八进七　卒7进1
5. 车一进一　炮2平5
6. 车九平八　马2进3
7. 车一平四　车8进5
8. 相七进九　车1平2（图27）
9. 炮八进四　士4进5
10. 兵三进一?　车8平7
11. 马三进四　车7进4!
12. 马四进六　车7退2
13. 相九退七　马7进8
14. 炮八退三　卒7进1
15. 马七进八　车2进5!
16. 马六退八　马8进6!
17. 车八进二　炮5进4
18. 仕六进五　炮9平6!
19. 车四平二　马6进4
20. 炮八平七　炮5平3!
21. 车八平六　炮3平2!
22. 马八进七　炮2进3
23. 相七进九　车7平5!
24. 车六进一　车5平1
25. 车六平八　车1进2
26. 车八退二　炮2平3
27. 兵七进一　炮3退4
28. 仕五退六　车1退3
29. 车八平七　车1平5
30. 仕六进五　炮3平5
31. 兵七平六　卒7平6
32. 兵六进一　炮6平7!（图28）

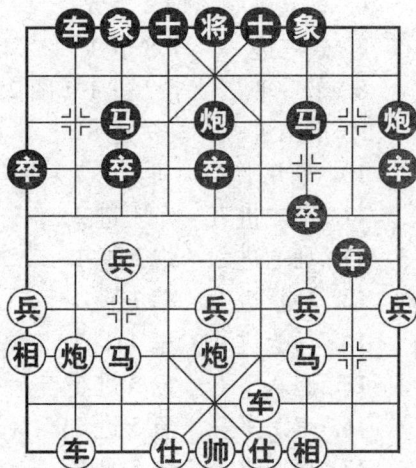

图 27

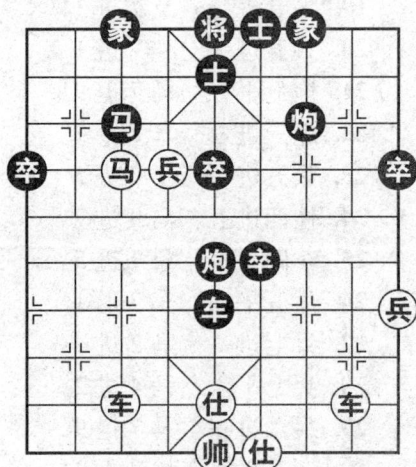

图 28

第15局 郭福人负李林

1. 炮二平五 马8进7	2. 马二进三 车9平8
3. 兵三进一 炮8平9	4. 马八进七 炮2平5
5. 车九平八 马2进3	6. 炮八进四 车1进1（图29）

7. 车八进五 车1平6
8. 兵七进一 车8进6
9. 车一进二 车8平7
10. 兵七进一 车6进3
11. 马七进六 车6进1
12. 兵七进一 车6平4
13. 兵七进一 车4平7
14. 炮八进三 前车进1!
15. 炮五平七 马7退5
16. 车八进三 炮5进4!
17. 车一平三 车7进2
18. 炮七退一 车7平5
19. 炮七平五 车5平4
20. 炮五平七 炮9平5!
21. 兵七进一 马5进3!
22. 帅五进一 前炮平2
23. 相三进五 炮2退6
24. 车八进一 象3进1
25. 帅五退一 车4进1
26. 炮七进三 马3进4
27. 炮七平三 马4进6
28. 仕四进五 象7进9
29. 车八退五 马6进4
30. 车八进三 象1进3
31. 炮三退三 马4进6!
32. 帅五平四 马6进8!
33. 车八退四 炮5平7!（图30）

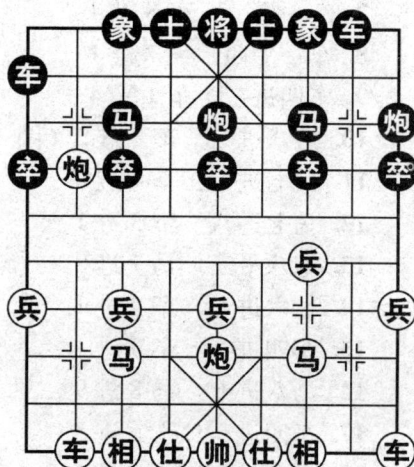

图29

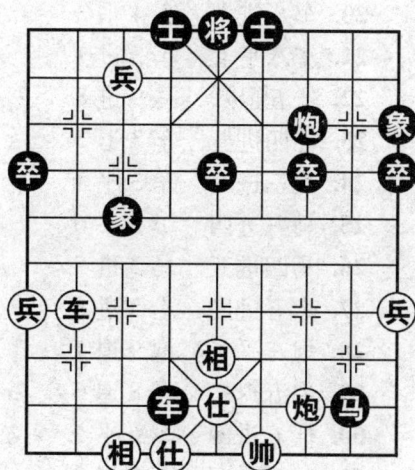

图30

第16局　胡荣华胜李来群

1. 炮二平五　马8进7
2. 马二进三　车9平8
3. 兵七进一　炮8平9
4. 马八进七　炮2平5
5. 兵三进一　马2进3
6. 车九平八　车1进1
7. 车一进一　车8进4
8. 车一平四　卒7进1
9. 车四进三　车1平4
10. 炮八进三　车8进2（图31）
11. 兵七进一！　车4进6
12. 马七进八　卒3进1
13. 炮八平三　马7进8
14. 仕六进五　车4进1
15. 车四进一　卒3进1
16. 马八进七　马8进9
17. 车四进三！　士6进5
18. 马七进五！　象3进5
19. 炮三进二！　象5退3
20. 车八进六　车4平3
21. 车八平七　车3进1
22. 仕五退六　马9进8
23. 仕四进五　车3退3
24. 兵三进一　车3平1
25. 马三进四　车8平6
26. 马四进五　马3进5
27. 炮五进四　士5进6
28. 炮三平二！　炮9退1
29. 炮五退一　马8退6
30. 仕五进四　车6平5
31. 帅五平四　车5退2
32. 车七平三！　象7进9
33. 炮二进二！（图32）

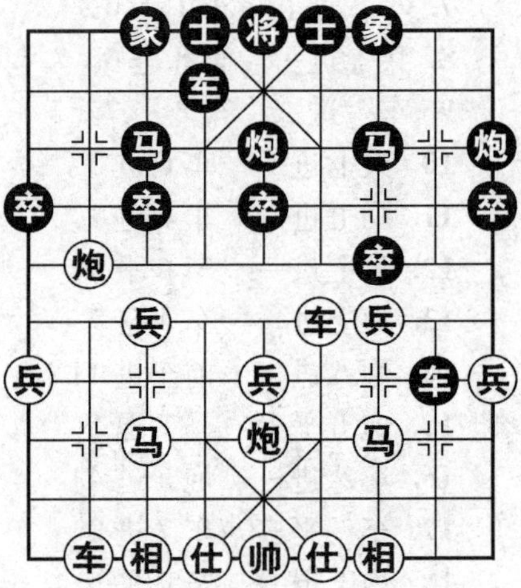

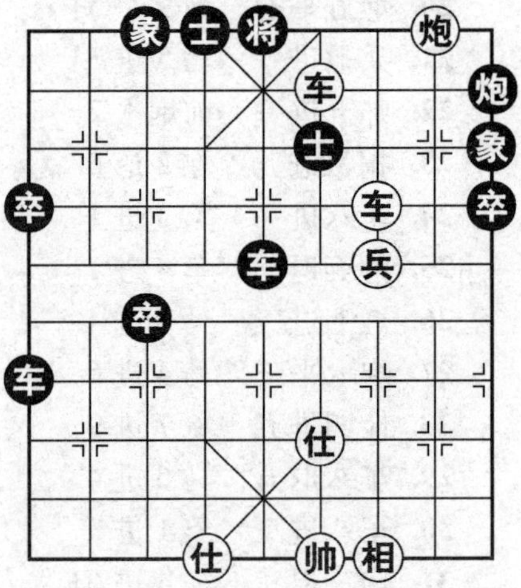

图31

图32

第17局 赵国荣胜蒋凤山

1. 炮二平五　马8进7
2. 兵三进一　车9平8
3. 马二进三　炮8平9
4. 马八进七　炮2平5
5. 车九平八　马2进3
6. 兵七进一　车1进1
7. 炮八平九　车8进4
8. 车八进六　车1平8（图33）
9. 炮五退一！卒3进1
10. 炮五平七　卒3进1
11. 炮七进三　前车平3
12. 相七进五　马3进4
13. 车八平六　马4进3
14. 炮九进四　炮5平3
15. 炮九平七　象3进5
16. 车一进一　士6进5
17. 马三进四　车8进3
18. 马四进六！马3进5
19. 相三进五　车8平4
20. 车六退一　车3平4
21. 后炮进三　车4退2
22. 前炮平五！象7进5
23. 车一平二！车4进5
24. 马七进八　炮9进4
25. 车二进六　车4平5
26. 仕四进五　炮9平1
27. 车二平三　车5平2
28. 马八进六　车2平4
29. 炮七平八！炮1进3
30. 炮八退六　车3进2
31. 炮八进九　车3退9
32. 炮八退九　车3进9
33. 炮八进九　象5退3
34. 车三平九！（图34）

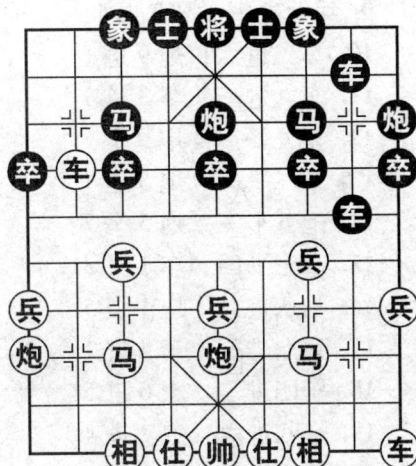

图33

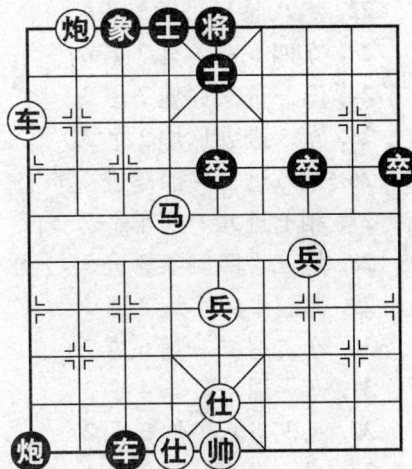

图34

第18局 洪智胜陶汉明

1. 炮二平五 马8进7	2. 兵三进一 车9平8
3. 马二进三 炮8平9	4. 马八进七 炮2平5
5. 马三进四！ 马2进3	6. 马四进六 车1进2（图35）
7. 马六进八！ 车8进1	8. 车一平二 车8平4

1. 炮二平五 马8进7
2. 兵三进一 车9平8
3. 马二进三 炮8平9
4. 马八进七 炮2平5
5. 马三进四！ 马2进3
6. 马四进六 车1进2（图35）
7. 马六进八！ 车8进1
8. 车一平二 车8平4
9. 兵七进一 马3退1
10. 车二进六！ 炮9进4
11. 车九进一 卒3进1
12. 车九平一 炮9平1
13. 车二平三 炮5退1
14. 炮五平三 炮5平7？
15. 车三平四 车1平3
16. 马八进九 炮1退5
17. 兵七进一 车4进1
18. 车四进二 士6进5
19. 炮八进六 炮7进4
20. 相三进五 炮7退1？
21. 车四退二 车3进2
22. 炮八退七 车3平4
23. 车四平三 马7退6？
24. 车三进三 炮7退3
25. 车一进五！ 炮1平3
26. 炮八进三 前车进4
27. 相七进九 前车平7
28. 炮三平四 象3进5
29. 车三平二 炮7退1
30. 车二退二 马6进7
31. 车一退一！ 车4平3？
32. 马七进六 炮3平2？
33. 马六进八 车3退1
34. 炮四进六！（图36）

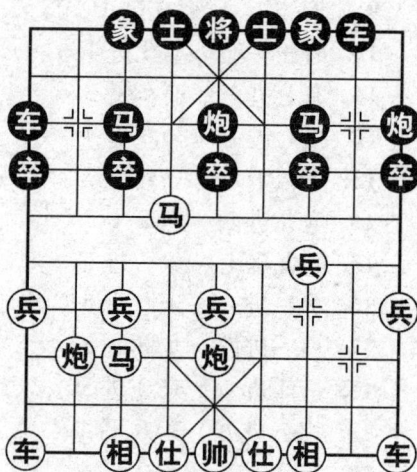

图35

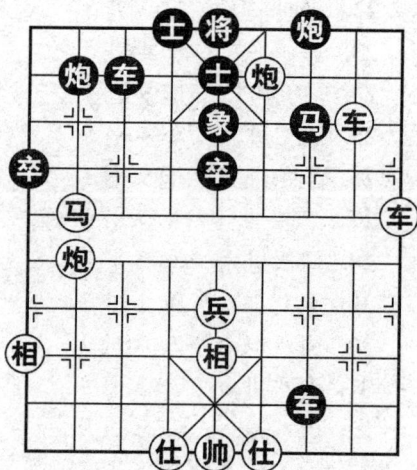

图36

第 19 局 刘星负于幼华

1. 炮二平五　马8进7　　　2. 马二进三　车9平8

3. 马八进七　炮8平9　　　4. 兵七进一　车8进5

5. 兵五进一　炮2平5　　　6. 马七进五　卒7进1

7. 兵三进一　车8退1　　　8. 兵五进一　卒7进1（图37）

9. 马五进三　卒5进1

10. 后马进四　车8退3

11. 车九进一　车8平6！

12. 车九平四　炮5进5

13. 相七进五　马7进5

14. 车一平二　车1进2！

15. 车二进六　车1平6！

16. 车四进一　马2进3

17. 仕四进五　卒3进1

18. 车二平一　卒3进1

19. 相五进七　后车平7

20. 炮八平五！　士4进5

21. 马三进四　车7进8

22. 仕五退四　马5进3

23. 后马退六　前马退4

24. 马四进六　车6平4

25. 马六进五　车4进2！

26. 马五进四　士5进6

27. 车四进五　车7退3

28. 车一平四　将5平4

29. 仕六进五　士6进5

30. 炮五平六　车4进3！

31. 前车平七？　车7平5！

32. 车七进二　将4进1

33. 车七退一　将4进1

34. 相七退五　车5进1！

35. 车七退八　车4进1！（图38）

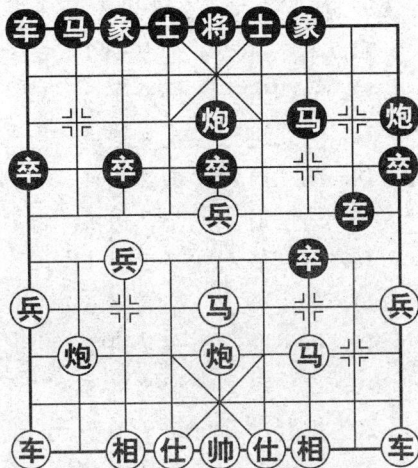

图 37

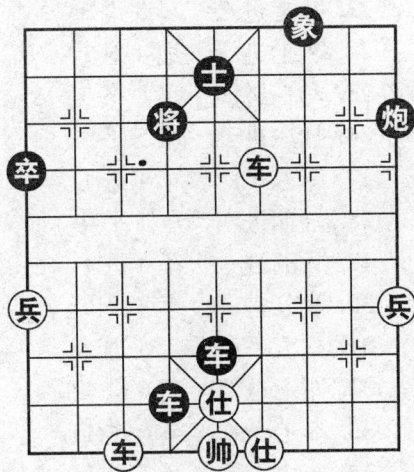

图 38

第20局 余仲明负吴贵临

1. 炮二平五	马8进7	2. 兵三进一	车9平8
3. 马二进三	炮8平9	4. 马八进七	炮2平5
5. 车九平八	马2进3	6. 马三进四	车8进4
7. 兵三进一	车8平7	8. 车一平二	车1进1（图39）
9. 炮八进六	卒3进1	10. 相三进一	卒5进1

11. 车二进八　炮9退1！
12. 马四进二　炮9平2
13. 马二进三　士4进5
14. 车二退四　炮2平4
15. 马三退一　车7进3
16. 车二平六　卒5进1！
17. 车六进二　卒5平6
18. 相一退三　车7进2
19. 马一退二　炮5进5
20. 相七进五　车7退5
21. 车六平七　车7平8·
22. 马二退三　卒6进1！
23. 车七进一　车8进3
24. 车七进二　炮4退1
25. 马三进四　车8平5
26. 仕六进五　车5平3
27. 车八平六　车1进1
28. 马四进六　车1平4
29. 兵五进一　车4进1
30. 兵五进一　车3平5
31. 兵五平四　士5进4
32. 车七退四　卒6进1！
33. 车七平八　卒6进1！
34. 车六进一　卒7进1
35. 马六进四　车5进1
36. 仕四进五　车4进5！（图40）

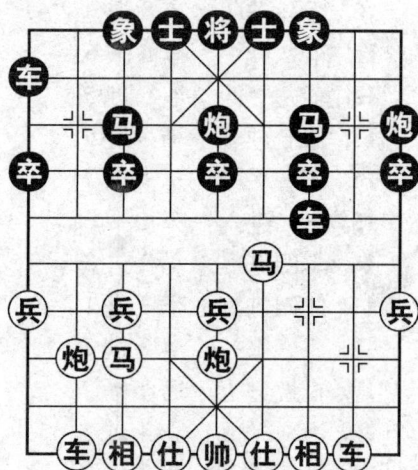

图39

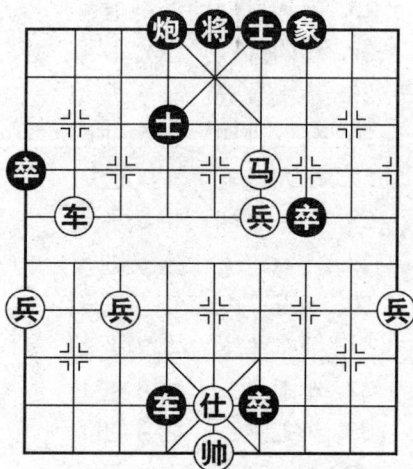

图40

第 21 局　卜凤波负吕钦

1. 炮二平五　马 8 进 7
2. 兵三进一　车 9 平 8
3. 马二进三　炮 8 平 9
4. 马八进七　炮 2 平 5
5. 车九平八　马 2 进 3
6. 兵七进一　车 1 进 1
7. 车一进一　车 8 进 4
8. 车一平四　卒 7 进 1
9. 车四进三　车 1 平 4
10. 炮八平九　车 4 进 7!（图 41）

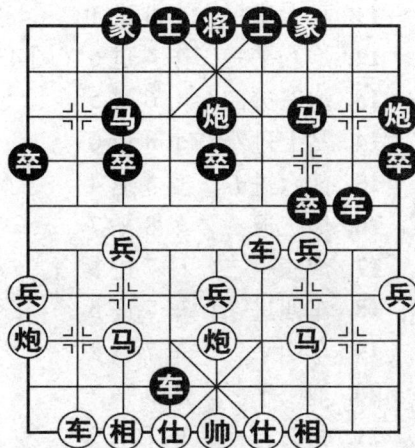

图 41

11. 马七进六　卒 3 进 1!
12. 兵七进一　卒 7 进 1
13. 车四平三　车 8 平 3
14. 仕四进五　车 3 进 1
15. 车三进三　车 4 退 3
16. 车三进二　车 4 平 7!
17. 车三退五　车 3 平 7
18. 车八进八　炮 9 平 7
19. 车八平三?　车 7 进 1
20. 炮九平八　士 4 进 5!
21. 炮五平七　马 3 进 2
22. 相三进五　象 3 进 1
23. 炮八进一　车 7 退 2
24. 炮七平八　马 2 进 4
25. 前炮进四　士 5 进 6
26. 前炮平四　马 4 进 6!
27. 炮四退三　卒 5 进 1!
28. 兵一进一　象 1 进 3
29. 兵九进一　炮 5 进 1
30. 炮八平七　象 3 退 5
31. 帅五平四　士 6 进 5
32. 帅四平五　炮 5 平 3
33. 马三退二　卒 5 进 1!
34. 兵五进一　车 7 进 5!
35. 仕五退四　马 6 进 4
36. 帅五进一　车 7 退 1

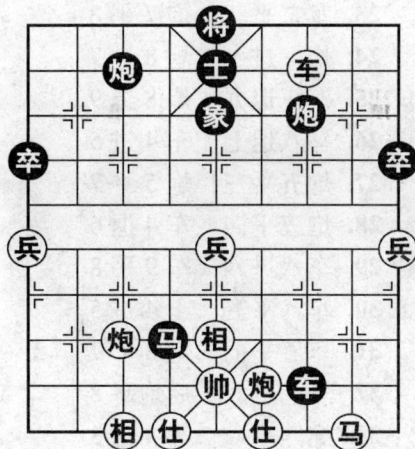

图 42

37. 炮四退三　炮 3 退 2!（图 42）

第22局　陈安强胜汪洋北

1. 炮二平五　马8进7	2. 马二进三　车9平8
3. 兵三进一　炮8平9	4. 马八进七　炮2平5
5. 车九平八　马2进3	6. 兵七进一　车1进1
7. 车一进一　车8进4	8. 车一平四　卒7进1
9. 车四进三　车1平4	10. 炮八进三　车8进2

11. 兵七进一　卒3进1
12. 炮八平三　车4进6（图43）
13. 炮三进四　士6进5
14. 马七进八　车8退6
15. 仕六进五　车4退4
16. 炮三退一　车8平7
17. 炮三平二　马7进8
18. 车四进一！车7进5
19. 车四平二　车7进2
20. 炮二平一　炮9平7
21. 相三进一　车7平9
22. 车二进四　士5退6
23. 车二平三！炮7平8
24. 炮一进一　炮8进7
25. 车三退九　炮8退9
26. 马八退七　车4进5
27. 炮五平三！炮5平7
28. 炮三平四　车4退6
29. 车八进六　车9平8
30. 车八平五　士4进5
31. 车五平七　炮8平7?
32. 马七进六！后炮平8
33. 炮四平六　车4进3
34. 车三进七　马3退4
35. 车七进三　卒3进1
36. 车三进一！车4退4

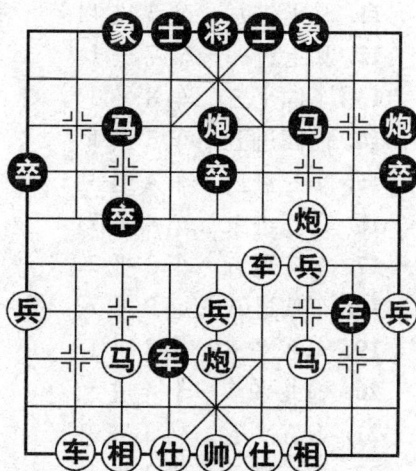

图43

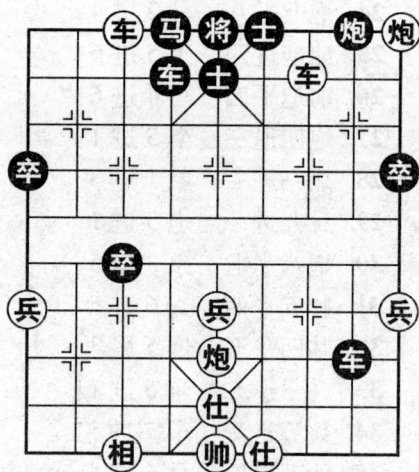

图44

37. 车三平四! 炮 8 平 7　　　　38. 车四平三　炮 7 平 8

39. 炮六平五! (图 44)

第 23 局　赵国荣胜阎文清

1. 炮二平五　马 8 进 7　　　　　2. 马二进三　车 9 平 8

3. 兵七进一　炮 8 平 9　　　　　4. 马八进七　炮 2 平 5

5. 兵三进一　马 2 进 3　　　　　6. 车九平八　车 1 进 1

7. 车一进一　车 8 进 4

8. 车一平四　卒 7 进 1

9. 车四进三　车 1 平 4

10. 炮八平九　车 4 进 5 (图 45)

11. 马七进六　士 4 进 5

12. 车八进六　车 8 进 2

13. 车八平七　车 8 平 7

14. 车七进一!　炮 5 进 4

15. 炮五进四!　马 7 进 5

16. 车七进二!　士 5 退 4

17. 车四进五!　将 5 平 6

18. 车七平六　将 6 进 1

19. 马六进五　炮 9 平 5

20. 车六退六　前炮平 9

21. 马三进五!　炮 9 平 5

22. 车六进五　将 6 退 1

23. 帅五进一　车 7 进 2

24. 帅五进一　车 7 平 6

25. 车六进一　将 6 进 1

26. 车六退一　将 6 退 1

27. 兵三进一!　车 6 退 5

28. 车六退二　前炮平 4

29. 帅五平六　炮 4 进 3

30. 车六平九　车 6 进 3

31. 马五进三!　将 6 进 1

32. 兵三进一　车 6 平 4

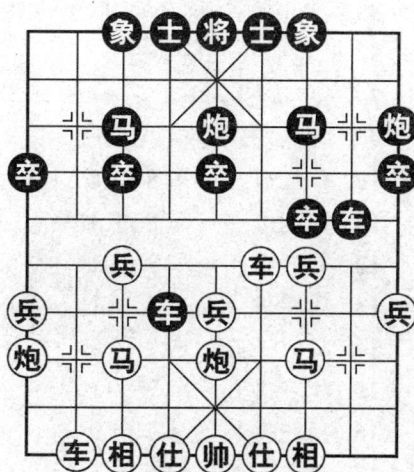

图 45

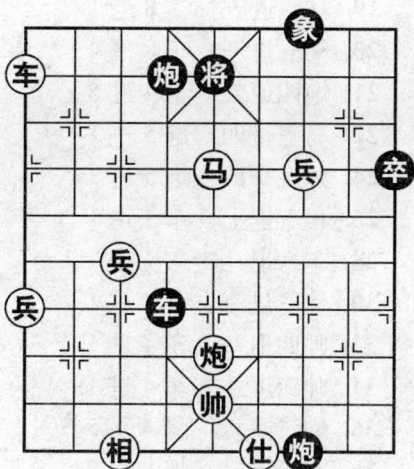

图 46

33. 帅六平五　车4平5　　　34. 帅五平六　炮5平4

35. 帅六退一　车5平4　　　36. 帅六平五　前炮平7

37. 车九进二！炮4退1　　　38. 马三退五！将6平5

39. 炮九平五！（图46）

第24局　李鸿嘉胜谢靖

1. 炮二平五　马8进7　　　2. 马二进三　车9平8

3. 兵三进一　炮8平9　　　4. 马八进七　炮2平5

5. 车九平八　马2进3　　　6. 炮八平九　车1进1

7. 马三进四　车1平4　　　8. 车八进四　车4进7（图47）

9. 仕四进五　车4平3

10. 车八退二　车8进4

11. 马四进三　车8进3

12. 炮五平四　车3进1?

13. 兵三进一　卒5进1

14. 马三进五　炮9平5

15. 相三进五　车3平1

16. 兵三进一　马7退9

17. 马七退八！炮5进4

18. 马八进六！炮5退1

19. 马六进五！车8退1

20. 马五进三！车8平4

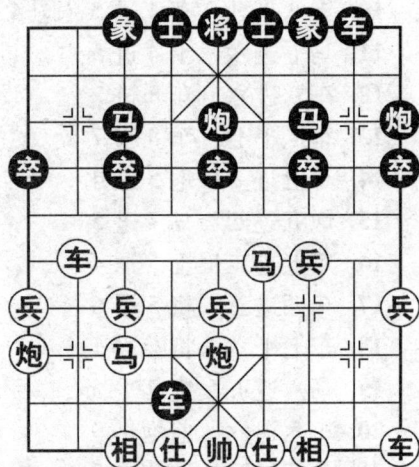

图47

21. 炮四退二　士4进5

22. 马三进四　炮5进1　　　23. 炮四平三！将5平4

24. 帅五平四　炮5进2　　　25. 车一进二！炮5平8

26. 相五退七　车1退1　　　27. 车八平六　车1平4

28. 车六退一　车4进2　　　29. 炮九平六　马3进5

30. 炮三进三！车4进1　　　31. 帅四进一　车4退1

32. 帅四退一　车4进1　　　33. 帅四进一　车4退1

34. 帅四退一　车4进1　　　35. 帅四进一　车4平7

36. 炮三平六　将4平5　　　37. 前炮平五！士5进6

38. 炮五进三　炮8退2　　　39. 车一平五！（图48）

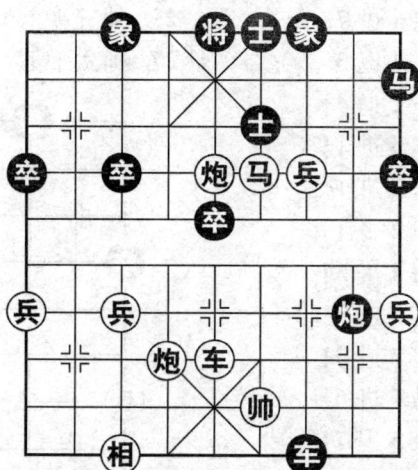

图 48

第 25 局 郭福人负李家华

1. 炮二平五	马8进7	2. 马二进三	车9平8
3. 兵三进一	炮8平9	4. 马八进七	炮2平5
5. 车九平八	马2进3	6. 马三进四	卒3进1
7. 炮八进四	车1平2	8. 车一进一	车8进5（图49）
9. 炮八退二	车8退3	10. 仕六进五	车2进4
11. 炮五平四	士6进5		
12. 相七进五	卒5进1		
13. 车一平三	马7进5		
14. 车三进二	车8进1		
15. 兵七进一	卒3进1		
16. 相五进七	炮9平7!		
17. 马四进五	马3进5		
18. 车八平六	卒7进1!		
19. 相三进五	马5退3		
20. 车六进四	炮5平4		
21. 相七退九	象7进5		
22. 炮八退四	马3进4		
23. 车六平七	车2进4		

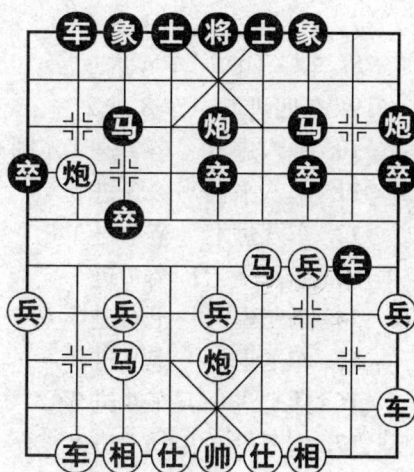

图 49

25

24. 炮八平六	炮4进7
26. 车七平六	马4退3
28. 车六平七	马2退4!
29. 车七进二	卒5进1!
30. 炮四进一	车2进1
31. 兵五进一	车2平1
32. 兵五进一	马4进5!
33. 车七平二	马5进7
34. 马七进六	炮7进3!
35. 马六进四	马7进6!
36. 车二进三	象5退7!
37. 炮四平三	车1进2
38. 相五退七	车1平3
39. 仕五退六	马6进4!（图50）

| 25. 帅五平六 | 车2退2 |
| 27. 帅六平五 | 马3进2 |

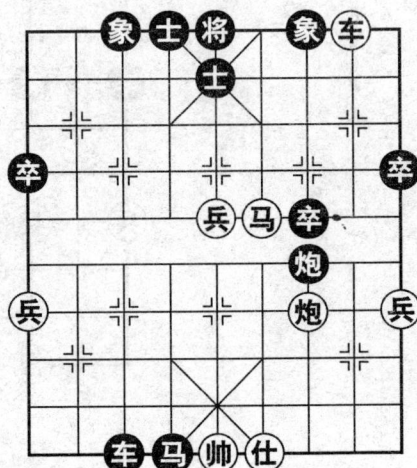

图50

第26局　胡荣华胜孙志伟

1. 炮二平五	马8进7
3. 兵七进一	炮8平9
5. 车九平八	马2进3
7. 车一进一	车1平4
8. 车一平四	车4进3
9. 车四进五	车8进2
10. 炮八进五	卒7进1（图51）
11. 炮八平五	象3进5
12. 车八进七	卒7进1
13. 车八平七!	卒7进1
14. 马三退五	士6进5
15. 车七退一	炮9进4
16. 兵七进一	车4进3
17. 炮五平一!	马7进8
18. 车四进二!	车8平6
19. 车四退一	士5进6

2. 马二进三	车9平8
4. 马八进七	炮2平5
6. 兵三进一	车1进1

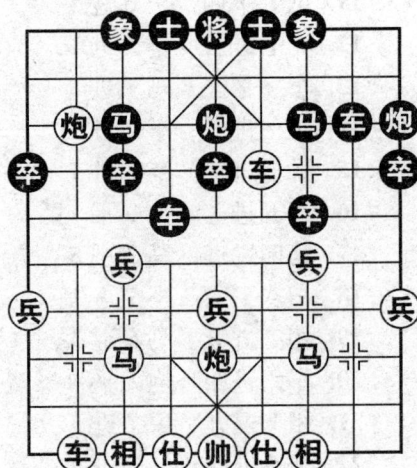

图51

20. 相七进五　车4进1
22. 相五进三！车4退1
24. 兵五进一！炮9平8
26. 马七进八　卒5进1
28. 车八平六　卒5进1
29. 仕六进五　车4平7
30. 马八退六　卒5进1
31. 马六进五　士6退5
32. 车六平一！象5进3?
33. 车一平二！象7进9
34. 车二进三　士5退6
35. 马五进六　将5进1
36. 车二退一　将5进1
37. 车二退一　将5退1
38. 马六退四　将5平6
39. 炮一进三！象9进7
40. 炮一平七！（图52）

21. 车七平八　马8进6
23. 相三进五　车4退6
25. 相五退三　车4进6
27. 马五进六！炮8平4

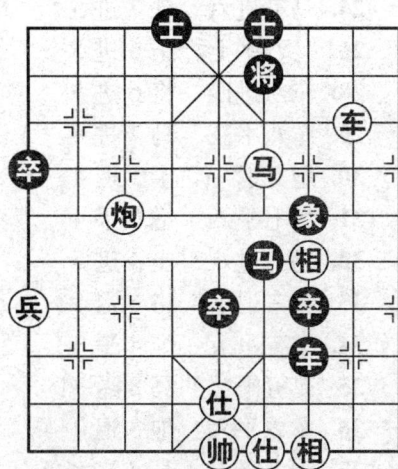

图52

第27局　徐天红负陶汉明

1. 炮二平五　马8进7
3. 兵三进一　炮8平9
4. 马八进七　炮2平5
5. 车九平八　马2进3
6. 兵七进一　车1进1
7. 炮八平九　车1平4
8. 车八进六　车4进5
9. 马七进八　车4平3！
10. 炮九平七　车8进4?（图53）
11. 炮五退一　卒7进1
12. 兵七进一　卒7进1
13. 兵七进一　马3退5
14. 炮五平七　车3平2
15. 前炮进七　马5退3

2. 马二进三　车9平8

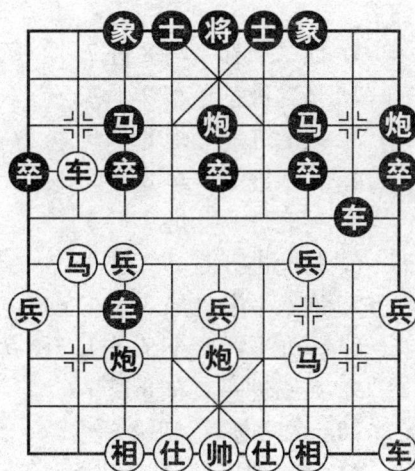

图53

16. 炮七进八　士4进5　　　　17. 车一进一?　卒7进1

18. 车一平六?　炮5平2!　　　19. 炮七平九　车8平3

20. 马三退五?　车3进1!　　　21. 马八进九　车2退3

22. 兵七平八　炮2平5　　　　23. 车六进四　炮5进4

24. 马五进六　象7进5　　　　25. 兵八进一　士5进4

26. 兵八平七　士6进5　　　　27. 车六平八　将5平6

28. 车八进四　将6进1

29. 车八平三　马7进8

30. 炮九退一　士5退4

31. 兵七平六　炮9平4

32. 马九进八　士4进5

33. 车三退一　将6退1

34. 车三平五　炮4平3

35. 车五平二?　马8退7!

36. 车二平六?　炮3退1

37. 炮九平七　马7进8

38. 车六进一?　将6进1

39. 炮七退二　马8进6

40. 炮七平九?　马6进5!（图54）

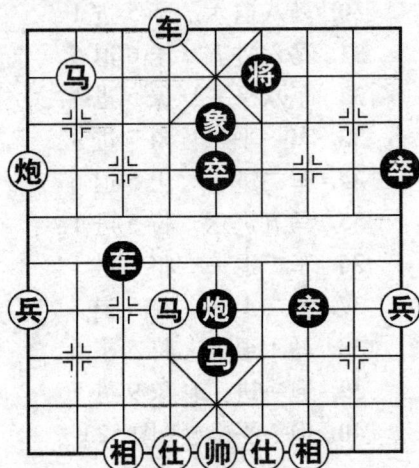

图 54

第 28 局　胡荣华胜吕钦

1. 炮二平五　马8进7

2. 马二进三　车9平8

3. 兵七进一　炮8平9

4. 马八进七　车8进5

5. 兵五进一　炮2平5

6. 马七进五　马2进3

7. 炮八平七　象3进1

8. 车九平八　卒7进1（图55）

9. 兵三进一　车8退1

10. 兵三进一　车8平7

11. 炮七退一!　马7进6

12. 炮七平三　马6进7

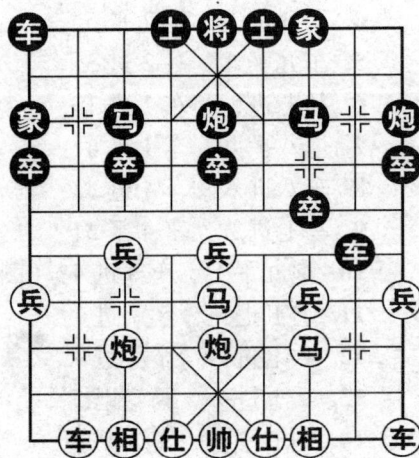

图 55

13. 车一平二　炮9平7　　14. 车二进三！士4进5
15. 仕四进五　车1平4　　16. 车八进三　炮7进1
17. 炮五平六　车4进2　　18. 相三进五　炮5平7
19. 车二进三！象7进5　　20. 相五进三！前炮进2
21. 马五进三　炮7进3　　22. 车八平三　炮7进2
23. 车三进二　象5进7　　24. 车二退四！炮7退1
25. 车二进一　炮7进1　　26. 车二平三！炮7平9
27. 炮三进四　车4平7　　28. 炮六平二　车7退2
29. 炮二平七　车7进2　　30. 炮七进四　炮9平2
31. 炮七平八！马3进4
32. 兵七进一　马4进6
33. 兵七进一　炮2退2
34. 兵七平六　卒5进1
35. 炮三进一！士5退4
36. 兵五进一　炮2进4
37. 兵五平四　车7平3
38. 炮八平七　车3平8
39. 车三平五　士6进5
40. 炮三平五　将5平6
41. 车五平四！车8进7
42. 仕五退四　车8退4
43. 炮七退五！（图56）

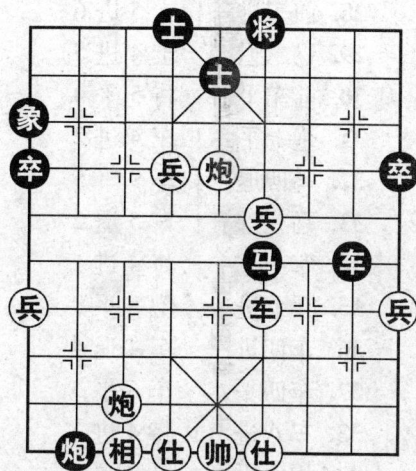

图56

第29局　万春林胜杨德琪

1. 炮二平五　马8进7　　2. 马二进三　车9平8
3. 兵七进一　卒7进1　　4. 马八进七　炮8平9
5. 车一进一　车8进5　　6. 兵五进一　炮2平5（图57）
7. 兵三进一　车8退1　　8. 马三进五　马7进6？
9. 炮八进三！车8进5　　10. 兵五进一　马6进5
11. 马七进五　马2进3　　12. 炮八平三　车1平2
13. 马五进四　士6进5　　14. 车九进一　车8退3
15. 兵五平六　车2进6　　16. 炮三进一　炮5平6
17. 炮三平七　象3进5　　18. 马四进二！炮9平7

19. 相三进一　炮6进3

20. 车九平四　炮6平5

21. 仕四进五　炮7平8

22. 车一退一　车2平4

23. 兵七进一　象5进3

24. 兵六平七　象7进5

25. 车四进五　车8退2

26. 车四退一!　车8进3

27. 车一平四　车8平9

28. 前车进三!　士5进6

29. 马二退四　士4进5

30. 前车平二　将5平4

31. 炮七平六!　车4进2

32. 马四退三!　车9平5

33. 马三进五!　车5退2

34. 车二进一　将4进1

35. 兵七进一　炮8平9

36. 车四进三　车4退4

37. 车四平八　车5平3

38. 车八进五!　将4进1

39. 炮六平一　马3退4

40. 车八平七!　象5进3

41. 兵七平六!　将4平5

42. 车七平六!　车4平5

43. 车二平五!（图58）

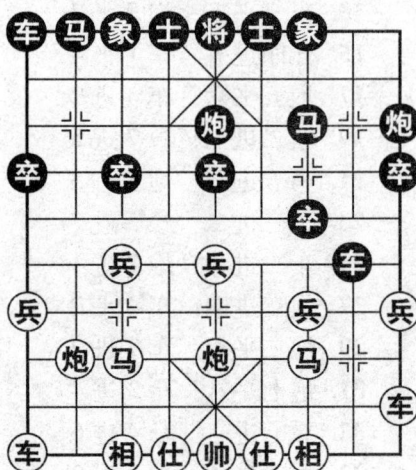

图 57

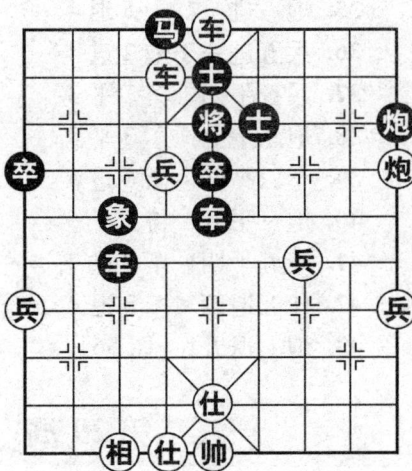

图 58

第30局　胡荣华胜李来群

1. 炮二平五　马8进7　　2. 马二进三　车9平8

3. 兵七进一　卒7进1　　4. 马八进七　炮8平9

5. 车一进一　车8进5　　6. 兵五进一　炮2平5

7. 车一平四　马2进3　　8. 车九平八　车1平2（图59）

9. 炮八进四　炮5进3　　10. 仕六进五　象7进5

11. 车四进五　士6进5
12. 车四平三　马7退6
13. 车三平一！炮9平7
14. 车一平三　车8进1
15. 马七进五　炮5进2
16. 相三进五　车8进1
17. 兵三进一　卒5进1
18. 马五进四！车8平7
19. 马四进三　马6进7
20. 车三进一　卒7进1
21. 车三退一　车7退1
22. 炮八进一　士5退6
23. 兵一进一！马3退5
24. 兵一进一　车7平1
26. 车七平六　车1退2
28. 兵一进一　马7进6
30. 兵一平二　卒4平3
32. 车八进六　马6退7
33. 兵二平三！车1平6
34. 炮八进一！卒3平4
35. 相五进三　卒1进1
36. 相三退五　卒1进1
37. 车八平三　车6平7
38. 车三平九　车7平2
39. 车九平二　前车平8
40. 车二平六！车8平2
41. 炮八平五！士4进5
42. 兵三平四！象3进1
43. 前车平五！马7退5
44. 车六平二！（图60）

25. 车三平七　卒5进1
27. 兵一进一　马5进7
29. 车六进二！卒5平4
31. 兵二进一　士6进5

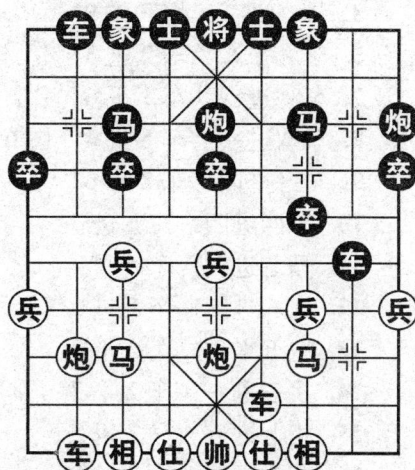
图59

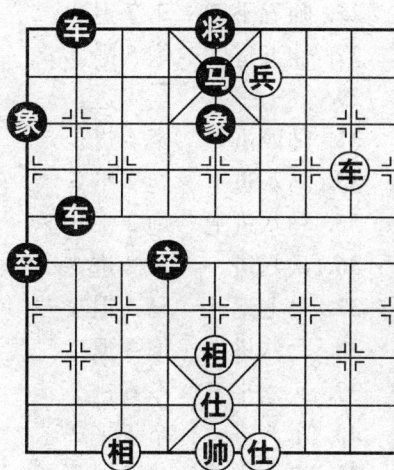
图60

第31局　付光明胜吴贵临

1. 炮二平五　马8进7
2. 兵三进一　车9平8

3. 马二进三　炮8平9

5. 车九平八　马2进3

7. 车一进一　车1平6

8. 车八进一　车8进4（图61）

9. 车一平四　车8平6

10. 车四进四　车6进3

11. 马七进六　车6平4

12. 炮八进二　卒7进1

13. 炮五平六　车4平2

14. 兵三进一　车2平7

15. 相七进五　马7进8

16. 车八平四　马8进9

17. 车四进四！车7进2

18. 炮八退一！炮5进4

19. 马三进五　车7平5

21. 马六进七　车5平3

23. 车四平八　车3平7

25. 帅五平四　车7退4

27. 仕五进四　炮5平3

29. 兵七平六　卒1进1

31. 帅四平五　卒1进1

33. 马八进七　炮2平3

35. 马八进七　炮2平3

36. 兵六进一　象7进5

37. 马七退八　马3退4

38. 马八进六　炮3退2

39. 兵六平五　车6进2

40. 车八进一！卒1平2

41. 炮七进二！象5退7

42. 车八平六　象3进1

43. 炮七平八　马4进2

44. 炮八进一！马2进1

45. 马六进五！车6退2

46. 马五进七！（图62）

4. 马八进七　炮2平5

6. 兵七进一　车1进1

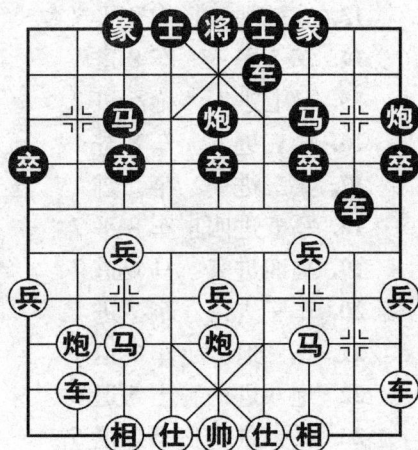

图 61

20. 炮八平一　炮9进4

22. 仕四进五　炮9平1

24. 车八进二　炮1平5

26. 炮六平七！车7平6

28. 兵七进一！士4进5

30. 仕六进五　卒1进1

32. 马七退八　炮3平2

34. 马七退八　炮3平2

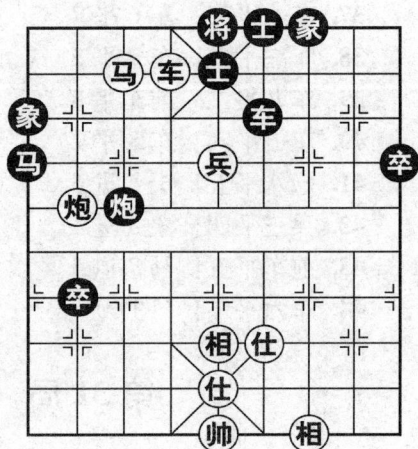

图 62

第 32 局　邬正伟胜吕钦

1. 炮二平五　马8进7
2. 马二进三　车9平8
3. 兵三进一　炮8平9
4. 马八进七　炮2平5
5. 兵七进一　马2进3
6. 车九平八　车1进1
7. 车一进一　车8进4
8. 车一平四　卒7进1
9. 车四进三　车1平4
10. 炮八进三　车8进2
11. 兵七进一　卒3进1
12. 炮八平三　马7进8（图63）
13. 马七进六　炮9进4
14. 马六进四　炮9平5
15. 马三进五　炮5进4
16. 仕四进五　车4平6
17. 车四退二　象3进5
18. 车八进三！象5进7
19. 兵三进一　马8进9
20. 马四退五　车6进6
21. 马五进三！车6平5
22. 车八平二　车5平3
23. 相七进五！卒3进1

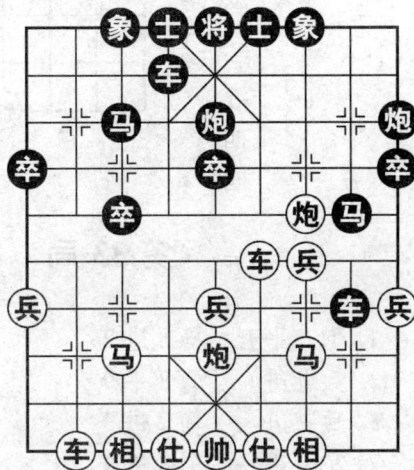

图 63

24. 车二平一　卒3平4
25. 兵三平四　车3退3
26. 马三进二　士4进5
27. 车一进三　将5平4
28. 兵九进一　车3平4
29. 车一进三　卒5进1
30. 车一平三　车4退1
31. 马二退三　卒5进1
32. 车三退二！马3进4
33. 车三平八　车4平2
34. 车八平九　卒5平6
35. 马三进一　马4进2
36. 马一进二　马2进4
37. 车九平七　卒4平5
38. 马二进四！车2平4
39. 车七进二　将4平5
40. 车七退一　将4退1
41. 车七进一　将4进1
42. 帅五平四　卒5进1
43. 马四退五　卒6进1
44. 兵四进一！车4退1
45. 马四退五！车4平5
46. 车七进四　将4退1
47. 车七进一　将4进1
48. 马五退六！（图64）

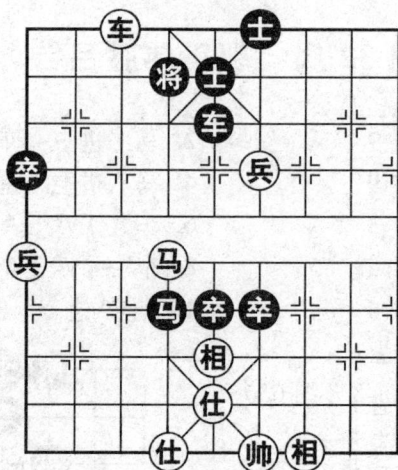

图 64

第 33 局　胡荣华负李来群

1. 炮二平五　马8进7	2. 马二进三　车9平8
3. 兵七进一　炮8平9	4. 马八进七　炮2平5
5. 兵三进一　马2进3	6. 车九平八　车1进1
7. 车一进一　车8进4	8. 车一平四　车1平4
9. 炮八进三　车4进5	10. 车四进五　车4平3（图65）

11. 车八进二　炮5平4
12. 仕六进五　炮4进1
13. 车四进二　士4进5
14. 炮五平四　炮4退2
15. 车四退二　炮4进2
16. 车四进二　象3进5
17. 炮四进一　车3退1!
18. 相七进五　车3平7!
19. 炮四进二　车8平6
20. 车四退三　车7进2
21. 炮八进二　卒3进1
22. 车八进四　炮4退3
23. 车八平七?　卒7进1

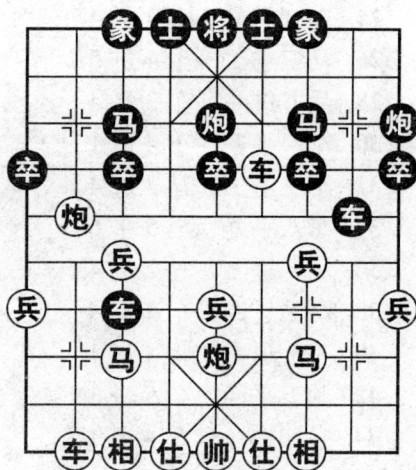

图 65

24. 车四平六　马7进8
25. 车六进三　马8进7
26. 马七进八　马7进5!
27. 相三进五　车7平5
28. 马八进六　炮9平8
29. 帅五平六　车5平2!
30. 炮八平九　车2进2
31. 帅六进一　车2退1
32. 帅六进一　车2退1
33. 帅六退一　炮8退1!
34. 车六进一　将5平4
35. 仕五进六　车2进1
36. 帅六退一　车2进1
37. 帅六进一　车2退1
38. 帅六退一　车2进1
39. 帅六进一　车2退1
40. 帅六退一　炮8进8
41. 仕四进五　车2进1
42. 帅六进一　炮8平3
43. 车七平六　将4平5
44. 马六进四　士5进6
45. 仕五进四　卒3进1!
46. 炮九进二　车2退5
47. 马四进二　卒3进1
48. 马二进一　炮3平7!（图66）

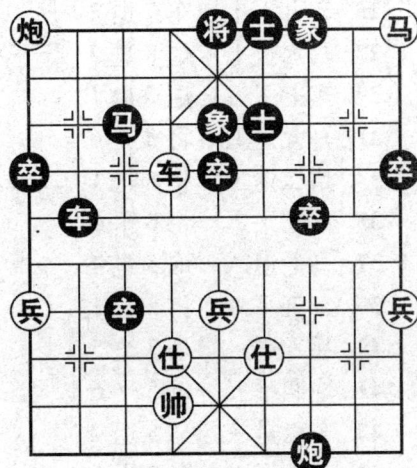

图 66

第34局　张强胜陈寒峰

1. 炮二平五　马8进7
2. 兵三进一　车9平8
3. 马二进三　炮8平9
4. 马八进七　炮2平5
5. 兵七进一　马2进3
6. 炮八进一　车1平2
7. 炮八平七　炮5退1
8. 炮七进三　象3进5（图67）
9. 车一平二　车8进9
10. 马三退二　卒7进1
11. 兵三进一　象5进7
12. 马二进三　象7退5

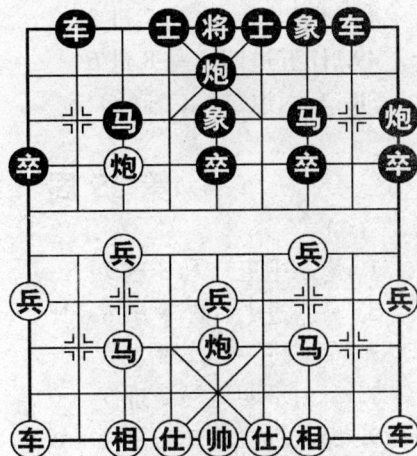

图 67

13. 马三进四　车2进4
14. 炮五平四！车2退1
15. 马七进六　卒5进1
16. 相七进五　卒5进1
17. 兵五进一　炮5进4
18. 仕六进五　车2进3
19. 马四进三　炮9平8
20. 马三退五！士6进5
21. 炮四平二　车2平6
22. 炮七平八　车6平2
23. 炮八平三　车2平7
24. 兵七进一！车7进3
25. 车九平七　车7退2
26. 炮二进二　车7退3
27. 马六进七　炮8进2
28. 车七进四　炮8平5
29. 车七平五！炮5退1
30. 马七进九！车7退1
31. 马九进七　将5平6
32. 兵七进一　马3退1
33. 炮二退二！将6进1
34. 炮二平四　士5进4
35. 兵七平六　将6平5
36. 兵六进一！马1进2
37. 马七退八　炮5进4
38. 车五退二　车7平2
39. 车五平六　将5退1
40. 兵六进一　马7进5
41. 炮四平五　将5平6
42. 车六进三　马5退7
43. 车六退二　车2平6
44. 帅五平六　车6进2
45. 炮五平四　车6平5
46. 兵六进一！将6进1
47. 车六进五　将6进1
48. 炮四退一　马7进8
49. 仕五进四　马8进6
50. 车六退二！（图68）

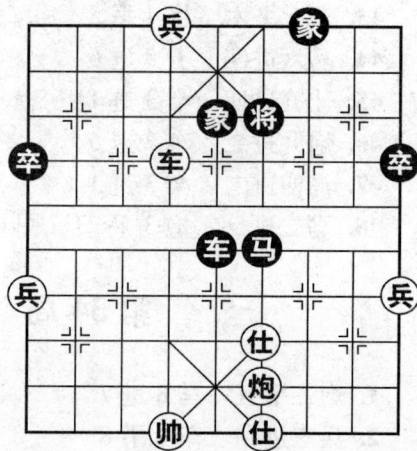

图68

第35局　胡荣华胜于幼华

1. 炮二平五　马8进7
2. 马二进三　卒7进1
3. 马八进七　车9平8
4. 兵七进一　炮8平9
5. 车一进一　车8进5
6. 兵五进一　炮2平5
7. 车一平四　马2进3
8. 车九平八　士4进5（图69）
9. 炮八进二　车1平2
10. 仕六进五　车8进1
11. 炮八退一　车8退1
12. 兵三进一　车8退1

13. 车四进五 卒7进1

14. 车四平三 车8退2

15. 炮八进五! 炮9退2

16. 马三进五 卒7平6

17. 兵五进一 炮5进2

18. 炮五进三 卒5进1

19. 马五进六 马3退4

20. 相七进五 马4进5

21. 马六进五 象7进5

22. 炮八退一 士5进4

23. 马七进六 炮9平7

24. 车三平六 士4退5

25. 马六进七 炮7进1

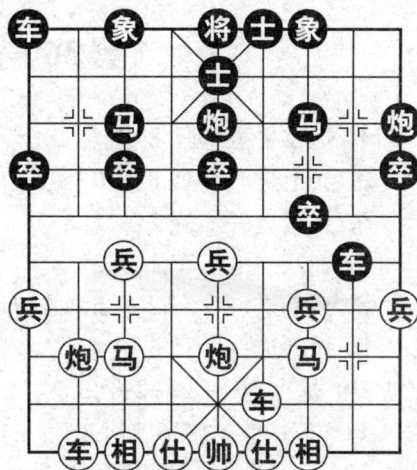

图 69

26. 炮八进一! 马7进6

28. 车八平六! 车8退1

30. 马九进八 卒5进1

32. 车三进一 炮7退1

34. 车六进八 马8退6

36. 兵七进一! 马4退2

38. 车三平五 车8平4

40. 车六退二 卒9进1

41. 车六退一 象3进5

42. 车六平五 炮7进6

43. 马七退六 象5退3

44. 车五平三 炮7平6

45. 相五进七 卒1进1

46. 车三平一 卒1进1

47. 马六退四! 马3退4

48. 车一进四 士5退6

49. 马四进二 卒1进1

50. 马二进三 马4退6

51. 相七退五 象3进5

52. 车一退四 卒5平6

53. 车一平九! (图70)

27. 马七进九! 车2平1

29. 炮八进一! 车1平2

31. 前车平三 马6进8

33. 马八退七 车8进2

35. 车三进一! 马6退4

37. 车三退一! 马2进3

39. 车五进一 士6进5

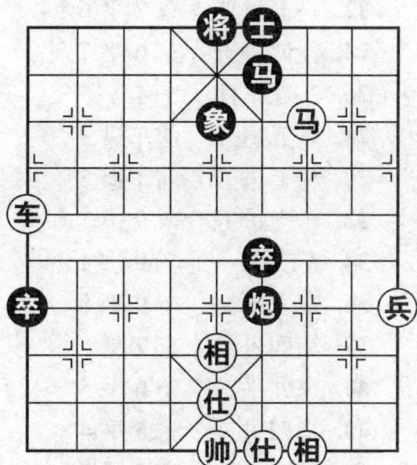

图 70

第36局　王斌负汪洋

1. 炮二平五	马8进7	2. 马二进三	车9平8
3. 兵七进一	炮8平9	4. 马八进七	车8进5
5. 兵五进一	炮2平5	6. 马七进五	马2进3
7. 炮八平七	车1平2		
8. 兵七进一	车2进6（图71）		
9. 兵七进一	马3退5		
10. 炮七退一	车2平3		
11. 车一进一	卒7进1		
12. 兵三进一	车8退1		
13. 兵三进一	车8平7		
14. 炮七平三	车7平8		
15. 兵七平六	车3平4		
16. 兵六平五	马7进5！		
17. 兵五进一	炮5进2		
18. 炮五进三	车8平5！		
19. 炮三平五	车5平7		

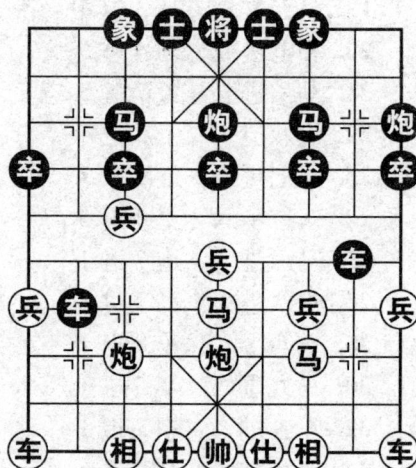
图71

20. 炮五进五	马5进3！	21. 车一平五！	马3进5
22. 马五进四	车7平6	23. 车五进五	炮9平5
24. 仕四进五	车6平7	25. 车九进二	士4进5
26. 车九平四	车4平7	27. 马三退四	后车退1！
28. 车五退二	前车进3	29. 车四平七	象3进1
30. 相七进五	前车退3	31. 兵九进一	前车平9
32. 车七进五	卒9进1	33. 车七平九	车9退1！
34. 车五平一	卒9进1	35. 兵九进一	卒1进1
36. 车九退二	卒9平8	37. 车九退二	卒8平7
38. 马四进二	车7平5	39. 马二退四	卒7平6
40. 车九平三	卒6平5	41. 相五退七	车5平4
42. 马四进三	将5平4	43. 帅五平四	车4平6
44. 帅四平五	卒5平6	45. 相七进五	卒6进1
46. 车三进一	车6平5	47. 车三平六	将4平5
48. 马三退四	车5平7	49. 车六平五	车7进1

50. 车五进二　卒6平7　　　　51. 车五退三　卒7进1
52. 马四进二　卒7进1!　　　　53. 马二进三　士5退4
54. 马三进一　车7进3!　　　　55. 仕五进四　卒7平6!（图72）

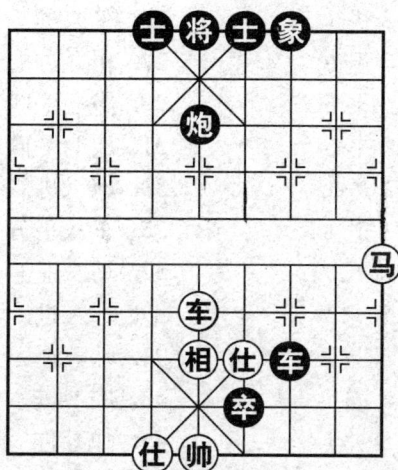

图 72

第 37 局　柳大华胜李来群

1. 炮二平五　马8进7　　　　2. 马二进三　车9平8
3. 马八进七　炮2平5　　　　4. 车九平八　马2进3
5. 兵七进一　炮8平9
6. 车一进一　车8进5
7. 相七进九　卒7进1
8. 车一平四　车1进1（图73）
9. 车四进五　马7进8
10. 兵三进一　卒7进1
11. 马三进二　马8退6
12. 马二进三　炮9进4
13. 炮八进六!　炮5平7
14. 相三进一　炮9平7
15. 炮五平三　前炮平8
16. 马七进六　卒7进1
17. 炮三平七　炮8平5

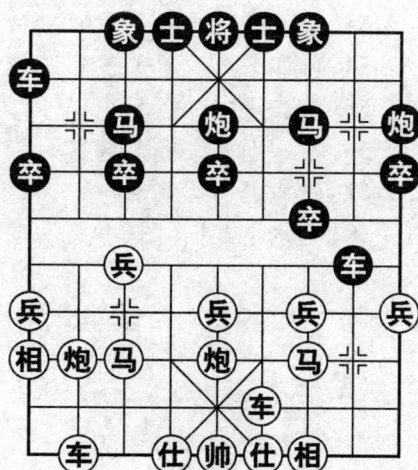

图 73

18. 马六进四　炮7平5	19. 马四退五　炮5进4
20. 兵七进一！卒3进1？	21. 炮七进五　马6进5
22. 车八进四　卒5进1	23. 马三进四　士6进5
24. 帅五进一　卒3进1	25. 车八进二！马5退7
26. 相一进三　马7退6	27. 相九进七　卒5进1
28. 炮七退二　将5平6	29. 炮七平四　将6平5
30. 炮四平七　将5平6	31. 炮七平四　将6平5
32. 炮四平二　车1进1	33. 炮二进二！马6进5
34. 炮八退一　车1退1	35. 车八平五！将5平6
36. 马四进二！将6平5	37. 马二退三　车1平3
38. 炮八退一　车3进4	39. 炮八进三！车3进3
40. 帅五进一　车3退1	41. 帅五退一　车3进1
42. 帅五进一　车3退7	43. 炮二进一！车3进6
44. 帅五退一　车3进1	45. 帅五进一　象7进5
46. 车五进一　马5退6	
47. 车五退三　卒7平6	
48. 炮二退一！车3退6	
49. 车五进二　炮5退2	
50. 车五平一！士5退6	
51. 炮二进二！士6进5	
52. 车一进三　卒6平5	
53. 帅五平四　卒5平6	
54. 帅四平五　士5进4	
55. 炮二平六　将5进1	
56. 车一退一　将5退1	
57. 炮六退一　象3进1	
58. 炮六平九！（图74）	

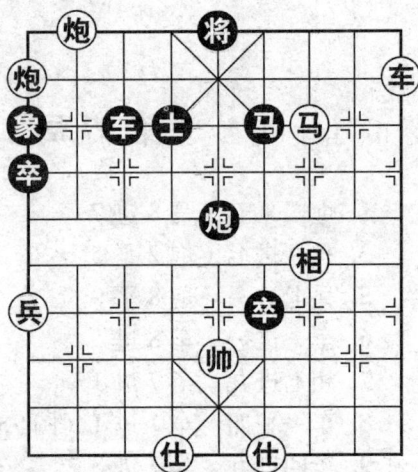

图74

第38局　吕钦负许银川

1. 炮二平五　马8进7	2. 马二进三　车9平8
3. 兵七进一　炮8平9	4. 马八进七　车8进5
5. 兵五进一　炮2平5	6. 马七进五　马2进3
7. 炮八平七　车1平2	8. 兵七进一　卒7进1（图75）

9. 兵七进一　马 3 退 5

10. 兵三进一　车 8 退 1

11. 兵五进一　卒 5 进 1

12. 马五进七　炮 5 进 5

13. 相七进五　卒 7 进 1

14. 马七进八　车 2 进 2

15. 炮七平八　车 2 平 4

16. 车九平七　炮 9 退 1

17. 车一进一　卒 5 进 1

18. 兵七进一?　车 4 平 3

19. 车一平六　车 8 平 2

20. 马八进六　车 3 平 4!

21. 车六进六　车 2 进 3

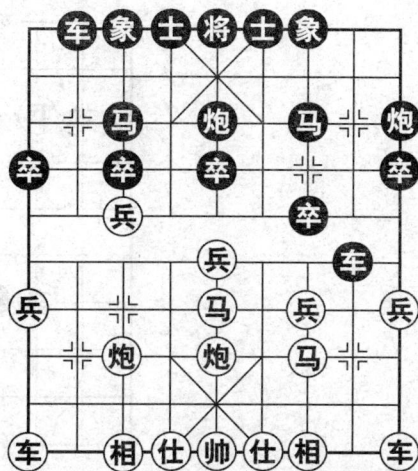

图 75

22. 车七进三　马 7 进 5

23. 车七进三　后马进 7

24. 车七进三　士 6 进 5

25. 车六退四　马 5 进 7

26. 车七退四　象 7 进 5

27. 车七平五　后马进 5

28. 车五平四　卒 7 进 1!

29. 车六平三　炮 9 平 7!

30. 相五进三　马 7 退 6!

31. 相三退五　马 5 进 7!

32. 相五进三　马 7 进 9!

33. 车三平二　马 9 退 8!

34. 车四进一　车 2 平 7

35. 相三退五　卒 1 进 1

36. 车二进二　卒 5 进 1

37. 车四平五　卒 5 进 1

38. 相三进五　象 5 退 7

39. 车二平九　车 7 退 1

40. 兵九进一　炮 7 平 9

41. 相五退三　将 5 平 6

42. 相三进一　车 7 进 1

43. 车九平二　车 7 平 9

44. 车五平三　将 6 平 5

45. 兵九进一　车 9 退 1

46. 兵九进一　车 9 退 2

47. 车二退一　车 9 平 5

48. 仕四进五　卒 9 进 1

49. 兵九进一　炮 9 进 2

50. 车三退四　马 8 进 6

51. 车二进一　炮 9 平 3

52. 车三平七　前马进 5!

53. 车二平五　马 6 进 5

54. 车七进一　卒 9 进 1!

55. 兵九平八　前马退 7

56. 帅五平四　卒 9 平 8

57. 兵八平七　炮 3 平 6

58. 帅四平五　将 5 平 6

59. 仕五退四　马 7 进 6!

60. 帅五进一　马 5 进 4

61. 帅五进一　马 6 退 5!（图 76）

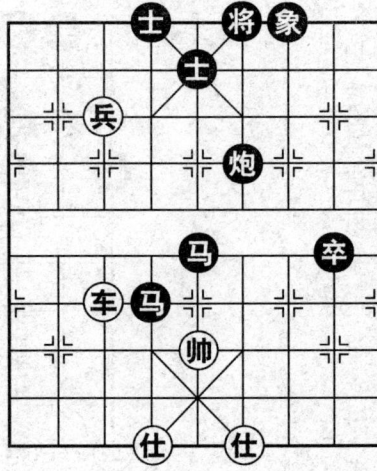

图 76

第二章　大列手炮或小列手炮

第 39 局　胡荣华胜戴荣光

1. 炮二平五　炮 2 平 5	2. 马二进三　马 8 进 9
3. 马八进七　马 2 进 3	4. 车九平八　车 9 平 8
5. 车一平二　车 1 平 2	6. 炮八进四　士 4 进 5 (图 77)
7. 兵七进一　卒 9 进 1	8. 兵三进一　象 3 进 1
9. 马七进六　炮 8 进 4	10. 仕四进五　车 8 进 4
11. 马三进四！车 2 平 4	12. 马六进七　车 8 平 6
13. 车二进三　车 6 进 1	14. 兵七进一！马 9 退 7
15. 马七进五　马 7 进 5	16. 车二进六　象 7 进 9
17. 兵七进一！马 5 进 3	18. 炮八平五　后马进 5
19. 炮五进四　马 3 退 5	20. 车八进八！(图 78)

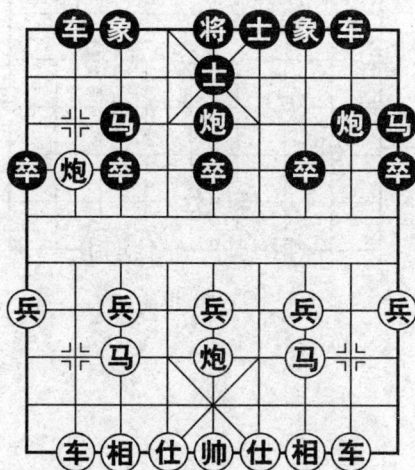

图 77

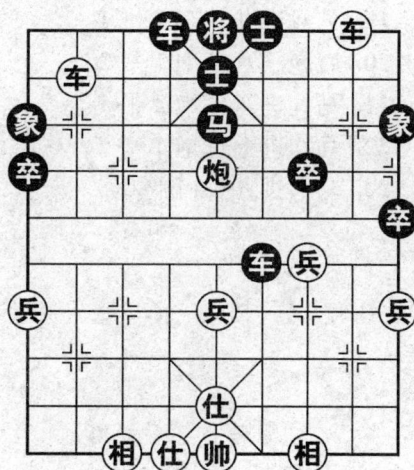

图 78

第40局　杨官璘胜张增华

1. 炮二平五　炮2平5
2. 马二进三　马8进9
3. 马八进七　马2进3
4. 车九平八　车1平2
5. 炮八进四　士4进5
6. 兵三进一　炮8平7
7. 马三进四　车9平8
8. 车一进一　卒3进1（图79）
9. 车一平六　车8进4
10. 马四进五　炮7平6
11. 马五进七　炮6平3
12. 炮八平五！车2进9
13. 马七退八　炮3平1
14. 仕六进五　马9退8
15. 帅五平六　炮1退2
16. 兵九进一　马8进7
17. 兵五进一！卒7进1
18. 兵三进一　车8平7
19. 马八进九　车7进1
20. 后炮平八！炮1平2
21. 马九进八！炮2平1
22. 马八进七！炮1平2
23. 马七进九！（图80）

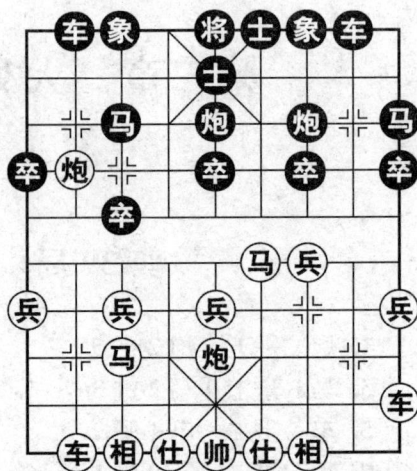

图79

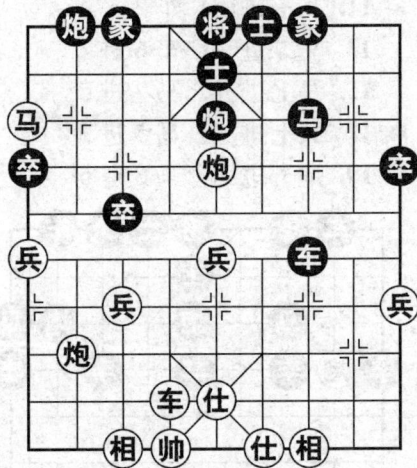

图80

第41局 吕钦胜李来群

1. 炮二平五　炮2平5
2. 马二进三　马2进3
3. 车一平二　炮8平7
4. 马八进七　卒7进1
5. 相三进一　卒7进1
6. 相一进三　马8进9
7. 兵七进一　车1平2
8. 车九平八　车2进4
9. 炮八平九　车2平6
10. 车八进八　卒3进1（图81）

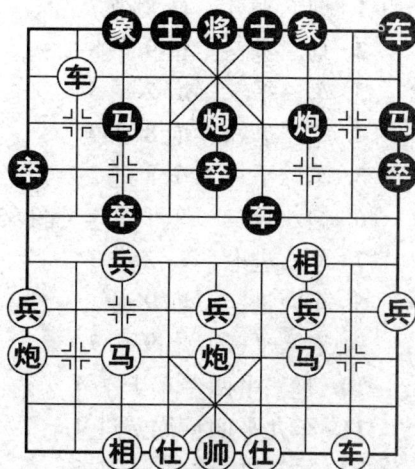

图81

11. 兵七进一　车6平3
12. 马七进六　马9进7
13. 仕四进五　士6进5
14. 车二平四　车9平8
15. 炮五平七！马3进4
16. 炮九退一　炮5平3
17. 炮九平七！车3进3
18. 马六退七　炮3进6
19. 车四平二　车8平9
20. 兵五进一！炮7平3
21. 车八退五　象7进5
22. 相三退五　马7进6
23. 车八平四！车9平7（图82）

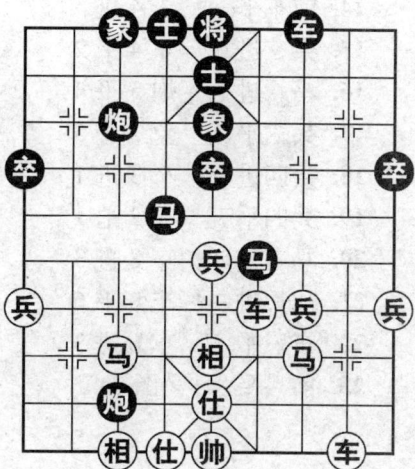

图82

第 42 局　赵鑫鑫胜陈富杰

1. 炮二平五　马 8 进 7
2. 马二进三　车 9 平 8
3. 车一平二　炮 2 平 5
4. 车二进六　炮 8 平 9
5. 车二平三　车 8 进 2
6. 炮八进二　车 1 进 1（图 83）
7. 马八进七　马 2 进 3
8. 车九进一　炮 9 退 1
9. 炮八平三　炮 9 平 7
10. 车三平四　车 1 平 4
11. 车九平四！炮 7 进 4
12. 兵三进一　车 4 进 6
13. 马七退八　车 4 退 3
14. 前车平三！士 4 进 5
15. 兵三进一　车 4 平 2
16. 马八进七　炮 5 平 4
17. 兵三平四　象 3 进 5
18. 兵四进一　卒 3 进 1
19. 兵四平五　车 2 退 1
20. 马三进四！车 8 进 3
21. 前兵进一！车 8 平 6
22. 车三平八　车 6 进 3
23. 前兵平六！（图 84）

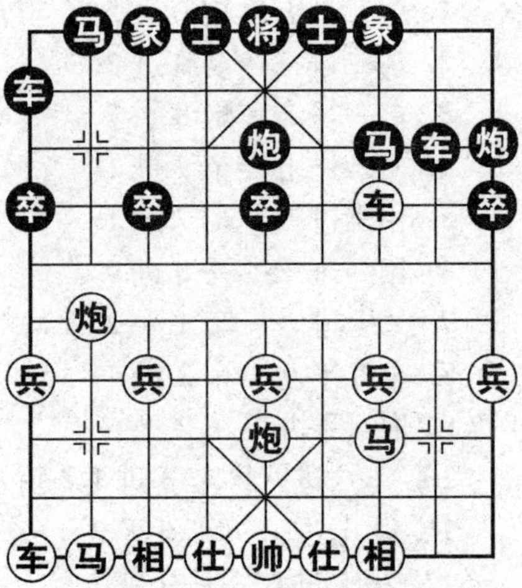

图 83

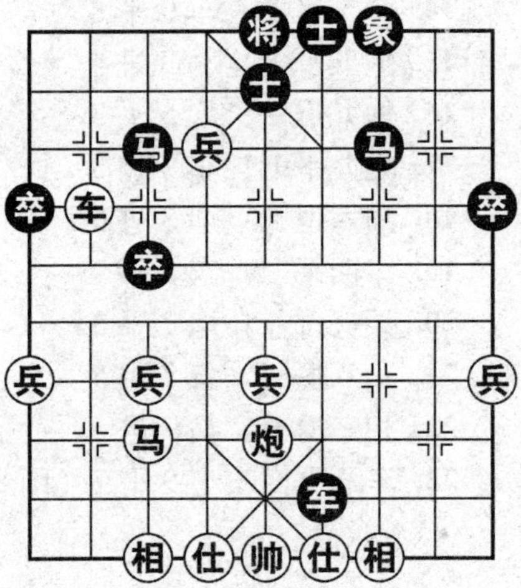

图 84

第 43 局 陈松顺胜张德魁

1. 炮二平五　炮 2 平 5
2. 马二进三　马 8 进 9
3. 马八进七　马 2 进 3
4. 车九平八　车 9 进 1
5. 车一平二　炮 8 平 7
6. 车二进四　车 9 平 4（图 85）
7. 兵七进一　车 4 进 5
8. 马七进六　车 1 平 2
9. 炮八进四　士 4 进 5
10. 仕四进五　卒 7 进 1
11. 车二平四　炮 7 进 1
12. 相三进一！卒 3 进 1
13. 兵七进一　车 2 进 3
14. 车八进六　炮 7 平 2
15. 兵七进一　炮 2 进 4
16. 兵七进一　炮 2 平 7
17. 炮五进四　将 5 平 4
18. 兵七平六！炮 5 进 4
19. 帅五平四！车 4 平 3
20. 炮五平六　将 4 平 5
21. 兵六进一！炮 5 退 3
22. 马六进五　卒 7 进 1
23. 马五退三！马 9 进 7
24. 炮六平五！（图 86）

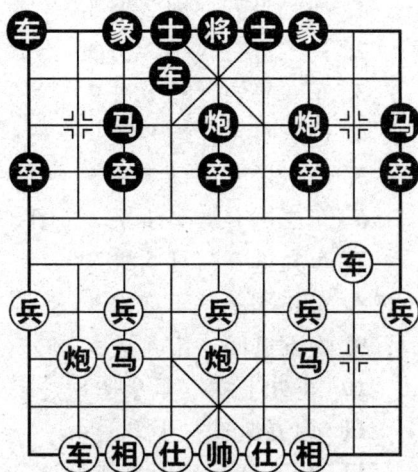

图 85

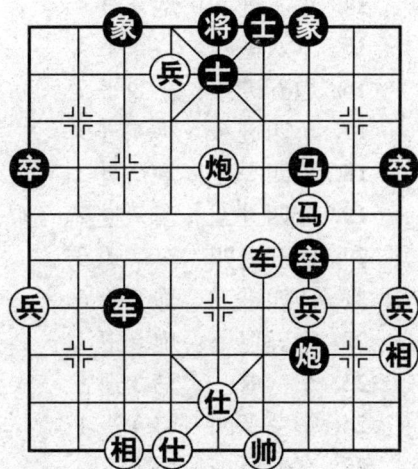

图 86

第44局 喻之青胜赵国荣

1. 炮二平五　炮2平5
2. 马二进三　马2进3
3. 车一平二　马8进7
4. 炮八平六！炮8平9
5. 炮六进五　马7退5
6. 车二进七！车1平2（图87）
7. 车九进一！马5进7
8. 车二平三　车2进9
9. 炮五进四　士4进5
10. 车九平六　车9平8
11. 炮五退二　车2退4
12. 相三进五　车8进7
13. 兵七进一　车2进1
14. 车三进二！炮9进4
15. 车六平四　将5平4
16. 炮五进四！车8平7
17. 车四进八　将4进1
18. 车四平七！炮9进3
19. 仕四进五　车7进2
20. 仕五退四　车7退3
21. 仕四进五　炮5平6
22. 炮五退一！炮6退1
23. 车三退一　马3退1
24. 车三平四　将4进1
25. 车七退一！（图88）

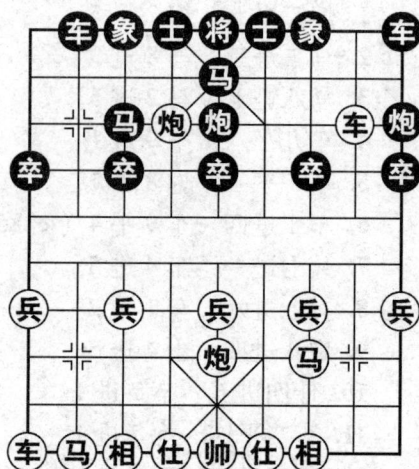

图87

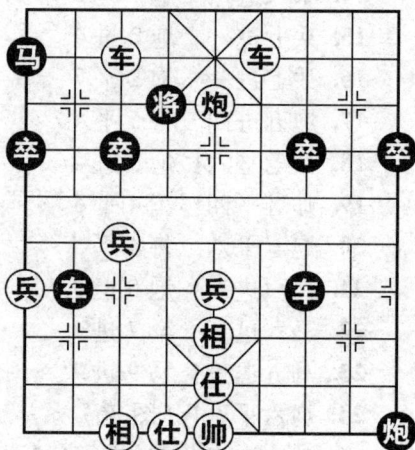

图88

第45局 郑鑫海胜付光明

1. 炮二平五 马8进7
2. 马二进三 车9平8
3. 车一平二 炮2平5
4. 车二进六 炮8平9
5. 车二平三 车8进2
6. 车九进一 炮9退1（图89）
7. 车九平四 炮9平7
8. 车三平四 士4进5
9. 炮八进二！马7进8
10. 前车平三 炮5平7
11. 车三平五 前炮进5
12. 车四进七！马2进3
13. 车五平七 马3退4
14. 仕四进五 象3进5
15. 炮八平五！后炮进1
16. 后炮平四 马8进7
17. 车四退五 马7退8
18. 车七平三！前炮平8
19. 炮四平三！炮8退2
20. 车三平四！炮7平6
21. 前车进一 车8平6
22. 车四进四 炮8进4
23. 相三进五 马8进9
24. 炮三退一 车1平2
25. 帅五平四！炮8退9
26. 车四平三！象7进9
27. 车三平一！炮8平7
28. 车一平四！（图90）

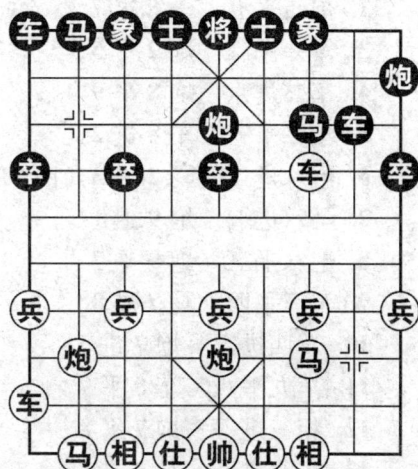

图89

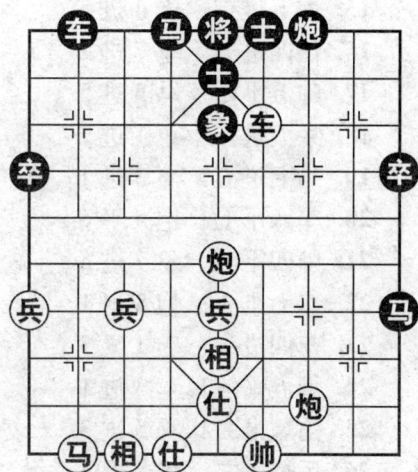

图90

第 46 局　赵鑫鑫胜胡荣华

1. 炮二平五　马8进7
3. 车一平二　炮2平5
4. 车二进六　炮8平9
5. 车二平三　车8进2
6. 炮八进二　马2进3（图91）
7. 马八进七　炮9退1
8. 炮八平三　炮9平7
9. 车三平四　马7进8
10. 车四进二　炮7进5
11. 车九平八　车8平7
12. 相三进一　炮7平8
13. 车八进五　马8进7?
14. 车四退四　卒5进1
15. 炮五进三　士4进5
16. 仕四进五　车7进2
17. 帅五平四　马3进5
18. 兵五进一　车1进2
19. 马七进五　卒3进1?
20. 车八平七!　炮5平6
21. 帅四平五　象7进5
22. 车七进一　炮8退1
23. 车四进一!　车1平3
24. 炮五平三!　车3进1
25. 前炮退二!　马5进3
26. 后炮平二　炮8退4
27. 兵七进一!　马3进5
28. 马三进四　马5退6
29. 炮三进二!（图92）

2. 马二进三　车9平8

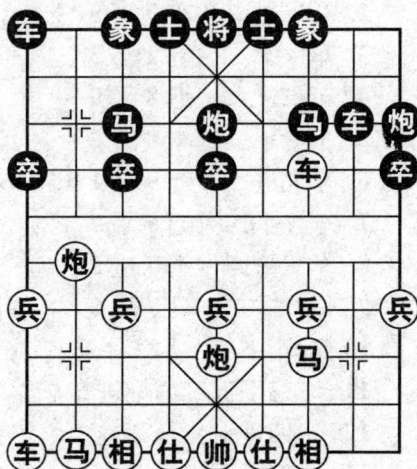

图91

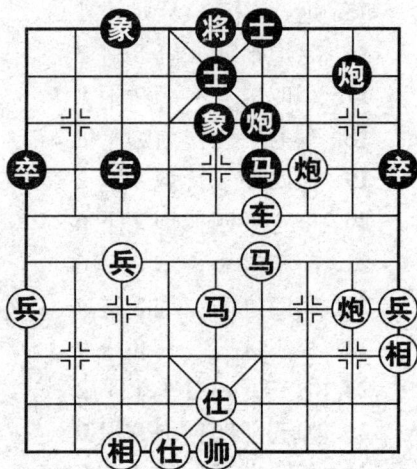

图92

第47局 王嘉良胜孟立国

1. 炮二平五 炮2平5

2. 马八进九 车9平8

3. 车九进一 马2进3

4. 车九平四 车1平2

5. 炮八平六 炮8进2

6. 车四进四 车2平5

7. 车一平二 炮8平7（图93）

9. 车二进九 马7退8

10. 仕四进五 马8进9

11. 相三进一 车2平8

12. 马三退四! 卒9进1

13. 兵三进一 炮7平8

14. 马四进三! 车8进1

15. 兵九进一 士4进5

16. 马九进八 炮5平4

17. 帅五平四 象7进5

18. 马八进九! 卒7进1

19. 车四进一 炮5进2

20. 仕六进五 马3进1

21. 兵三进一 炮8退3

22. 车四平五 车8平3

23. 车五平四 将5平4

24. 马三进四 车3平6

25. 帅四平五 将4平5

26. 车四平七! 马1退2

27. 车七进三 马2退4

28. 马四进六! 车6平4

29. 马六进五!（图94）

2. 马二进三 马8进7

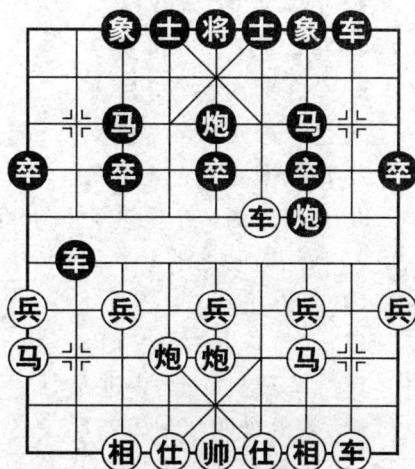

图93

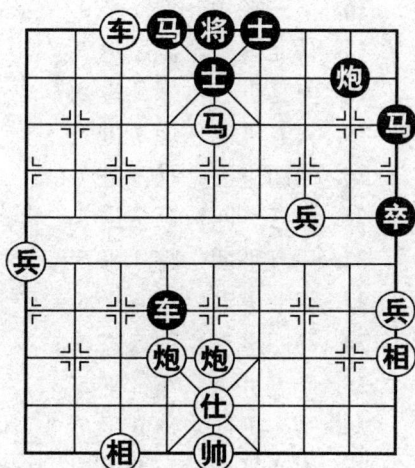

图94

51

第48局　陈翀胜张晓平

1. 炮二平五　炮2平5
3. 车一平二　炮8平7
4. 马八进七　马8进9
5. 车九平八　卒7进1
6. 炮八进四　卒7进1
7. 炮八平五　士4进5
8. 车八进四！卒7进1（图95）
9. 马三退五　车1平2
10. 车八平三　车9平8
11. 车二进九　马9退8
12. 车三退一　马3进5
13. 炮五进四　车2进6
14. 兵五进一！卒3进1
15. 兵五进一　将5平4
16. 车三平六　炮5平4
17. 马七进五　车2退3
18. 前马进三　炮7进2
19. 马五进四！炮7进5
20. 仕四进五　马8进7
21. 炮五平四　马7进8
22. 兵五平四　将4平5
23. 相七进五　炮4平5
24. 马四进五！炮5进5
25. 仕五进六　车2平5
26. 马三进二　炮5平7
27. 炮四平一！车5退1
28. 炮一退二！后炮退2
29. 车六平二！（图96）

2. 马二进三　马2进3

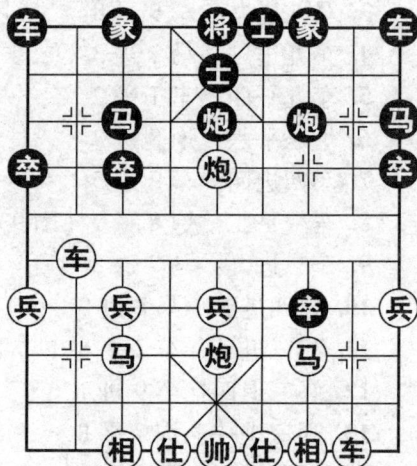

图95

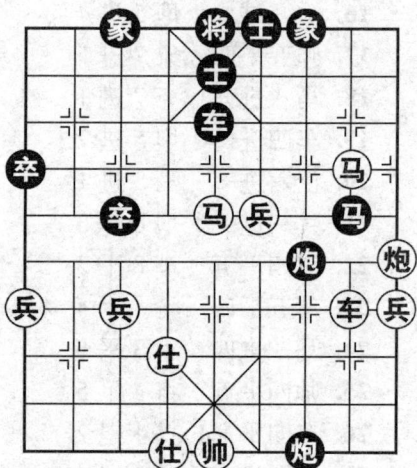

图96

第 49 局 黄松轩胜黄章

1. 炮二平五　炮 2 平 5
2. 马二进三　马 8 进 9
3. 车一平二　车 9 平 8
4. 兵七进一　马 2 进 3
5. 马八进七　车 1 平 2
6. 车九平八　车 2 进 4
7. 炮八平九　车 2 平 4
8. 车八进六　卒 9 进 1（图 97）
9. 车八进七！马 9 进 8
10. 兵七进一！车 4 平 6
11. 马七进六！车 6 进 1
12. 车二进五　车 6 平 4
13. 兵七平六　卒 7 进 1
14. 兵六进一　士 4 进 5
15. 炮九平七　马 3 退 1
16. 炮五进四　将 5 平 4
17. 仕四进五　炮 5 平 6
18. 炮五退二　象 3 进 5
19. 炮七平六　炮 6 进 1
20. 兵六进一！炮 6 进 1
21. 车二进一　士 5 进 4
22. 车二平四！士 6 进 5
23. 车四退一　将 4 平 5
24. 车七进二　车 4 平 5
25. 兵五进一　马 1 退 3
26. 炮六平八　士 5 退 4
27. 炮八进七！炮 8 进 1
28. 车七平六！士 4 退 5
29. 车四进三！（图 98）

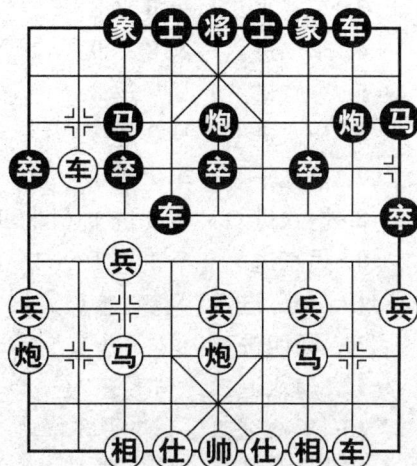

图 97

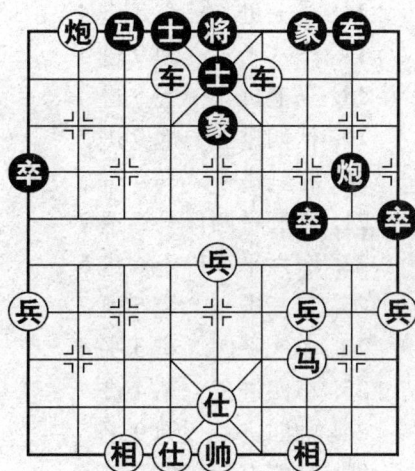

图 98

第 50 局　赵冠芳胜欧阳琦琳

1. 炮二平五　炮2平5

3. 车一平二　车9平8

4. 车二进六　炮8平9

5. 车二进三　马7退8

6. 马八进七　马2进3

7. 车九平八　车1进1

8. 炮八进六　卒3进1（图99）

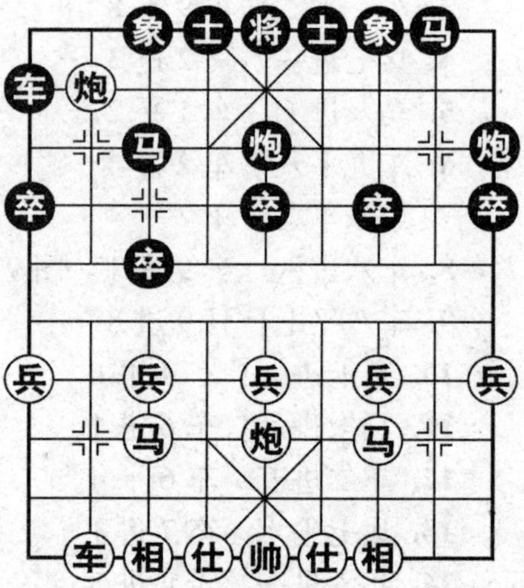

9. 兵三进一　卒1进1

10. 马三进四　卒1进1

11. 马四进五！马3进1

12. 炮八退二　马1进2！

13. 车八进二！车1平3

14. 兵九进一　马2进4

15. 车八退一　卒3进1

16. 兵七进一　车3进4

17. 车八平六　炮9进4

18. 马七进六　炮5进4

19. 仕四进五　炮9进3

20. 相三进一　马4进5

21. 帅五平四！马5退7

22. 车六平三！士6进5

23. 车三进一　炮5退2

24. 车三平四　车3平4

25. 车四进三　车4进4

26. 帅四进一　炮9平5

27. 马五退七！象7进5

28. 炮八平五！马8进7

29. 车四进二！（图100）

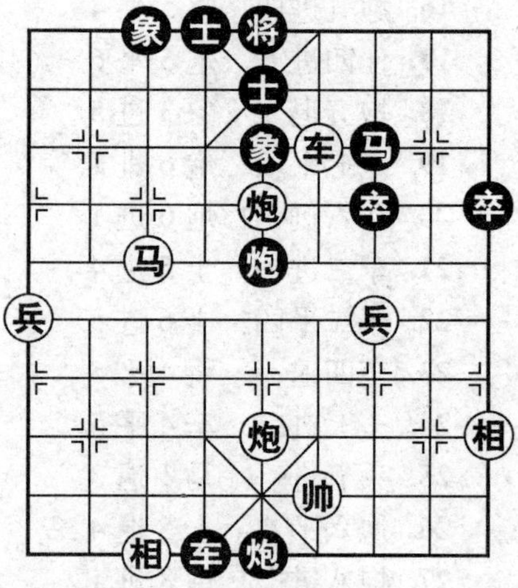

2. 马二进三　马8进7

图 99

图 100

54

第51局 窦国柱负邵次明

1. 炮二平五　炮2平5
2. 马二进三　马8进9
3. 车一平二　车9平8
4. 马八进九　马2进3
5. 兵九进一　卒9进1
6. 车九平八　车1平2
7. 车二进四　车2进6!
8. 车二平六　炮8平7
9. 炮五平六　士6进5
10. 炮六进一　车2平3（图101）

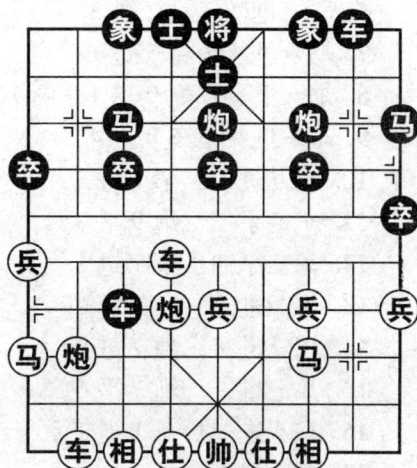

图 101

11. 炮八进七　车3平4!
12. 车六退一　马3退2
13. 车八进九　炮7进4!
14. 车六进一　炮7进3
15. 仕四进五　车8进7
16. 马三进四　炮7平9
17. 仕五进四　卒7进1
18. 车八退四　卒7进1!
19. 车八平三　卒7平6
20. 车三进四　士5退6
21. 车六平四　士4进5
22. 车三退四　马9进8
23. 马九进八?　炮5平3!
24. 相七进五　象3进5
25. 车三平二　车8退3
26. 马八进九　炮3平4
27. 车四平六　车8进2
28. 兵五进一　车8平9
29. 车六进二　卒9进1
30. 车六平五　炮4进4!（图102）

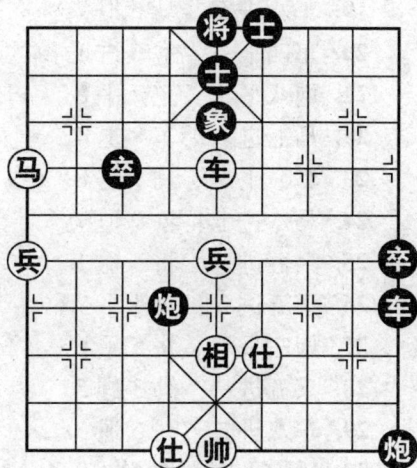

图 102

第 52 局　尚威胜董旭彬

1. 炮二平五　炮 2 平 5
2. 马二进三　马 8 进 7
3. 兵三进一　车 9 平 8
4. 马八进七　炮 8 平 9
5. 马三进四　马 2 进 3
6. 马四进六　车 1 进 2
7. 马六进八！将 5 进 1
8. 炮八退一！炮 9 退 1（图 103）
9. 车一进一　车 8 进 4
10. 车九进二！卒 7 进 1
11. 车一平三　炮 9 平 7
12. 车三平四！卒 7 进 1
13. 车四进八　马 7 进 6
14. 相三进一　象 7 进 9
15. 兵七进一　炮 7 平 6
16. 马八进七！车 1 退 1
17. 前马退五　象 3 进 5
18. 车九平八　卒 7 进 1
19. 车八进五　马 6 退 7
20. 车四平一　炮 6 进 1
21. 炮八平三　卒 7 平 8
22. 马七进八　车 8 退 4
23. 车一平二　马 7 退 8
24. 马八进七！象 9 退 7
25. 兵五进一　将 5 退 1
26. 兵五进一！车 1 平 7
27. 炮三平五　将 5 平 6
28. 兵五进一　马 3 进 5
29. 车八进二　马 5 退 3
30. 后炮平四　炮 6 平 9
31. 车八退六！士 4 进 5
32. 马七进九！（图 104）

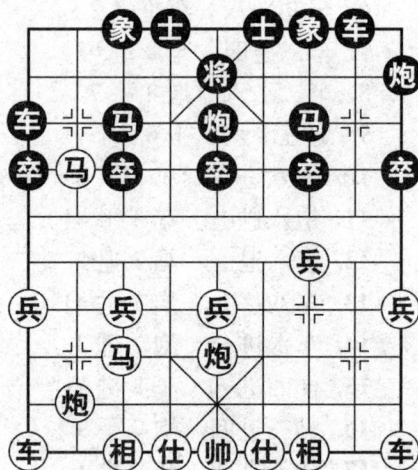

图 103

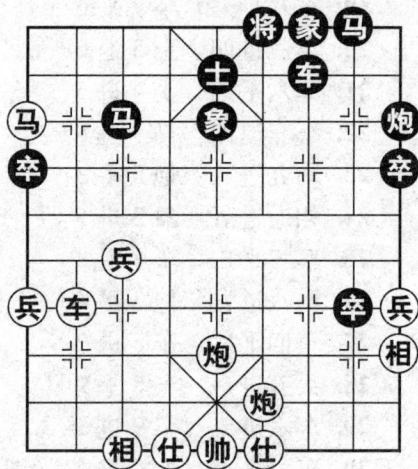

图 104

第 53 局　杨官璘胜何顺安

1. 炮二平五　炮 2 平 5	2. 马二进三　马 8 进 9
3. 马八进七　马 2 进 3	4. 车九平八　卒 9 进 1
5. 车一平二　炮 8 进 2	6. 兵七进一　炮 5 平 8（图 105）

7. 车二平一　象 3 进 5

8. 马七进六　车 9 进 1

9. 炮八平六　车 9 平 6

10. 兵三进一　士 4 进 5

11. 仕四进五　卒 3 进 1

12. 兵七进一　象 5 进 3

13. 马六进五　马 3 进 5

14. 炮五进四　象 3 退 5

15. 相三进五　车 6 进 2

16. 炮五退二　后炮平 6

17. 车八进五!　车 1 平 4

18. 兵一进一　卒 9 进 1

19. 车一进四　车 6 平 5

20. 车一进二　炮 6 进 1

21. 车一退三　卒 7 进 1

22. 车八平三!　炮 6 进 4

23. 炮六平四!　象 5 进 7

24. 兵三进一!　车 4 进 3

25. 马三进四!　车 5 进 1

26. 炮四平三!　将 5 平 4

27. 炮三进七　将 4 进 1

28. 车一进四　车 4 平 6?

29. 马四进二　车 5 平 7

30. 马二进三!　车 7 平 4

31. 车一退三　车 4 退 2

32. 车一平三　车 4 平 6

33. 车三进一!（图 106）

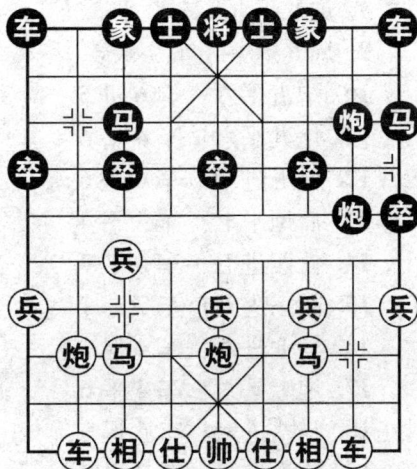

图 105

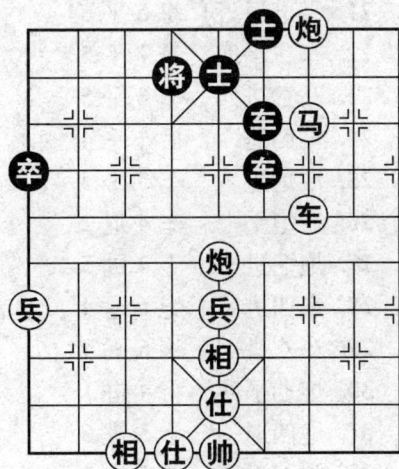

图 106

第54局 万启友胜张德魁

1. 炮二平五   炮2平5
2. 马二进三   马8进9
3. 马八进七   马2进3
4. 车一平二   炮8平6
5. 仕六进五   车1平2
6. 车九平八   车2进6
7. 炮八平九   车2平3
8. 车八进二   车9进1（图107）

9. 炮九退一   车9平4
10. 炮五平六   炮6进5?
11. 炮九平六!   车4平6
12. 仕五进四   车6进6
13. 后炮平七!   车3平4
14. 仕四进五   车6平7
15. 相三进五!   车7退1
16. 马七进八   车4退1
17. 炮七平六!   车4平6
18. 马八进六!   车6退3
19. 前炮进一   车7退2
20. 马六进七   炮5进4
21. 马七退五!   车6平8!
22. 车二平四   车7平5
23. 马五进四   车8平5
24. 马四退六!   后车平4
25. 后炮进六   车5平4
26. 后炮平七   车4退2
27. 炮七进六   士4进5
28. 车四进三   炮5退
29. 车八进七   将5平4
30. 炮七平四   将4进1
31. 炮四退一   士5进6
32. 帅五平四   炮5进6
33. 车四平八   将4平5
34. 后车进五!（图108）

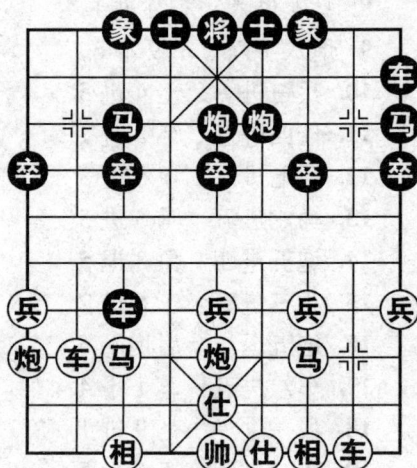

图107

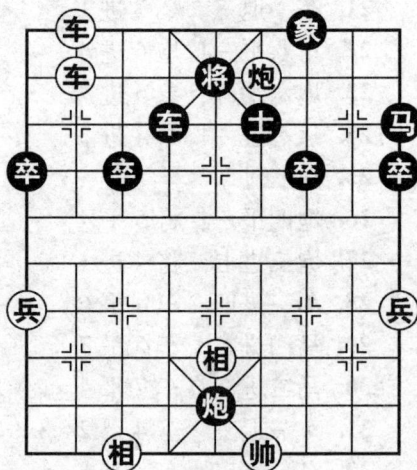

图108

第 55 局 徐超胜宇兵

1. 炮二平五 马 8 进 7
2. 马二进三 车 9 平 8
3. 车一平二 炮 2 平 5
4. 车二进六 马 2 进 3
5. 炮八进二 卒 7 进 1
6. 车九进一 炮 8 平 9
7. 车二平三 车 8 进 2
8. 车九平四 士 4 进 5（图 109）
9. 马八进七 炮 5 平 4
10. 车四平六 车 1 平 2
11. 炮八平七 车 2 进 2
12. 兵五进一 卒 3 进 1
13. 炮七进三 车 2 平 3
14. 兵五进一！炮 4 平 5
15. 兵五进一！炮 5 进 5
16. 相三进五 车 8 进 5
17. 马七进五 炮 9 进 4
18. 车六平一 炮 9 平 5
19. 马三进五 车 8 平 6
20. 兵七进一 车 3 平 6
21. 仕四进五 前车退 1
22. 马五进六 卒 3 进 1
23. 车一平二 前车平 4
24. 马六进八 车 6 平 3
25. 兵五平六！车 4 平 5
26. 兵六进一！车 3 平 2
27. 马八退七 车 5 平 7
28. 车三进一 车 2 平 4
29. 车三进二！车 7 平 3
30. 车二进五 车 4 进 2
31. 车二平七 象 3 进 5
32. 车三退二 车 4 退 4
33. 车七平九！卒 9 进 1
34. 车九进三（图 110）

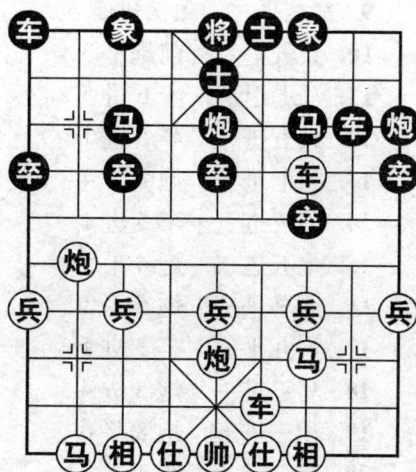

图 109

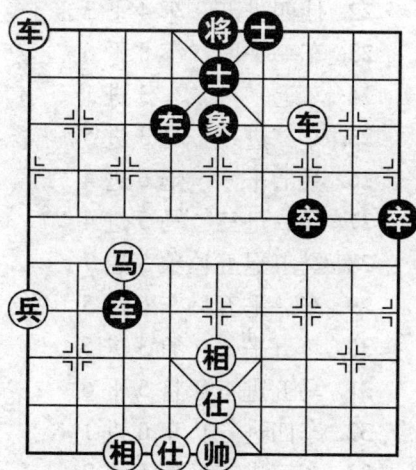

图 110

第56局 沈志奕胜高琪

1. 炮二平五　炮2平5
2. 马二进三　马8进9
3. 车一平二　车9平8
4. 马八进七　马2进3
5. 车九平八　车1进1
6. 炮八平九　卒9进1
7. 车八进六　炮8进2
8. 车八平七　炮5平8（图111）
9. 车二平一　象7进5
10. 兵五进一　前炮平3
11. 马七退五　士6进5
12. 兵五进一　卒5进1
13. 兵七进一　炮3平4
14. 马三进五　卒5进1
15. 炮五进二　炮4平5
16. 前马进三！炮5退1
17. 炮九平五　卒7进1
18. 马三进一　炮5进4
19. 相三进五　炮8平6
20. 马五进七　车1平4
21. 兵七进一　车4进5
22. 仕四进五　车4平3
23. 车一平四　车8平6
24. 车七平一　车3进1
25. 车一进一　马3进5
26. 兵七平六　炮6进4
27. 马一进三　马5进4
28. 马三退五！象5退7
29. 车一平五！车6进5
30. 车五平三！象3进5
31. 马五进三！将5平6
32. 车四进三！车6进1
33. 车三进二！象5退7
34. 马三进二！将6进1
35. 炮五平一！（图112）

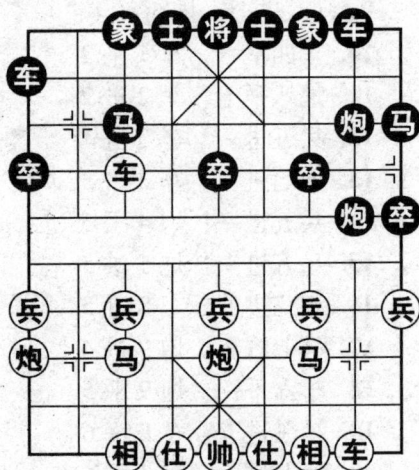
图111

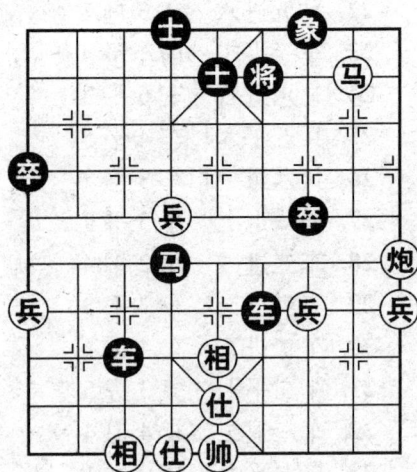
图112

第57局　许波胜梁文斌

1. 炮二平五　炮2平5
2. 马二进三　马2进3
3. 车一平二　马8进7
4. 炮八平六　车1进1（图113）
5. 炮六进五　车1平7
6. 马八进七　卒3进1
7. 兵三进一　士6进5
8. 炮六退一！车7平6
9. 炮六平七　象3进1
10. 车九平八　卒5进1
11. 车八进六　车6进2
12. 车二进六　车9平8
13. 仕六进五　炮8平9
14. 车二进三　马7退8

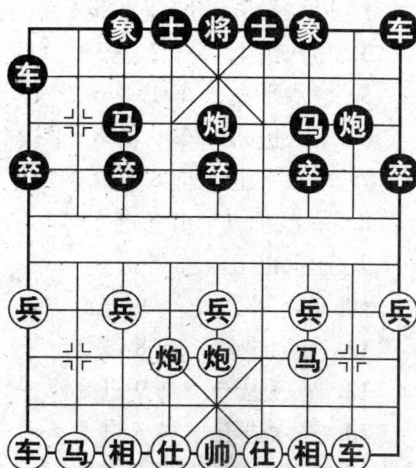

图113

15. 炮五平六　车6平4
16. 相七进五　卒9进1
17. 兵七进一　卒3进1
18. 相五进七　马8进7
19. 相七退五　卒7进1?
20. 兵三进一！炮9进1
21. 马七进八！车4进4
22. 仕五进六　炮9平2
23. 马八进六　炮2进1
24. 兵三进一　马7进5
25. 兵三平四！马5进3
26. 马六进七　炮2退1
27. 炮七平九　士5进4
28. 马七退六！炮5退1
29. 炮九退一　炮2进4
30. 炮九平八　炮5平1
31. 马六退七　炮1进5
32. 炮八平五　马3进2
33. 马七进六　马2进4
34. 帅五进一　将5进1
35. 帅五平四　炮1进2?
36. 马六进五！（图114）

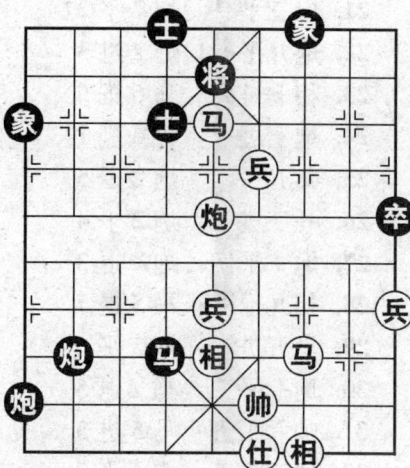

图114

第58局 杨官璘胜曾益谦

1. 炮二平五　炮2平5
3. 马八进七　马2进3
5. 炮八平九　车1平6
6. 车八进六　车9平8（图115）
7. 车八平七　炮8平7
8. 兵七进一　士6进5
9. 仕六进五　车8进4
10. 车一平二　卒9进1
11. 马七进六　车8进5
12. 马三退二　马9进8
13. 马六进五　马3进5
14. 炮五进四　车6进2
15. 兵七进一　将5平6
16. 相三进五　炮5进4
17. 马二进三　炮5退1
18. 炮五平九!　车6平3
19. 兵七进一　炮7进4
20. 前炮平三　马8进6
21. 炮三平一　炮7平2!
22. 炮九平七!　炮2进3
23. 相七进九　马6进5
24. 炮七进七　将6进1
25. 帅五平六　炮2退5
26. 马三进五　炮2平4
27. 炮一平四　炮4退3
28. 相九退七!　马5退7
29. 马五进三　炮5平6
30. 炮七平三　马7退5
31. 帅六平五　马5进3
33. 仕四进五　炮4平2
35. 帅五平四　炮2进5

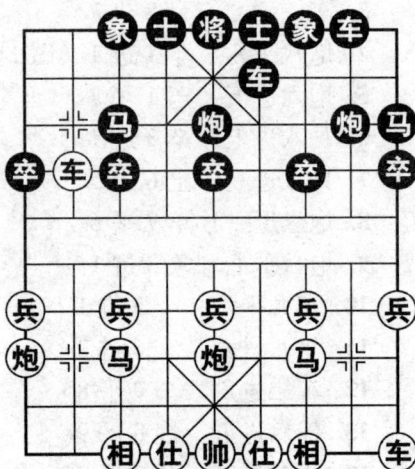

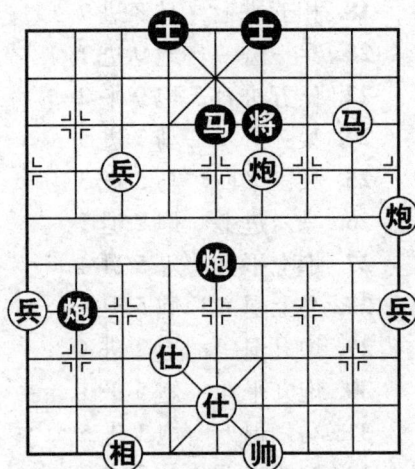

2. 马二进三　马8进9
4. 车九平八　车1进1

图115

图116

32. 仕五进六　马3退4
34. 马三进一!　炮6平5
36. 炮三退四　士5退6

37. 炮三平五！ 马4退5　　　**38.** 马一进二　将6进1

39. 炮五平一！（图116）

第59局　许银川胜胡荣华

1. 炮二平五　马8进7　　　**2.** 马二进三　车9平8

3. 车一平二　炮2平5　　　**4.** 车二进六　炮8平9

5. 车二进三　马7退8　　　**6.** 马八进七　马2进3

7. 车九平八　车1平2

8. 炮八进四　卒3进1（图117）

9. 兵三进一　炮9退1

10. 马三进四　炮9进5

11. 马四进五　马3进5

12. 炮五进四　士6进5

13. 相七进五　马8进7

14. 炮五平一　士5退6

15. 仕六进五　士4进5

16. 炮一平二　炮9进3

17. 兵七进一！ 卒3进1

18. 相五进七　卒7进1

19. 兵三进一　马7进5

20. 兵三平四　车2进2

21. 车八平六　炮5平4

22. 炮八退二　马5退7

23. 炮二平三！ 象3进5

24. 兵四进一　炮9退6

25. 相七退五！ 炮9平6

26. 车六进六　炮6进3

27. 炮八平五　炮6平7

28. 车六平九　马7进9

29. 炮三进二　车2进5

30. 马七退六　马9退8

31. 兵九进一　炮7退4

32. 车九平二！ 炮7平8

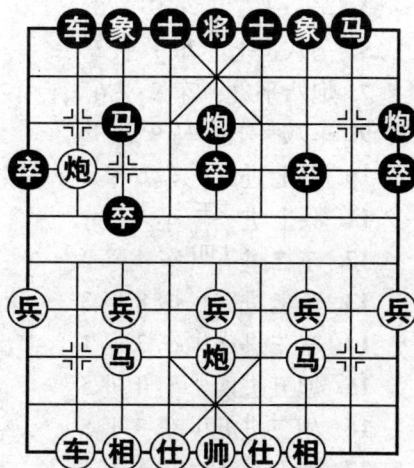

图117

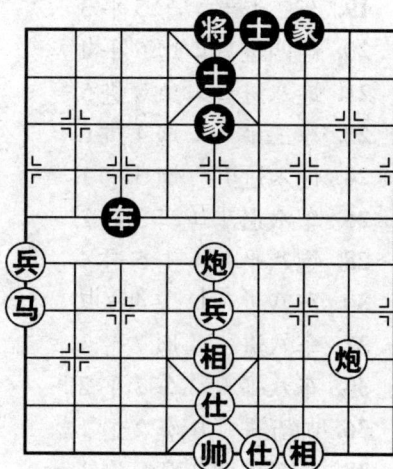

图118

33. 炮三退一! 马8进6	**34.** 车二进一! 马6进7
35. 炮三平六 马7退8	**36.** 炮六平二! 车2平1
37. 炮二退三 车1退1	**38.** 马六进七 车1平3
39. 炮二退二 车3退2	**40.** 马七进九! (图118)

第60局 黄松轩胜黄章

1. 炮二平五 炮2平5	**2.** 马二进三 马8进9
3. 车一平二 车9平8	**4.** 兵七进一 马2进3
5. 马八进七 车1平2	**6.** 车九平八 车2进4
7. 炮八平九 车2平6	**8.** 车八进六 卒9进1
9. 车八平七! 马9进8	
10. 马七进六! 车6平4 (图119)	
11. 兵七进一 车4进1	
12. 车二进五 车4平3?	
13. 车七进一! 炮8平3	
14. 车二进四 车3退1	
15. 炮五进四 士4进5	
16. 相三进五 车3平5	
17. 炮五平八 车5退1	
18. 炮八退二! 象7进9	
19. 车二退五 车5平3	
20. 仕四进五 炮5平4	

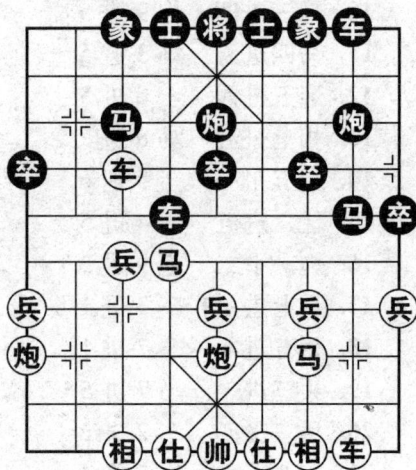

图119

21. 炮八进五 象3进5	
22. 车二平八 炮4进6	**23.** 仕五退四! 炮3进7
24. 仕六进五 炮3平1	**25.** 相五进七 炮4退3
26. 车八退二 车3进2	**27.** 仕五进六 炮4退1
28. 炮八平九 士5进4	**29.** 兵三进一 车3平7
30. 车八进三! 炮4平7	**31.** 马三退二 象9退7
32. 车八进一 炮7平3	**33.** 后炮平七 卒7进1
34. 车八平五 车7平2	**35.** 车五退二 车2进4
36. 帅五进一 车2退1	**37.** 帅五退一 车2退2
38. 马二进四 卒7进1	**39.** 马四进二 士6进5
40. 马二进三 象5进7	**41.** 车五平七! 象7进5

42. 炮七进三！ 象 5 进 3　　　**43.** 车七进一！（图 120）

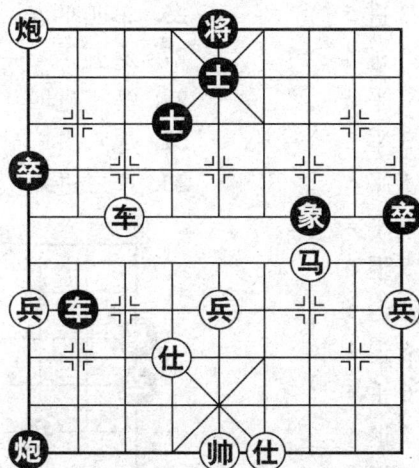

图 120

第 61 局　孟立国胜郭长顺

1. 炮二平五　马 8 进 7　　　**2.** 马二进三　车 9 平 8

3. 车一平二　炮 2 平 5　　　**4.** 车二进六　马 2 进 3

5. 炮八平六　车 1 平 2　　　**6.** 马八进七　炮 8 平 9

7. 车二平三　车 8 进 2　　　**8.** 兵七进一　炮 5 退 1（图 121）

9. 车九进一　炮 5 平 7

10. 车三平四　车 2 进 6

11. 车九平四　士 4 进 5

12. 前车进二　炮 7 进 5

13. 相三进一　车 8 进 2

14. 后车进二　车 8 平 7

15. 兵五进一！车 2 平 6

16. 车四退五　象 7 进 5

17. 马七进六　炮 9 平 8

18. 马六进七　炮 8 进 4

19. 车四退二　炮 8 退 3

20. 车四进五　炮 8 进 5

21. 兵五进一　炮 7 平 3

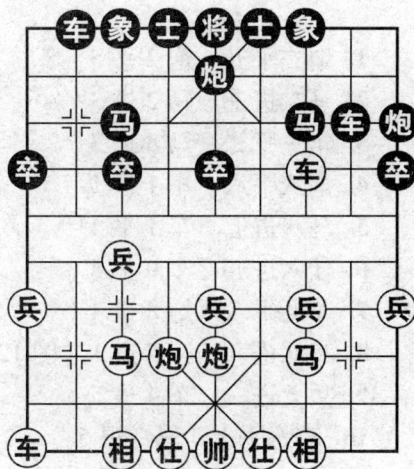

图 121

22. 马七进五！　象3进5

23. 车四退三！　马3进2

24. 兵五进一　马7进5

25. 车四平五　马5进4

26. 炮五进五！　士5进4

27. 炮五平一　士6进5

28. 车五平二！　炮8平6

29. 马三进四　车7平5

30. 仕四进五　炮3平5

31. 炮六平五　马4进5

32. 相七进五　车5平6

33. 车二进六　士5退6

34. 炮一进二　将5平4

35. 马四进六！　炮5退6

36. 马六进五！　士4退5

37. 车二退六！　车6退1

38. 兵七进一！　车6平4

39. 炮一平五　马2退1

40. 车二平四　炮6平8

41. 车四进六！　炮8退5

42. 车四平二　炮8平5

43. 帅五平四　车4退1

44. 马五进三　车4平6

45. 帅四平五　士5退6

46. 车二退三！（图122）

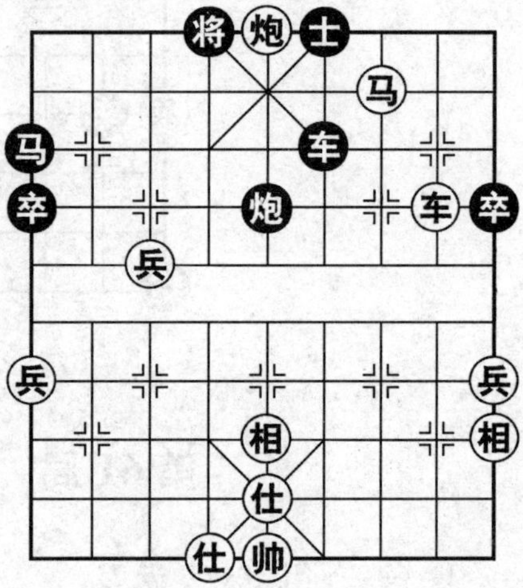

图 122

第 62 局　申鹏胜金松

1. 炮二平五　炮2平5

2. 马二进三　马2进3

3. 车一平二　马8进7

4. 炮八平六　车1进1

5. 马八进七　车1平4

6. 仕六进五　车9平8

7. 车九平八　炮8进4

8. 车八进六　卒7进1（图123）

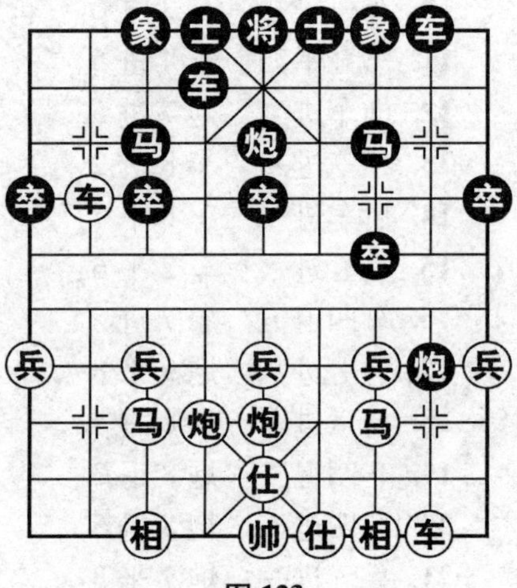

9. 兵七进一　车4进5

10. 车八平七　马3退5

11. 马七进八　车4平3

12. 相七进九　车3平2

图 123

13. 马八进九　炮8退3
14. 炮六进四　炮8平4
15. 马九退七！车2平4
16. 车二进九　马7退8
17. 车七平八！炮4退2
18. 炮五进四！马8进7
19. 炮五退一　车4退2
20. 兵五进一！炮5进1
21. 相三进五　炮4平3
22. 车八进一　象3进5
23. 车八平六！马5进3
24. 车六平七　炮3进1
25. 兵七进一　车4进1
26. 炮五进二！象7进5
27. 车七平五　士4进5
28. 车五平三　炮5平4
29. 仕五退六　车4平5
30. 车三退二　炮5平2
31. 仕六进五　车5进2
32. 马三退二　炮2进1
33. 兵七进一　车5平1
34. 车三平八　士5退4
35. 帅五平六　炮2平1
36. 车八退二　士6进5
37. 兵三进一　车1平8
38. 车八退二　炮1进1
39. 马二进四　车8退1
40. 车八进一　车8平1
41. 兵三进一　车1平3
42. 兵七平六　炮1退8
43. 帅六平五　士5进6
44. 车八平五　炮1平5
45. 帅五平六　车3平9
46. 兵六进一！将5平6
47. 车五进一　车9退1
48. 车五平六！炮5退1
49. 兵六平五！车9平6
50. 车六进六！车6进3
51. 兵三进一　车6平8
52. 车六退一！（图124）

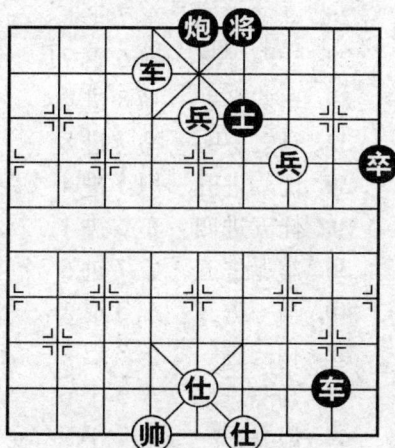

图 124

第 63 局　徐天红胜赵庆阁

1. 炮二平五　马8进7
2. 马二进三　车9平8
3. 车一平二　炮2平5
4. 车二进六　马2进3
5. 马八进七　炮8平9
6. 车二进三　马7退8
7. 车九平八　车1进1
8. 炮八进六　卒3进1
9. 兵三进一　卒1进1
10. 炮五退一　炮9平7（图125）

11. 马三进四　卒7进1
12. 相三进五　卒7进1
13. 相五进三　炮7平8！
14. 炮五平三　炮5平7
15. 炮三平二　马8进9
16. 相三退五　卒1进1
17. 炮二平九　炮8进7
18. 相五退三　马3进1
19. 兵九进一　车1平2
20. 炮九进五　车2平6！
21. 车八进四　车6进3
22. 马七退五　卒9进1
23. 相七进五　炮8退8
24. 马五退七　炮8平6
26. 马三进四　车7平6
28. 仕四进五　炮6平7！
30. 车八平七　马8进7
32. 马二进一　马7进8
34. 仕六进五　炮5进4
36. 仕五进四　车6进1
38. 车七进五　象7进5
40. 马一进三　车3退1
42. 相三进一　车3退2
43. 马三进二　车3平6
44. 炮九平一　炮7平9
45. 车六退三　将5退1
46. 车六进三　将5进1
47. 仕四退五　后炮进2
48. 马二进一！　象5退7
49. 车六退一　将5进1
50. 马一进三　将5平6
51. 马三退二　将6平5
52. 炮一平二！　士6进5
53. 车六退三！（图126）

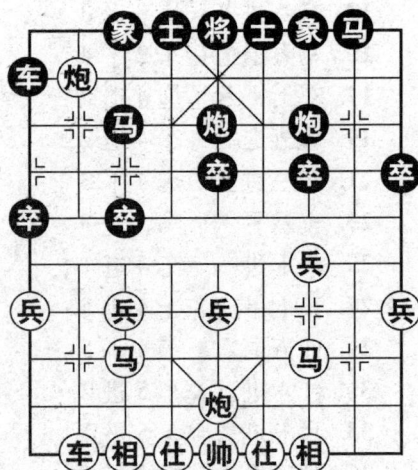

图 125

25. 马四退三　车6平7
27. 马四退三　马9进8
29. 炮九退一！　卒3进1
31. 马三退二　车6进4！
33. 仕五进四　前炮平5？
35. 帅五平六！　马8退6？
37. 帅六进一　车6平3
39. 车七平六　将5进1
41. 帅六退一　炮5平9

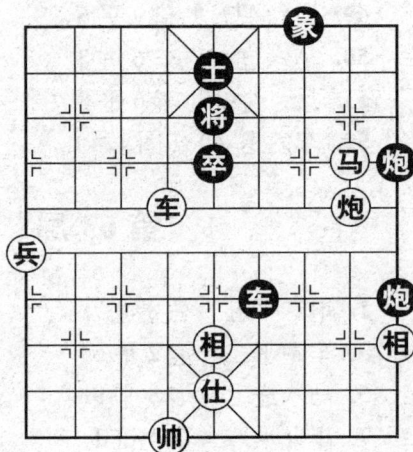

图 126

第64局 项阳红负龚晓民

1. 炮二平五　马8进7
2. 马二进三　车9平8
3. 车一平二　炮2平5
4. 车二进六　炮8平9
5. 车二平三　车8进2
6. 炮八平六　马2进3（图127）
7. 马八进七　车1平2
8. 兵七进一　士4进5
9. 马七进六　车2进6
10. 仕六进五　车2平4
11. 马六进四　车4退2
12. 马四进三　炮9平7
13. 车九平八　炮5平6
14. 兵三进一?　炮6退1!
15. 相三进一　炮6平7
16. 兵三进一?　后炮进2
17. 兵三进一　炮7进5

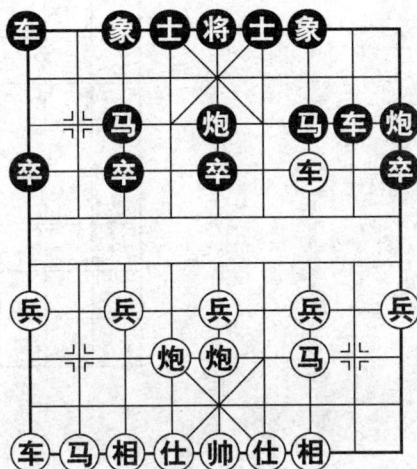

图127

18. 炮六平三　车4平7
19. 炮三进二　车8进4!
20. 车八进七　马3退4
21. 炮五进四　象7进5
22. 炮三平五　车7退1
23. 前炮平九　卒3进1
24. 炮九进三　车8平5!
25. 车八平五　卒3进1
26. 相一退三　卒3平4
27. 车五平三　车7平5
28. 炮五平二　前车平8
29. 车三退三　车5平3
30. 相三进五　卒4进1
31. 车三平六　士5进4
32. 炮二平五　车8平5!
33. 车六进三　将5进1
34. 车六进二　象3进1
35. 炮五平三　车3退3!
36. 车六退三　车3平1
37. 车六平一　象1退3
38. 车一进二　将5进1
39. 车一退二　车1进6
40. 炮三退二　将5退1
41. 车一进二　将5退1
42. 炮三进七　士6进5
43. 车一进一　车1平3
44. 炮三退六　士5退6
45. 车一平三　车3退2
46. 车三退五　卒4进1!
47. 炮三退二　卒4平5
48. 相七进五　车5进1
49. 车三平六　车3进5

50. 车六退四　车3退3　**51.** 车六进四　车3平7
52. 炮三平四　车7进3　**53.** 车六退三　车5平6!
54. 车六进八　将5进1!　**55.** 车六退一　将5退1!（图128）

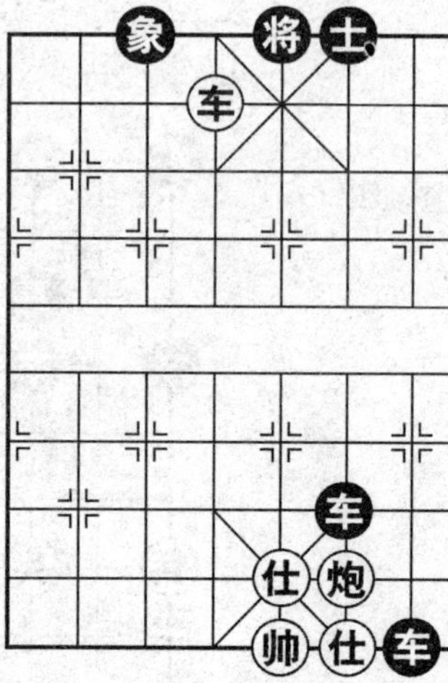

图 128

第65局　周俊来负赵庆阁

1. 炮二平五　马8进7　**2.** 马二进三　车9平8
3. 车一平二　炮2平5　**4.** 车二进六　马2进3
5. 马八进七　炮8平9
6. 车二进三　马7退8
7. 兵七进一　车1平2
8. 车九平八　车2进6（图129）
9. 炮八平九　车2平3
10. 车八进二　卒7进1
11. 炮五平四　马8进7
12. 相三进五　车3平4
13. 仕四进五　卒5进1
14. 车八进四　马7进5
15. 车八平七　炮5平7!
16. 车七平八　炮7进1
17. 车八退四　士6进5

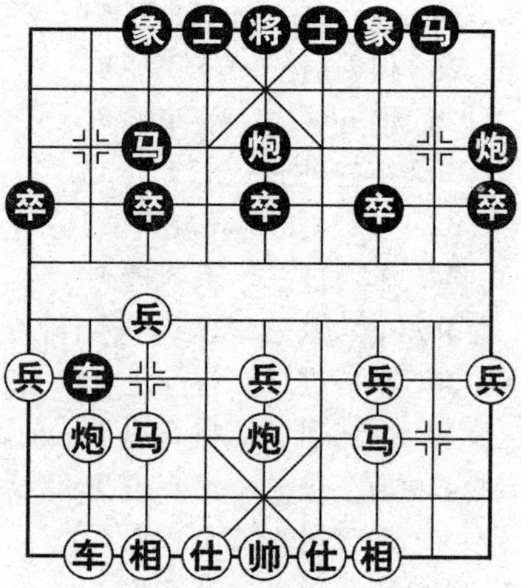

图 129

18. 炮四进一　车4退4
20. 兵五进一　马5进6
22. 马三退一　炮9进4
24. 炮四退二　马3进4!
26. 车四平三　马4进3
28. 车三进四　炮6退3
30. 炮八进三　马6进5!
32. 炮八平五　象3进5
34. 兵三进一　马5进3
36. 炮五退二　象5退7
38. 仕五退四　车8平6
40. 帅五平六　卒9进1
42. 兵七进一　卒9平8
44. 兵五平四　象7进5
45. 炮五进三　车6平1!
46. 帅六平五　卒7平6
47. 兵七进一　卒1进1
48. 兵三进一　车1平7
49. 马四退二　车7退3
50. 炮五平四　卒6平5
51. 马二进四　卒5平4
52. 马四进二　车7进3
53. 马二进三　车7平4!
54. 炮四平五　将5平6
55. 炮五平六　卒4平3
56. 炮六平四　将6平5
57. 炮四平五　将5平6（图130）

19. 炮四退一　卒5进1!
21. 车八进四　车4平8
23. 车八平四　车8进7
25. 车四退一　炮9退2!
27. 炮九平八　炮7平6
29. 马一退三　车8退6
31. 相七进五　马3进5
33. 马七进五!　炮9进2!
35. 马五退六　炮9平5!
37. 马三进四　炮6进9
39. 仕六进五　车6进3!
41. 兵三进一　卒9进1
43. 兵五进一　卒8平7

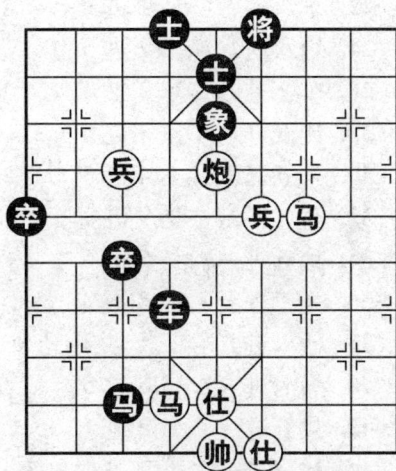

图 130

第 66 局　汪洋胜陈富杰

1. 炮二平五　炮2平5
3. 马八进七　马8进9
5. 车九平八　车1平2
7. 车二进五　车9平8

2. 马二进三　马2进3
4. 车一平二　炮8平7
6. 炮八进四　卒3进1
8. 车二平七　车8进8（图131）

9. 兵七进一　车8平7
10. 马七退五　车7平6
11. 车七进一　士6进5
12. 炮五平八!　车2平1
13. 马五进七　车1进1
14. 车七平六　马3进2
15. 兵七进一　车1平3
16. 前炮平七　卒7进1!
17. 马七进六　马2进1
18. 相七进五　炮7进1
19. 车六退一　炮7平3
20. 兵七进一　车3进2
21. 炮八进七!　车6平2
22. 车八进一　马1进2
24. 炮八退八!　车2进5
26. 车三进四　车2平4
28. 仕五进六　象3进5
30. 马五退六　士4进5
32. 车三平八　马9进7
34. 兵五进一　马5退6
36. 马三进五　炮2平3
38. 仕六进五　象5进3
40. 马七进五!　马6进5
42. 兵五进一　卒2进1
44. 兵三进一　卒2进1
46. 兵一进一　车4平8
48. 马三进四　炮4进1
50. 兵五进一!　车4进1
52. 车七平六　士6进5
54. 车八进一　士5退4
56. 车八平六　将6进1
58. 兵三平四!　(图132)

23. 仕四进五　车3平2
25. 车六平三　士5退6
27. 马六进五　炮5平2
29. 车三退五　车4退1
31. 马六进四　车4退5
33. 兵三进一　马7进5
35. 车八进二!　卒1进1
37. 马五进七　卒1进1
39. 车八平七　卒1平2
41. 兵五进一　象3退1
43. 兵三进一　卒2进1
45. 马四进二　炮3退2
47. 马二退三　炮3平4
49. 车七进二　车8平4
51. 兵五平六!　士5进4
53. 车六平八　卒2平3
55. 马四进三　将5平6
57. 车六退一　将6退1

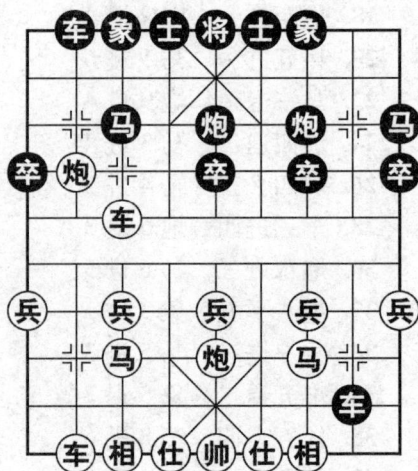
图 131

72 ·

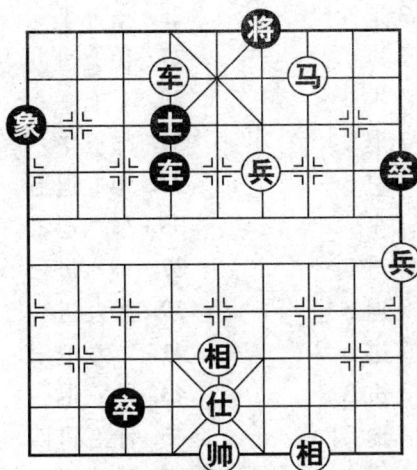

图 132

第 67 局 陈孝坤负黄少龙

1. 炮二平五 炮 2 平 5	2. 马二进三 马 2 进 3
3. 车一平二 马 8 进 7	4. 车二进六 车 1 平 2
5. 马八进七 卒 3 进 1	6. 车九平八 车 2 进 6
7. 兵三进一 车 9 进 1	8. 车二平三 马 7 退 5（图 133）
9. 兵三进一 车 9 平 6	10. 仕六进五 车 2 平 3

11. 马七退六 车 3 平 2

12. 马六进七 车 2 平 3

13. 炮八进六 车 6 进 7

14. 车八进二 车 6 平 7

15. 马三进四？ 炮 8 进 5

16. 炮八退二？ 车 3 进 1

17. 车八平七 炮 8 平 3

18. 马四进五 马 3 进 5

19. 车三平五 车 7 退 4

20. 炮八平一 马 5 进 7

21. 车五平九 车 7 进 5！

22. 炮一平三 象 7 进 9

23. 炮三平五 士 6 进 5

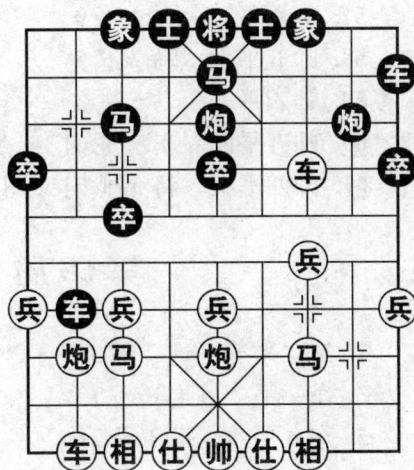

图 133

73

24. 前炮平七 炮3退4	25. 车九平七 炮5平2
26. 车七退一 炮2进7	27. 相七进九 车7退2
28. 相九进七 炮2平3	29. 车七平六 象9退7
30. 兵五进一 车7退2?	31. 帅五平六 象7进5
32. 炮五进五 象3进5	33. 相七退五 车7进2
34. 相五退七 车7平3	35. 车六退二 车3进2
36. 帅六进一 马7进5	37. 车六进三 马5进7
38. 兵五进一 车3退3	39. 兵九进一 车3退1
40. 兵五平四! 马7进6	41. 车六退三 马6退4
42. 兵四进一 车3进3	43. 帅六退一 车3进1
44. 帅六进一 马4退2!	45. 仕五进四 车3平6!
46. 兵九进一 马2退3	47. 兵四进一 车6退2
48. 兵四平五 车6退3	
49. 车六平五 马3进4	
50. 车五进三 马4进6	
51. 车五退二 马6进7	
52. 帅六退一 车6平4	
53. 帅六平五 车4平1!	
54. 帅五平六 车1进5	
55. 帅六进一 车1退3	
56. 帅六退一 车1平4	
57. 帅六平五 车4平9	
58. 帅五平六 马7退5	
59. 帅六平五 马5进3	
60. 帅五平四 车9平6!	
61. 帅四平五 将5平6! (图134)	

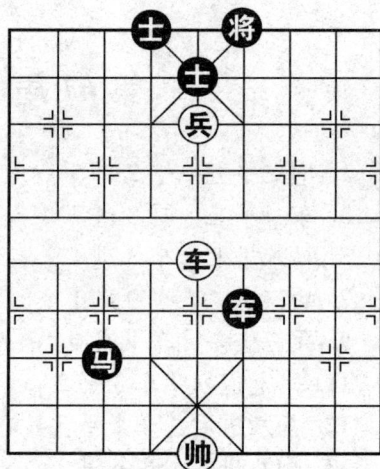

图 134

第68局 朱剑秋负马宽

1. 炮二平五 炮2平5	2. 马二进三 马2进3
3. 车一平二 炮8平7	4. 马八进九 马8进9
5. 车九平八 车1平2	6. 兵七进一 卒9进1 (图135)
7. 炮八平七 车2进9	8. 马九退八 卒7进1
9. 炮五平六 炮5平6	10. 相三进五 象3进5

11. 炮七进四   车 9 进 1
12. 仕四进五   车 9 平 2
13. 马八进七   车 2 进 2
14. 马七进六   士 4 进 5
15. 兵九进一   卒 5 进 1
16. 炮七平六   卒 7 进 1!
17. 相五进三   炮 7 进 2
18. 车二进六   炮 6 进 3
19. 马六进四   炮 7 退 1
20. 前炮进二   车 2 平 6!
21. 后炮平四   马 3 进 4
22. 炮四进一   将 5 平 4
23. 炮六平八   车 6 平 2
24. 炮八平九   炮 7 进 1
26. 车二进四?   车 2 平 7
28. 车六退一   车 7 退 1
30. 炮四退二   炮 7 平 8!
32. 车六进一   车 7 退 4!
34. 炮九退一?   炮 6 平 8
36. 车八进三   士 5 退 4
38. 炮四进二   车 7 进 5
40. 车八退三   士 4 进 5
42. 车二退五   车 7 退 3
44. 车二平四   炮 6 退 2
46. 车四进一   马 7 进 6
48. 车四平八   士 5 进 4
50. 车八退四   卒 5 进 1!
52. 仕六进五   马 6 进 5
54. 仕五进四   马 5 进 3
56. 帅六进一   车 7 平 4
58. 帅五平四   车 5 平 7
60. 仕五进六   车 7 进 2

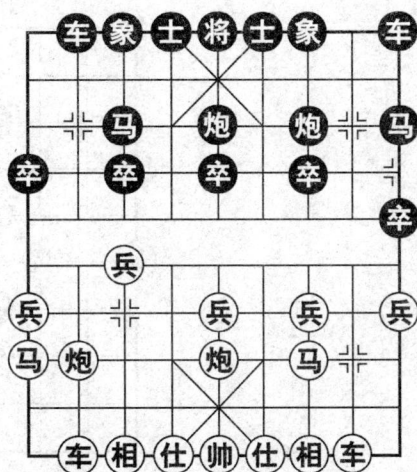

图 135

25. 车二退四   车 2 进 4
27. 车二平六   将 4 平 5
29. 炮四退一   车 7 进 3
31. 相七进五   炮 6 进 3!
33. 车六平二   车 7 退 1
35. 车二平八   后炮平 6
37. 炮九进二   炮 8 进 1
39. 炮四退二   炮 6 进 4!
41. 车八平二   炮 8 平 9
43. 车二退一   炮 9 平 6
45. 兵一进一   马 9 进 7
47. 仕五退四   卒 9 进 1
49. 车八进八   将 5 进 1
51. 兵五进一   炮 6 平 5
53. 车八平六   炮 5 平 4!
55. 帅五平六   炮 4 退 1!
57. 帅六平五   车 4 平 5
59. 仕四进五   炮 4 进 1
61. 帅四退一   马 3 退 5! (图 136)

75

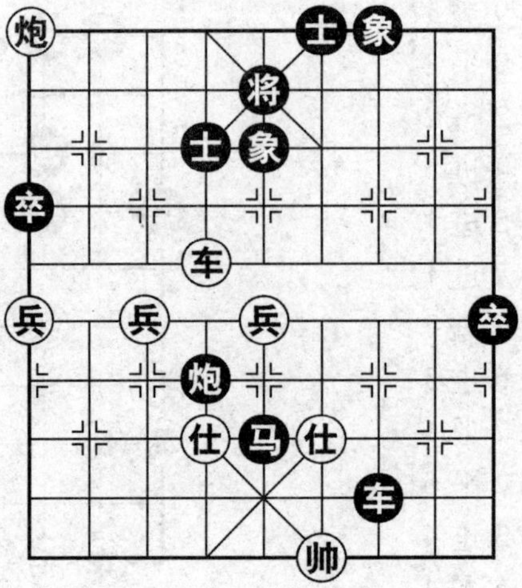

图 136

第三章　左炮封车转列手炮

第 69 局　朱晓虎负赵力

1. 炮二平五	马 8 进 7	2. 马二进三	车 9 平 8
3. 车一平二	炮 8 进 4	4. 兵三进一	炮 2 平 5
5. 兵七进一	马 2 进 3	6. 马八进七	车 1 平 2
7. 车九平八	车 2 进 6（图 137）	8. 马七进六	马 3 退 5
9. 兵七进一	车 2 退 1	10. 马六进五	炮 8 进 1！
11. 车二进二	车 8 进 7	12. 炮五平二	马 5 进 3！
13. 相七进五	马 3 进 5	14. 兵七平六	卒 7 进 1
15. 炮二进二	车 2 进 1	16. 兵六进一	卒 7 进 1！
17. 兵六平五	马 7 进 5	18. 相五进三	马 5 进 6！
19. 炮八平五？	马 6 进 5！（图 138）		

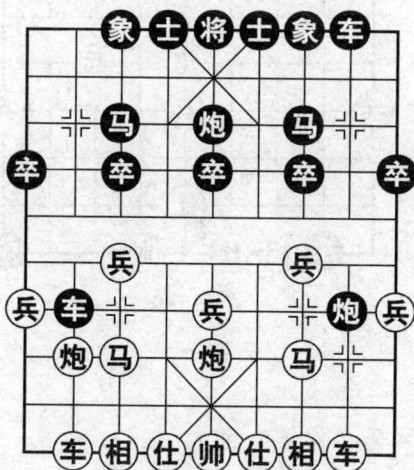

图 137

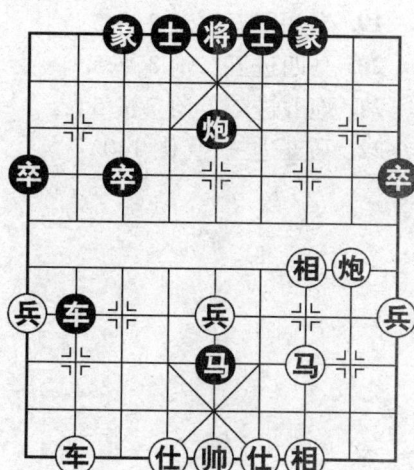

图 138

第70局　唐丹胜欧阳琦琳

1. 炮二平五　马8进7
2. 马二进三　车9平8
3. 车一平二　炮2平5
4. 兵七进一　炮8进4
5. 兵三进一　马2进3
6. 马八进七　车1平2
7. 车九平八　车2进6
8. 马七进六　炮8平7（图139）
9. 车二进九　炮7进3
10. 仕四进五　马7退8
11. 兵七进一　车2退1
12. 兵七进一　车2平4
13. 兵七进一　炮5平8
14. 炮五进四！炮7平9
15. 帅五平四　车4平2
16. 炮五退二　车2退1
17. 兵七平六！将5进1
18. 马三进四！炮8进3
19. 炮八平五！车2进5
20. 马四进五！炮8平5
21. 炮五进二！象7进5
22. 马五进三！（图140）

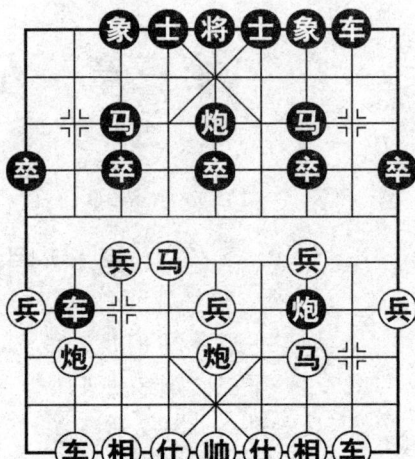

图 139

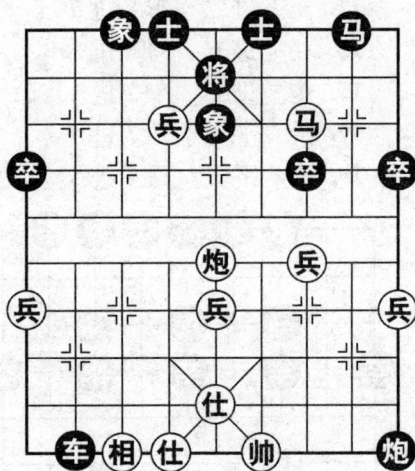

图 140

第71局　钱洪发负胡荣华

1. 炮二平五　马8进7
2. 马二进三　车9平8
3. 车一平二　炮2平5
4. 兵七进一　马2进3
5. 马八进七　炮8进4
6. 兵三进一　车1平2
7. 车九平八　车2进4
8. 炮八平九　车2平8
9. 车八进六　卒7进1
10. 兵三进一　前车平7（图141）
11. 炮五退一　炮8平7
12. 车八平七　马7退5
13. 车七退一　车8进4!
14. 炮五平七　马3进4!
15. 相七进五　炮5平8!
16. 车二进五　车7平8
17. 车七平八　炮8平3!
18. 马三退五　马5进7
19. 车八进二　马7退5
20. 车八退六　马4进6
21. 马七进六　马6进8
22. 马五进七　马8进7!
23. 帅五进一　炮7平8!（图142）

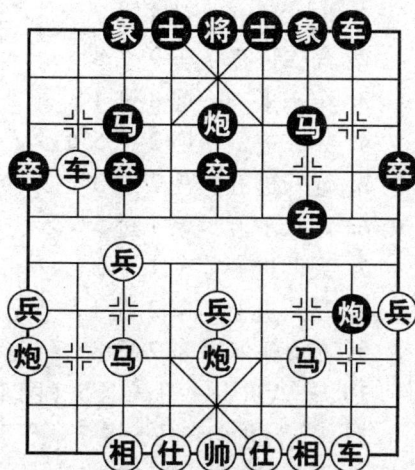

图 141

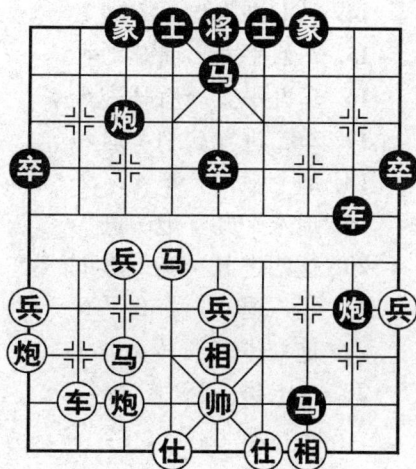

图 142

第 72 局　许银川胜聂铁文

1. 炮二平五　马8进7
2. 马二进三　车9平8
3. 车一平二　炮8进4
4. 兵三进一　炮2平5
5. 炮八进五　马2进3
6. 炮八平五　象7进5
7. 兵七进一　车1平2
8. 马八进七　车2进4
9. 车九平八　车2平8
10. 车八进七　马3退5（图143）
11. 马七进八　马5退7
12. 马八进七　士6进5
13. 炮五平七！　炮8平7
14. 马七进六！　象3进1
15. 车八平九！　前车平4
16. 车九平五　后马进6
17. 车二进九　马7退8
18. 炮七平八　车4平2
19. 炮八平九　炮7进3
20. 仕四进五　卒1进1
21. 马六退八！　将5平6
22. 炮九进三　马8进9
23. 兵七进一！（图144）

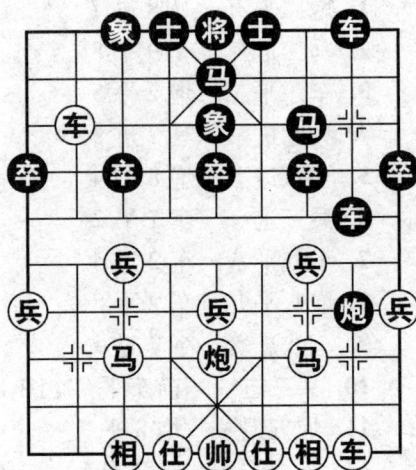

图 143

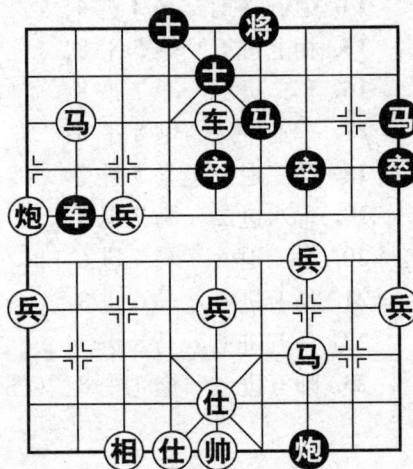

图 144

第 73 局　李忠雨负付光明

1. 炮二平五　马 8 进 7
2. 马二进三　车 9 平 8
3. 车一平二　炮 2 平 5
4. 马八进七　马 2 进 3
5. 车九平八　炮 8 进 4
6. 炮八平九　卒 3 进 1
7. 车八进四　车 1 平 2！
8. 车八平三　车 2 进 8
9. 车三进二　车 2 平 3
10. 车三进一　车 3 退 1（图 145）
11. 仕四进五　车 3 进 2！
12. 兵三进一　车 3 退 2
13. 炮九退一　士 4 进 5
14. 车三退二　车 3 退 1
15. 车三平四　车 3 退 1
16. 兵三进一　炮 5 平 6
17. 车四退二　车 3 平 7！
18. 炮九进一　炮 8 进 1！
19. 仕五进六　炮 8 平 5
20. 车二进九　炮 5 平 1！
21. 马三进二　马 3 进 4
22. 马二进一　炮 1 进 2
23. 仕六进五　炮 6 平 2！
24. 仕五退四　车 7 进 3！（图 146）

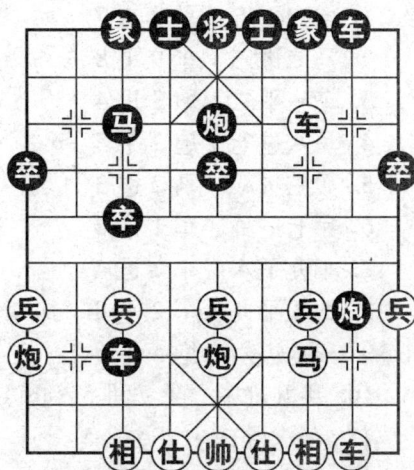

图 145

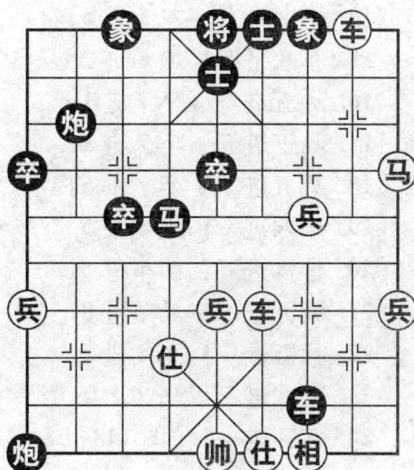

图 146

第74局 胡荣华胜余仲明

1. 炮二平五　马8进7
2. 马二进三　车9平8
3. 车一平二　炮8进4
4. 马八进七　炮2平5
5. 兵三进一　马2进3
6. 兵七进一　车1平2
7. 车九平八　车2进4
8. 炮八平九　车2平8
9. 车八进六　炮5平6
10. 兵五进一　象7进5（图147）
11. 车八退三　士6进5
12. 马七进八　卒3进1
13. 兵七进一　象5进3
14. 炮九平七　象3进5
15. 车八平四！炮8进2
16. 兵五进一　卒7进1
17. 马三进五　卒7进1
18. 兵五进一！卒7平6！
19. 车四进一！炮8平5
20. 仕六进五！前车进5
21. 兵五进一！马7进8
22. 兵五进一！士4进5
23. 车四进三　马3退4
24. 车四进一！（图148）

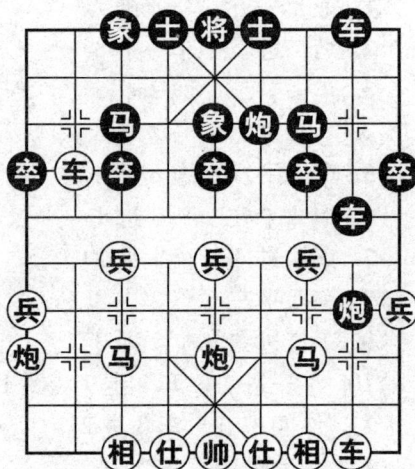

图 147

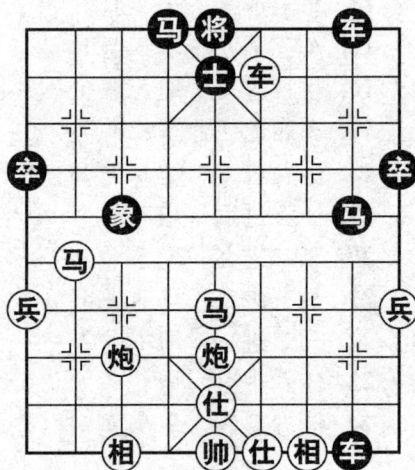

图 148

第 75 局 钱洪发胜李忠雨

1. 炮二平五　马 8 进 7
2. 马二进三　车 9 平 8
3. 车一平二　炮 8 进 4
4. 兵三进一　炮 2 平 5
5. 马八进七　车 1 进 1
6. 车九平八　车 1 平 8
7. 马三进四　卒 3 进 1
8. 马四进五　马 7 进 5（图 149）
9. 炮五进四　士 6 进 5
10. 炮八进六！前车进 2
11. 车八进六　炮 8 平 3
12. 车二进六　车 8 进 3
13. 相七进五　车 8 进 1
14. 炮五平九　卒 3 进 1
15. 车八平三　炮 3 平 9
16. 兵三进一！车 8 进 2
17. 炮九平五！象 7 进 9
18. 车三平一　炮 9 平 5
19. 仕六进五　前炮平 6
20. 兵三平四　炮 6 平 7
21. 车一进一　炮 7 退 6
22. 车一平三！炮 7 平 6
23. 车三平五！车 8 退 3
24. 炮八退二！（图 150）

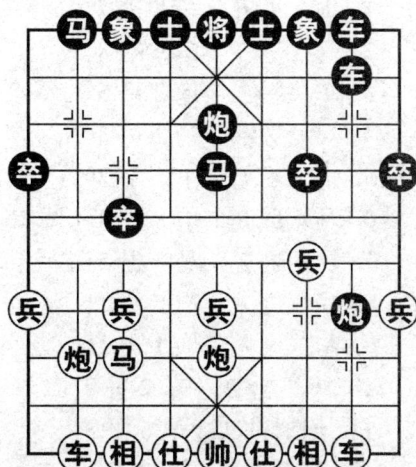

图 149

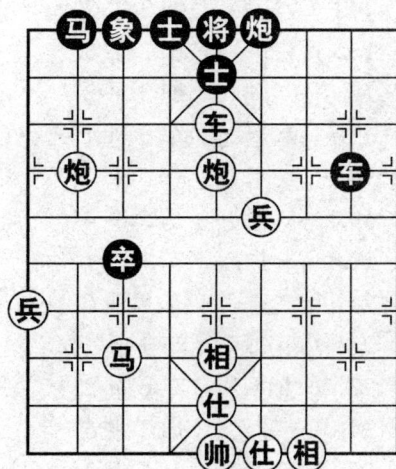

图 150

第76局　柳大华负李来群

1. 炮二平五　马8进7
2. 马二进三　车9平8
3. 车一平二　炮2平5
4. 兵七进一　马2进3
5. 炮八平七　车1平2
6. 马八进九　炮8进4（图151）
7. 仕四进五　马3退5！
8. 兵三进一　炮8平1！
9. 车二进九　炮1进3
10. 车二退四　车2进9！
11. 炮七进四　炮5平3！
12. 仕五进六　车2退6！
13. 兵七进一　卒7进1！
14. 车二退一　炮3进2！
15. 兵三进一　车2平3
16. 马九进八　炮3平2
17. 马八退七　车3进1
18. 车二平九　车3平7
19. 马三退五　马5进4！
20. 马七进六　车7进1
21. 相三进一　车7平6
22. 马五进三　卒1进1！
23. 车九平八　车6进2！
24. 马三退二　炮2平5
25. 仕六退五　车6退2！（图152）

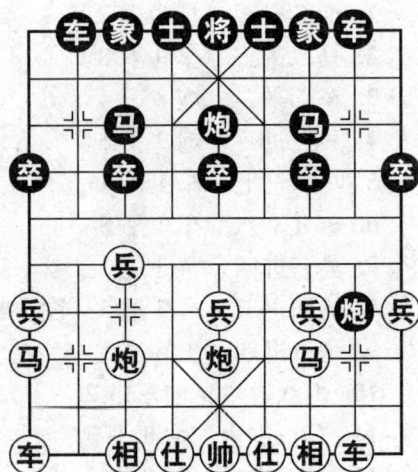

图 151

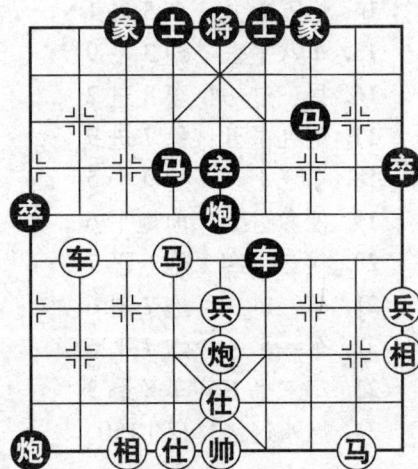

图 152

第77局　黄勇负徐天红

1. 炮二平五　马8进7
2. 马二进三　车9平8
3. 车一平二　炮8进4
4. 兵三进一　炮2平5
5. 马八进九　马2进3
6. 车九平八　炮8平7
7. 车二进九　炮7进3
8. 仕四进五　马7退8（图153）
9. 炮八平七？车1进1！
10. 车八进六　炮7平9
11. 车八平七　炮5平8
12. 马三进二　象3进5
13. 兵五进一　车1平8
14. 兵五进一　炮8平7！
15. 兵五进一　车8进4
16. 兵五进一　士4进5
17. 兵五进一　将5进1
18. 帅五平四　炮7进3
19. 炮五平三　马8进7！
20. 车七进一　马7进5
21. 车七进一　将5进1
22. 车七退四　炮7平4！
23. 仕五进六　马5进7
24. 马九退七　马7进6
25. 马七进五　炮9退1！
26. 炮三进七　车8进4
27. 帅四进一　马6进7！（图154）

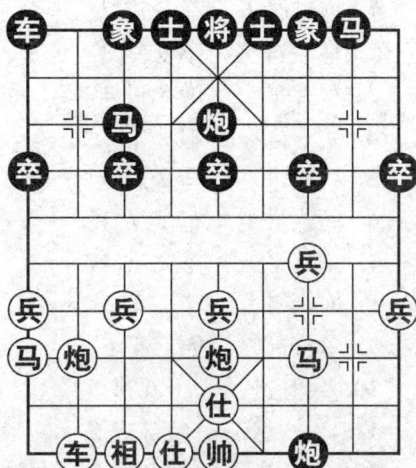

图153

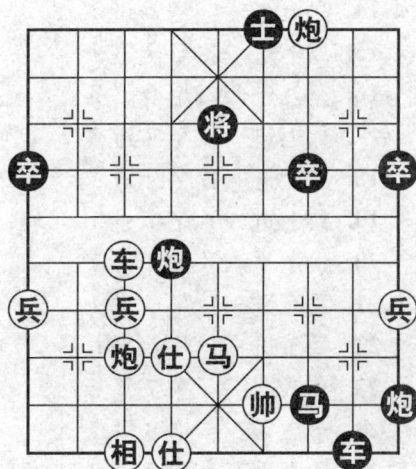

图154

第78局　申鹏胜卜凤波

1. 炮二平五　马8进7
2. 马二进三　车9平8
3. 车一平二　炮8进4
4. 兵三进一　炮2平5
5. 兵七进一　马2进3
6. 马八进七　车1平2
7. 车九平八　车2进4
8. 炮八平九　车2平8
9. 车八进六　炮5平6
10. 兵五进一　士6进5
11. 车八退三　象7进5
12. 马七进八　炮8进2（图155）
13. 马八进七　卒7进1
14. 兵五进一　炮6进1
15. 兵七进一！卒7进1
16. 车八进四　炮6平3
17. 兵七进一　卒7进1
18. 兵七进一！卒7进1
19. 兵七进一　卒7进1
20. 兵七平六　前车平7
21. 兵五进一！卒7进1
22. 兵五进一！将5平6
23. 车八退一　车7平6
24. 车二平三　炮8进1
25. 仕六进五　车8进8
26. 炮五平四！车6平5
27. 兵五平四！（图156）

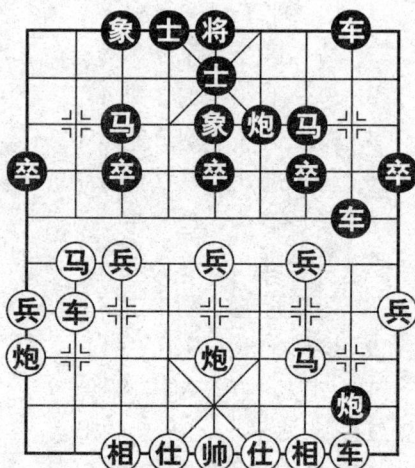

图 155

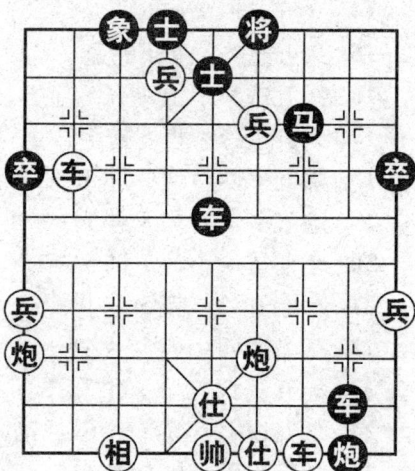

图 156

86

第 79 局　刘殿中负聂铁文

1. 炮二平五　马 8 进 7
2. 马二进三　车 9 平 8
3. 车一平二　炮 8 进 4
4. 兵三进一　炮 2 平 5
5. 兵七进一　马 2 进 3
6. 马八进七　车 1 平 2
7. 车九平八　车 2 进 4
8. 炮八平九　车 2 平 8
9. 车八进六　炮 8 平 7
10. 车八平七　前车进 5
11. 马三退二　车 8 进 9
12. 车七进一　车 8 平 7（图 157）
13. 车七进二　炮 7 进 1
14. 马七进六　卒 7 进 1！
15. 炮九进四　炮 7 平 8！
16. 马六进七　炮 5 进 4！
17. 仕六进五　车 7 退 4
18. 帅五平六　车 7 平 3
19. 炮五进四　车 3 进 4
20. 帅六进一　车 3 退 1
21. 帅六进一　炮 5 平 7！
22. 马七进五　马 7 进 5！
23. 车七退八　炮 7 进 1
24. 帅六退一　炮 7 进 1
25. 仕五进四　炮 7 平 3！（图 158）

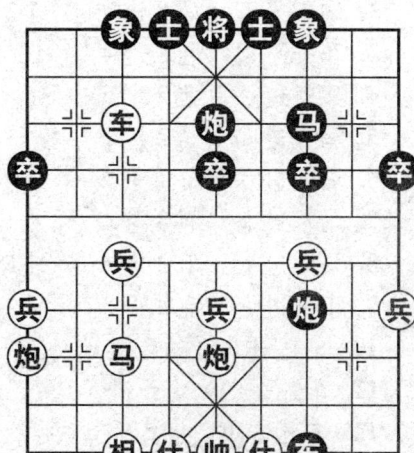

图 157

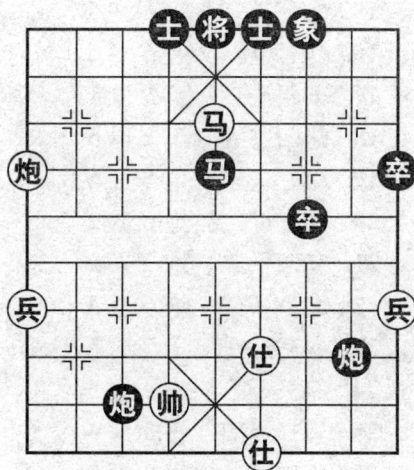

图 158

第80局　喻之青胜许波

1. 炮二平五　马8进7
3. 车一平二　炮8进4
4. 兵三进一　炮2平5
5. 马三进四　马2进3
6. 马四进六　车1平2
7. 马八进七　炮8进1
8. 马六进七　车2进6!（图159）
9. 车九进一　炮8平3
10. 车二进九　马7退8
11. 车九平六　士6进5
12. 炮五进四　将5平6
13. 车六平四　炮5平6
14. 炮五平一!　车2进1
15. 炮一进三　将6平5
16. 马七退五　炮6平5
17. 车四进二!　卒3进1
18. 仕四进五　车2退5
19. 马五进三　炮5平6
20. 马三进二!　炮6退2
21. 车四平二　炮3平2
22. 炮一平三　炮6进3
23. 炮三退一　士5退6
24. 炮三平一!　士4进5
25. 马二退四　将5平4
26. 车二退一　车2平9
27. 车二平六　将4平5
28. 炮一平二!（图160）

2. 马二进三　车9平8

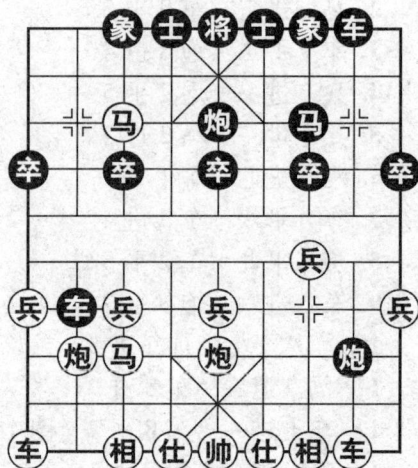

图159

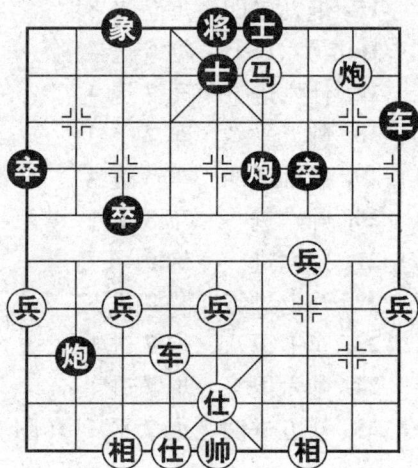

图160

88

第81局 林宏敏胜季本涵

1. 炮二平五　马8进7
3. 车一平二　炮8进4
4. 兵三进一　炮2平5
5. 马三进四　车1进1
6. 兵三进一　车1平6！（图161）
7. 马四退二　卒7进1
8. 车九进一　炮5进4
9. 仕六进五　士6进5
10. 马八进七　炮5退2
11. 车二进二　卒7进1
12. 车二平四！炮5平6
13. 炮八进一　卒7进1！
14. 马二退一　车8进8
15. 帅五平六　车8平9
16. 车九平六　将5平6
17. 炮八平三　车9退2
18. 车四平三！炮6平3
19. 炮五平四　将6平5
20. 炮三平五　马2进3
21. 车三进五　炮3进3
22. 车六进二！车6进5
23. 车三进二　车6退6
24. 车三退三　炮3平2
25. 炮四平五！炮2进2
26. 相七进九　车6进6
27. 车三进三！车6退6
28. 后炮进四！（图162）

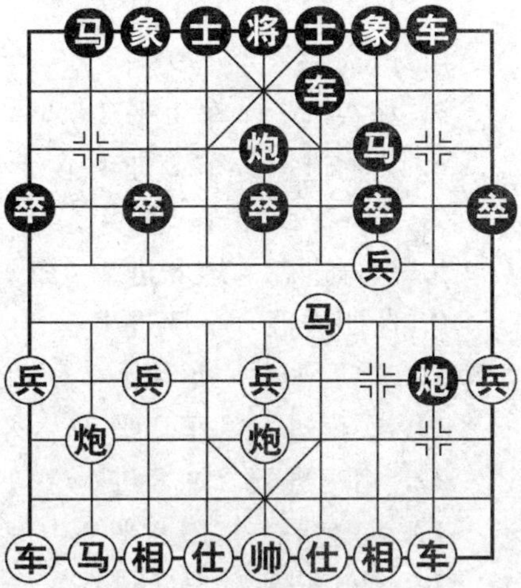

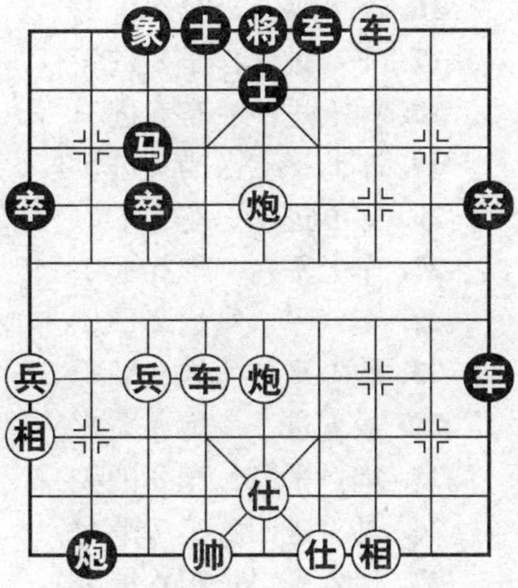

2. 马二进三　车9平8

图161

图162

第82局 何顺安胜季本涵

1. 炮二平五　马8进7

3. 马二进三　马2进3

4. 炮八平六　车9平8

5. 马八进七　车1平2

6. 兵七进一　车2进4

7. 车一平二　车2平4

8. 炮六进二　炮8进4（图163）

9. 仕四进五　卒7进1

10. 炮五平六　车4平2

11. 兵三进一　车2平7

12. 相三进五　炮8进1

13. 前炮平二！炮8平9

14. 马七进六　马7进6

15. 马六进四　车7平6

16. 车九平八　卒5进1

17. 车八进六！车8进3

18. 兵七进一！卒5进1

19. 车八平七　马3进5

20. 兵五进一　车6平3

21. 车七平六　炮5平2

22. 车六平八　炮2平3

23. 炮二平一　炮9平8

24. 兵五进一　炮3平8

25. 炮一平二！车8平7

26. 马三进四！车7平6

27. 炮六平二！车6进2

28. 车八平五！炮8平5

29. 前炮平三（图164）

2. 兵三进一　炮2平5

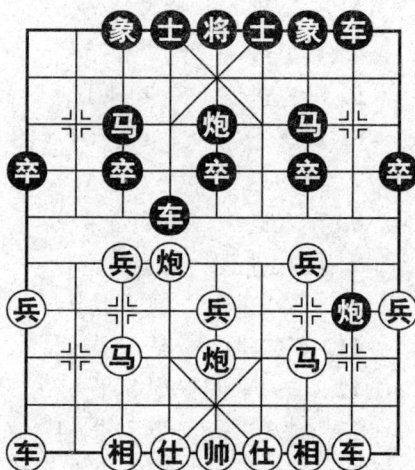

图163

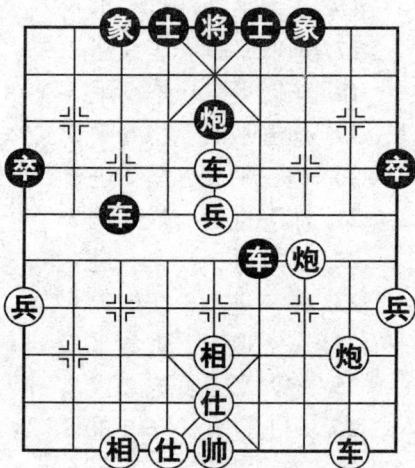

图164

第83局 徐天红胜赵国荣

1. 炮二平五　马8进7
2. 兵三进一　车9平8
3. 马二进三　炮2平5
4. 车一平二　马2进3
5. 马八进七　车1平2
6. 车九平八　车2进5
7. 炮五退一　炮8进4
8. 相七进五　炮8平7（图165）

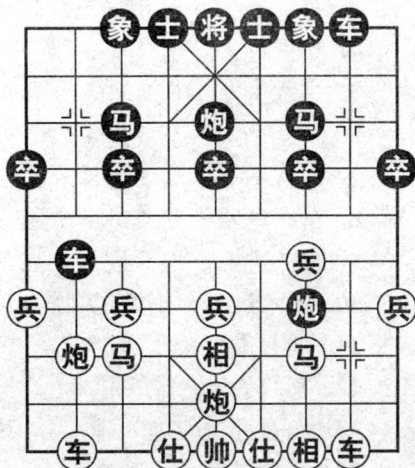

图165

9. 兵七进一　车8进9
10. 马七进八　车8退2
11. 炮五平七　炮7进3
12. 帅五进一！炮7平9
13. 马八进七　炮5平6
14. 炮八平七　象7进5
15. 车八进八！士6进5
16. 车八平六　卒7进1
17. 马三进四！车8退4
18. 马七进五！卒7进1
19. 相五进三　马7进8
20. 前炮进五　马8进6
21. 前炮平四　士5进6
22. 炮七进八！士4进5
23. 帅五平六！将5平6
24. 车六进一　将6进1
25. 车六平一！车8进5
26. 帅六进一　马6退7
27. 炮七退一！士5进4
28. 车一退一！马7退8
29. 马五进六！（图166）

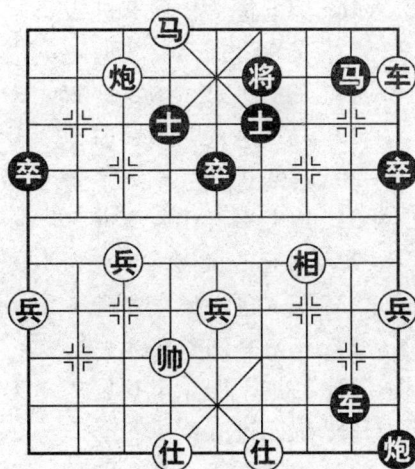

图166

第 84 局　吕钦胜胡荣华

1. 炮二平五　马8进7
3. 车一平二　炮8进4
4. 兵三进一　炮2平5
5. 马八进九　马2进3
6. 车九平八　卒3进1
7. 炮八平七　马3进4
8. 车八进四　马4进5（图167）
9. 马三进五　炮5进4
10. 仕六进五　炮5退2
11. 炮七进三！车1进2
12. 车八平六　象7进5？
13. 炮七进一　炮8进1
14. 马九退七　士6进5
15. 兵七进一　车1平3
16. 兵七进一！象5进3
17. 车六进二　象3退1？
18. 马七进六　炮5进2？
19. 马六进八　炮5退2？
20. 马八进九　车3平2
21. 炮七平五　象3进5
22. 帅五平六　将5平6
23. 车二进一！车8进1
24. 车二平四　车8平6
25. 后炮平四　车6平9
26. 炮四进五！象5退3
27. 炮四平五　车9平6
28. 车四进七　将6进1
29. 前炮退二（图168）

2. 马二进三　车9平8

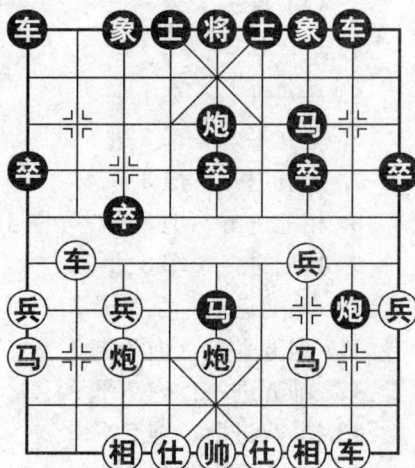

图 167

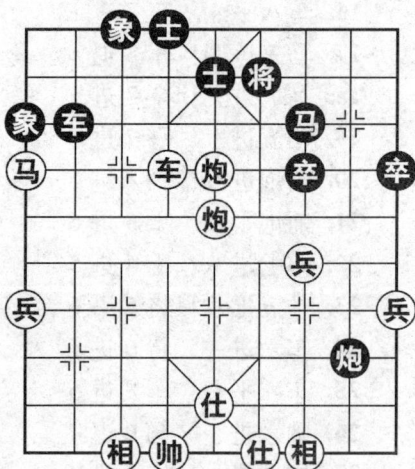

图 168

第85局 许银川胜苗永鹏

1. 炮二平五　马8进7
3. 车一平二　炮8进4
4. 兵三进一　炮2平5
5. 兵七进一　车1进1
6. 马八进七　车1平8
7. 车九平八　炮8平7
8. 车二平一　前车进3（图169）
9. 炮八进五　马2进3
10. 车八进六！炮5平2
11. 车八进一　马7退5
12. 马七进八　前车平1
13. 马八进七　车1进2
14. 马七退六　车1平4
15. 马六进五　马3进4
16. 马五退七！马4退6
17. 车八平四　象7进5
18. 车四退一　象5进3
19. 兵七进一　象3进5
20. 仕四进五　马5退3
21. 车四退三！车8进6
22. 车一平二　车8进3
23. 马三退二　炮7进2
24. 相三进一　马3进2
25. 马二进三　炮7平8
26. 兵七进一　马2进1
27. 兵七进一　士4进5
28. 炮五进五！将5平4
29. 炮五平二！（图170）

2. 马二进三　车9平8

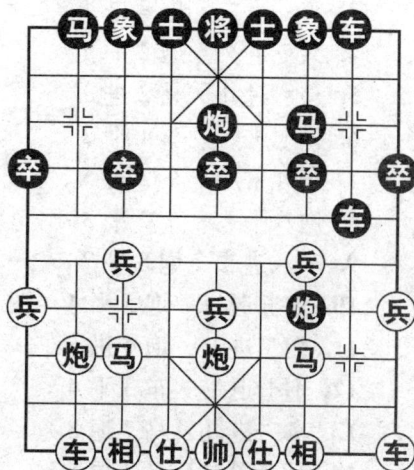
图169

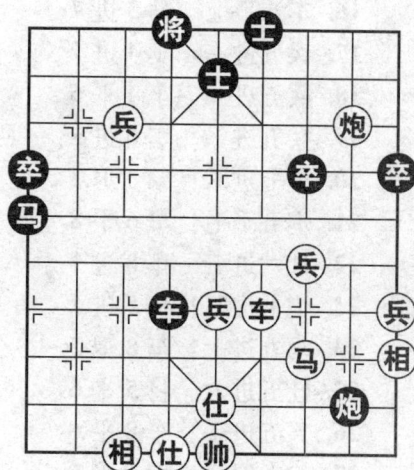
图170

第86局　徐天红胜胡荣华

1. 炮二平五　马8进7
3. 车一平二　炮8进4
4. 兵三进一　炮2平5
5. 马八进九　马2进3
6. 兵七进一　车1平2
7. 车九平八　车2进5
8. 炮八平七　车2平3
9. 车八进二　炮8平7
10. 炮五退一　炮5平4（图171）
11. 相二进五　炮4进5
12. 炮七退一　车3平4
13. 车二进九　马7退8
14. 马三退二！马3退5
15. 车八进四　象7进5
16. 车八平七　马5进7
17. 兵五进一　车4进1
18. 兵五进一　车4平6
19. 兵五进一　车6进2！
20. 炮七进八！象5退3
21. 炮五平七！车6平8
22. 仕六进五　车8进1
23. 炮七进八！将5进1
24. 马九进七！车8退5
25. 仕五进六　将5平6
26. 兵五进一　车8平6
27. 炮七退一　炮7平8
28. 仕四进五　炮8退4
29. 马七进六！（图172）

2. 马二进三　车9平8

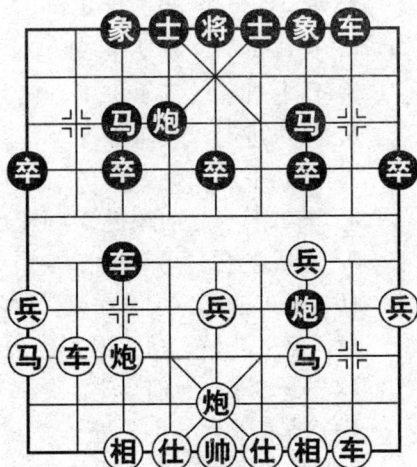
图 171

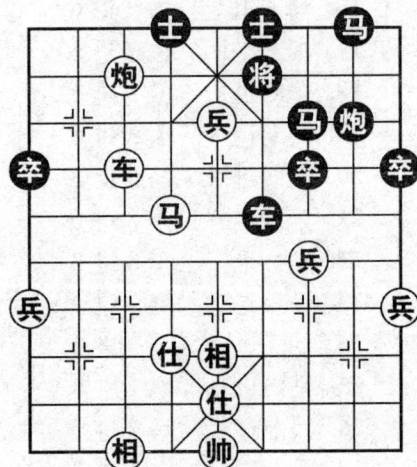
图 172

第87局 许银川胜金波

1. 炮二平五 马8进7
2. 马二进三 车9平8
3. 车一平二 炮8进4
4. 兵三进一 炮2平5
5. 马八进九 马2进3
6. 兵七进一 车1平2
7. 车九平八 车2进5
8. 炮五退一 炮8平7(图173)
9. 炮八平七 车8进9
10. 马三退二 车2平3
11. 车八进二 马7退5
12. 相七进五 车3平4
13. 炮五平七 车4进3
14. 车八进六! 车4平8
15. 车八平六 车8进1
16. 前炮进五! 车8退5
17. 仕六进五 车8平2
18. 帅五平六! 炮5平4
19. 车六退一! 马5进3
20. 车六平七 象7进5
21. 车七退一 车2平5
22. 兵九进一 车5进2
23. 帅六平五 炮7平8
24. 马九进八 士6进5
25. 马八进六! 车5退2
26. 马六进八! 炮8退5
27. 马八退七! 车5进1
28. 车七进三! 炮8进8
29. 车七退二 车5进2
30. 炮七平八!(图174)

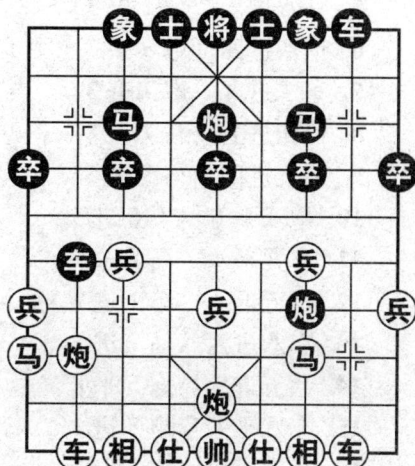

图173

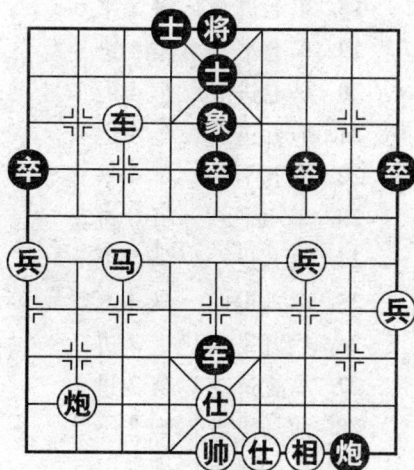

图174

第88局　刘殿中胜陈孝坤

1. 炮二平五　马8进7
2. 马二进三　车9平8
3. 车一平二　炮8进4
4. 兵三进一　炮2平5
5. 马八进七　马2进3
6. 炮八进四　炮8平7（图175）
7. 车二进九　炮7进3?
8. 仕四进五　马7退8
9. 炮五进四　马3进5
10. 炮八平五　士6进5
11. 车九平八　马8进7
12. 炮五退一　车1进2
13. 车八进六　马7进5
14. 兵五进一!　炮5平8
15. 车八平七!　炮8进1
16. 兵三进一　炮7退5
17. 兵七进一　车1平4
18. 车七进三!　将5平6
19. 车七平八　车4进4
20. 马七进五　车4退1
21. 炮五进三!　车4退4
22. 炮五平一!　车4平9
23. 车八平六　将6进1
24. 兵五进一!　马5退3
25. 车六退一　马3退5
26. 兵五平四!　炮7进2
27. 马五进三!　卒7进1
28. 前马进五!　炮8平5
29. 兵四进一!　炮7平5
30. 马三进五（图176）

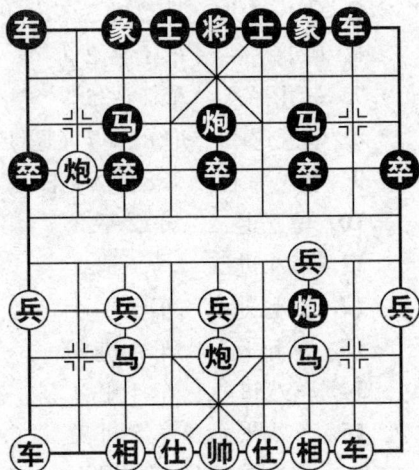

图175

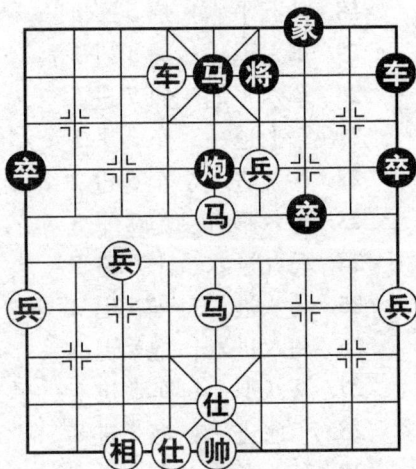

图176

96

第89局　汪洋负洪智

1. 炮二平五　马8进7
2. 马二进三　车9平8
3. 车一平二　炮2平5
4. 马八进七　马2进3
5. 车九平八　炮8进4
6. 兵三进一　卒3进1（图177）
7. 炮八进四　炮8平7
8. 车二进九　马7退8
9. 炮八平七　象3进1
10. 车八进八？　士4进5
11. 仕四进五　车1平2
12. 车八平七　车2进2
13. 兵五进一　炮5进3！
14. 车七平六　车2进1
15. 车六退四　炮5退1
16. 炮七平六　马8进9！
17. 兵七进一　卒3进1
18. 车六平七　车2平4
19. 车七进三　炮7进3！
20. 马三进四　象7进5
21. 车七平九　马9退7！
22. 炮五进一　炮5平8
23. 炮五平二　炮8退2
24. 车九进二　士5退4
25. 相七进五　炮7平9
26. 马七进五　卒5进1！
27. 马五进七　车4平6
28. 马四进六　士6进5！
29. 车九平八　车6进3！
30. 炮二退一　将5平6！（图178）

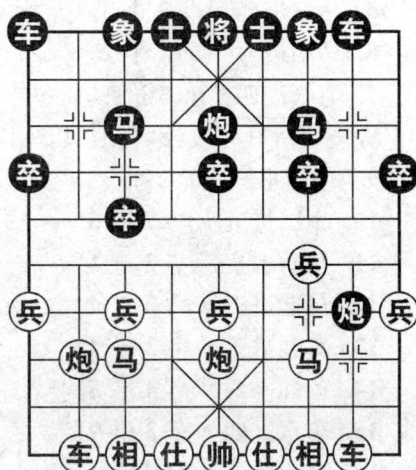

图 177

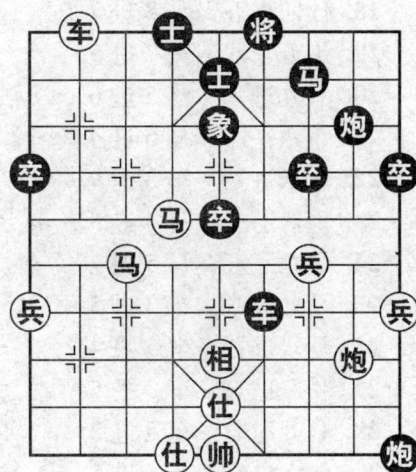

图 178

第 90 局　刘伯良负胡荣华

1. 炮二平五　马8进7
2. 马二进三　车9平8
3. 车一平二　炮8进4
4. 兵三进一　炮2平5
5. 马三进四　马2进3
6. 马四进六　车1平2
7. 炮八进四　卒3进1
8. 炮八平七　炮8平3！（图179）
9. 炮七进三　车2平3
10. 车二进九　马7退8
11. 马六退七　卒3进1！
12. 马七进五　马3进4
13. 车九进一　卒3平4
14. 车九平六　卒4平5！
15. 车六进四　车3进9！
16. 马八进九　前卒进1
17. 炮五进四　士6进5
18. 仕四进五　马8进7
19. 炮五平八　马7进5
20. 兵九进一　马5进6
21. 车六平四　马6进4
22. 炮八进三　车3退9
23. 炮八退三　马4进5！
24. 炮八平五　马5退7
25. 马九进八　车3进5
26. 马八进九　卒5平4！
27. 相三进五　车3平5！
28. 马九退七　车5进2
29. 仕六进五　车5进1
30. 帅五平六　车5进1
31. 帅六进一　马7退5！（图180）

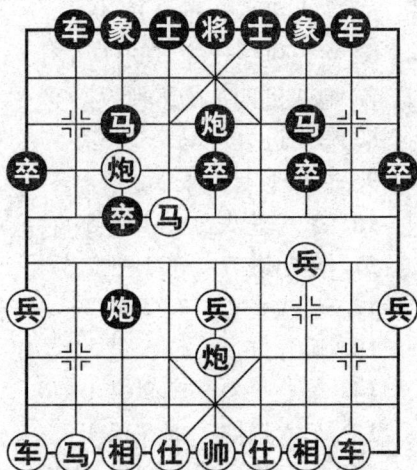

图 179

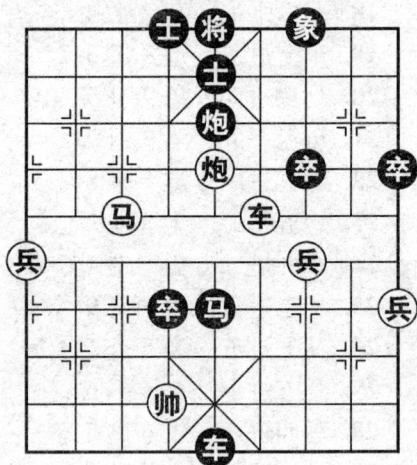

图 180

第91局 黎德志胜车兴国

1. 炮二平五　马8进7
2. 马二进三　车9平8
3. 车一平二　炮8进4
4. 兵三进一　炮2平5
5. 兵七进一　车1进1
6. 马八进七　车1平8
7. 车九平八　炮8平7
8. 车二平一　马2进3（图181）
9. 马七进六　前车进3
10. 马六进七　前车平2
11. 炮八进二　士4进5
12. 炮五平七　炮5平6
13. 相三进五　象7进5
14. 仕四进五　车8进4
15. 车一平四　卒7进1
16. 兵七进一！车2退1
17. 炮八进一！炮7平1
18. 兵三进一！车8平7
19. 炮八平三　车2进6
20. 炮三进一　象5进3
21. 炮七进二　炮6平4
22. 车四进五　象3进5
23. 车四平六　炮1平2
24. 炮七平二　炮2平3
25. 车六平七！炮3退3
26. 车七进一　马3退4
27. 炮二进四！车2退5
28. 炮二平三！马7退9
29. 车七平五　卒1进1
30. 前炮平二！车2平8
31. 车五进一！（图182）

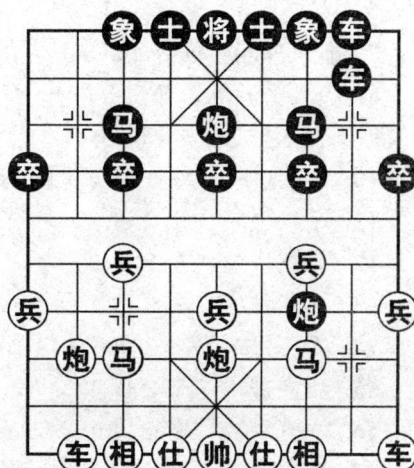

图181

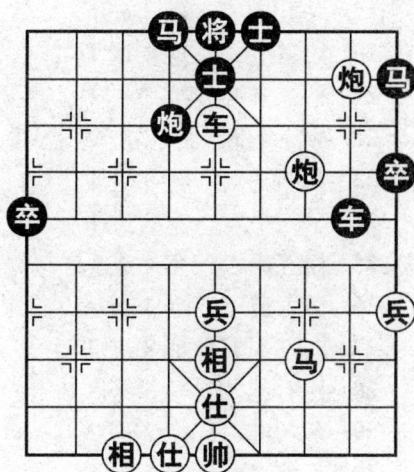

图182

99

第 92 局　胡荣华胜戴荣光

1. 炮二平五　马 8 进 7
2. 马二进三　车 9 平 8
3. 车一平二　炮 2 平 5
4. 马八进七　炮 8 进 4
5. 兵三进一　卒 3 进 1
6. 车九平八　马 2 进 3
7. 炮八进四　炮 8 平 7
8. 炮八平七　车 8 进 9
9. 马三退二　士 4 进 5
10. 车八进一！车 1 平 2（图 183）
11. 车八平三　车 2 进 3
12. 车三进二　车 2 平 3
13. 兵三进一　卒 3 进 1
14. 兵三进一　卒 3 进 1
15. 兵三进一　卒 3 进 1
16. 炮五平三！卒 5 进 1
17. 相三进五　炮 5 平 4
18. 兵五进一！象 3 进 5
19. 兵五进一　卒 3 进 1
20. 兵三进一　炮 4 退 1
21. 马二进四　卒 3 平 4
22. 兵三平四　象 7 进 9
23. 兵四平五　将 5 进 1
24. 车三平六　车 3 进 1
25. 相五进三　卒 4 进 1
26. 车六退三　炮 4 平 2
27. 炮三平五！炮 2 进 2
28. 相七进九　车 3 平 5
29. 车六进六！炮 2 进 2
30. 车六进一！将 5 平 6
31. 车六平七　车 5 平 6
32. 马四进五（图 184）

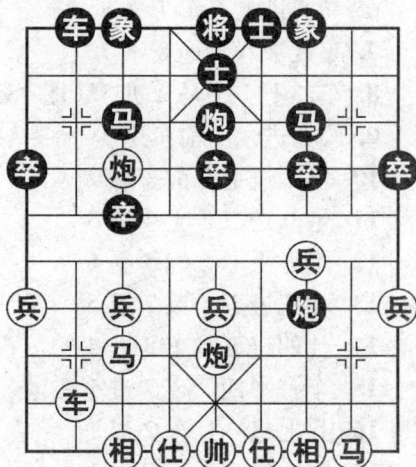

图 183

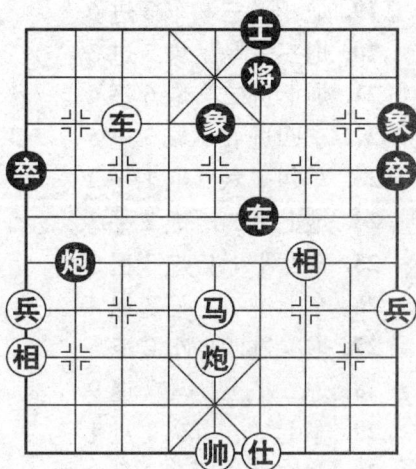

图 184

第 93 局　赵国荣胜陈锦安

1. 炮二平五　马8进7	2. 马二进三　车9平8
3. 车一平二　炮8进4	4. 兵三进一　炮2平5
5. 兵七进一　马2进3	6. 马八进九　车1平2

7. 车九平八　车2进5

8. 炮五退一　炮8平7

9. 炮八平七　车2平3

10. 车八进二　车8进9（图185）

11. 马三退二　马3退5

12. 相三进五　车3退1

13. 炮五平七　车3平8

14. 马二进三　卒7进1

15. 兵三进一　车8平7

16. 车八进六！马7进8

17. 兵九进一　车7平6

18. 马九进八！马8进6

19. 车八平六！马5进7

20. 前炮进七　士4进5

21. 马八进九　车6平4

22. 后炮平八！炮5平2

23. 车六平八！车4退2

24. 炮七平九　士5进6

25. 车八进一　将5进1

26. 炮九退一！炮2平1

27. 炮八进七！将5进1

28. 炮八退一！将5退1

29. 炮八平七！马6进8

30. 车八退一！将5退1

31. 炮七进二！炮1进3

32. 马九进七！（图186）

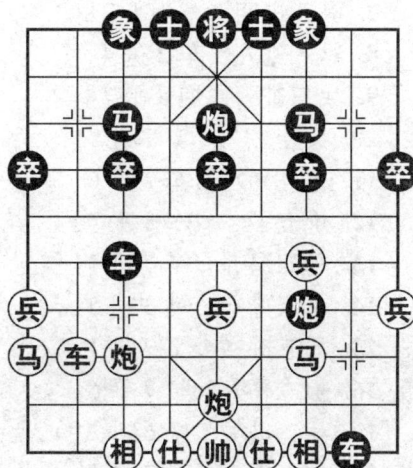

图 185

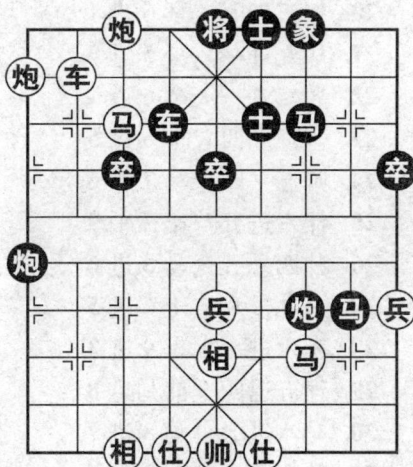

图 186

第94局　韩松龄负李来群

1. 炮二平五　马8进7	2. 马二进三　车9平8
3. 车一平二　炮8进4	4. 兵三进一　炮2平5
5. 炮八进五　马2进3	6. 炮八平五　象7进5（图187）

7. 马三进四　车1平2！

8. 马八进九　车2进4

9. 兵三进一　炮8平7

10. 兵三平二　卒7进1！

11. 车九平八　车2平6

12. 炮五平二　车8平7

13. 马四退五　卒7进1！

14. 车八进七　马3退5

15. 马五进三　卒7进1

16. 炮二平五　卒7平6

17. 兵二进一　卒6进1！

18. 炮五平六　马7进8

19. 车八平六　车7进6

20. 相三进五　卒6进1

21. 兵九进一　马5进7

22. 兵二进一　卒6进1！

23. 车二平四　车6进5

24. 帅五平四　马7进6

25. 仕六进五　车7平9

26. 帅四平五　马8进6

27. 马九进八　士6进5

28. 车六进一　车9进3

29. 仕五退四　前马进8

30. 马八进七　马8进7

31. 帅五进一　车9平6

32. 兵二进一　马6进7！

33. 帅五平六（图188）

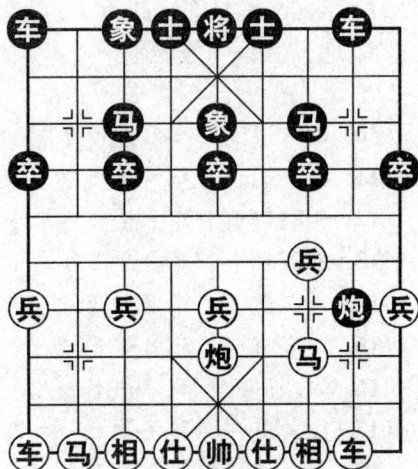

图187

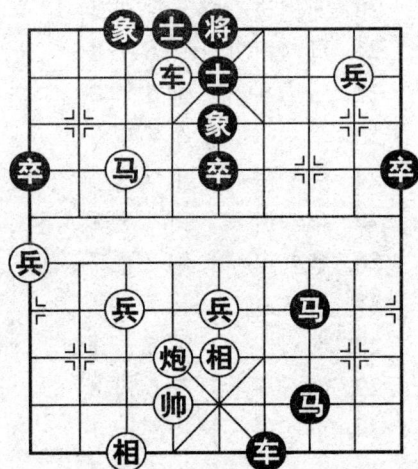

图188

第 95 局　钱洪发胜邹立武

1. 炮二平五　马 8 进 7
2. 马二进三　车 9 平 8
3. 车一平二　炮 8 进 4
4. 兵三进一　炮 2 平 5
5. 马八进七　马 2 进 3
6. 车九平八　卒 3 进 1
7. 马三进四　车 1 平 2
8. 炮八进四　炮 8 平 3（图 189）
9. 车二进九　马 7 退 8
10. 仕六进五　卒 9 进 1
11. 炮五进四　士 6 进 5
12. 相七进五　马 8 进 7
13. 炮五退一　炮 3 平 9
14. 马四进三　马 3 进 4
15. 马三退四　马 4 进 3
16. 兵三进一　卒 9 进 1
17. 兵三进一　马 7 进 9
18. 炮八平一！车 2 进 9
19. 马七退八　炮 9 退 3
20. 兵三进一　将 5 平 6
21. 马四进三　炮 5 进 1
22. 兵三平四！炮 9 退 1
23. 兵四进一　将 6 平 5
24. 马三退四！炮 5 退 1
25. 马四进二！卒 9 平 8
26. 马二进三！炮 9 退 2
27. 马八进七　卒 8 进 1
28. 炮五进一　卒 8 进 1
29. 马三退四　炮 9 进 3
30. 兵四进一！将 5 平 6
31. 马四进三　将 6 进 1
32. 马三退一　马 3 进 1
33. 马一进二！（图 190）

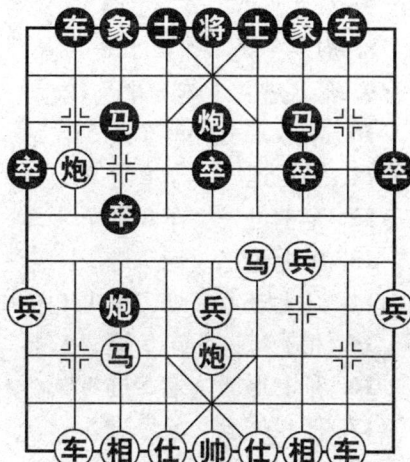

图 189

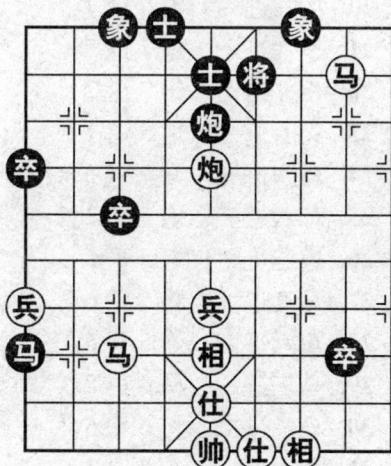

图 190

103

第 96 局　张江胜柳大华

1. 炮二平五　马8进7
2. 马二进三　车9平8
3. 车一平二　炮8进4
4. 兵三进一　炮2平5
5. 兵七进一　马2进3
6. 马八进七　车1平2
7. 车九平八　车2进4
8. 炮八平九　车2平8
9. 车八进六　炮8平7
10. 车八平七　前车进5
11. 马三退二　车8进9
12. 车七进一　车8平7
13. 车七进二　炮7进1
14. 马七进六　炮7平1（图191）
15. 相七进九　车7退2
16. 车七退四　炮5进4
17. 仕六进五　象7进5
18. 车七平六　士6进5
19. 帅五平六！卒7进1
20. 兵三进一　象5进7
21. 车六进一　象7退5
22. 相九退七　车7退2
23. 兵七进一！炮5退1
24. 马六进五　马7进6
25. 车六退三　炮5平2
26. 炮五进三！炮2平5
27. 马五退三！将5平6
28. 车六平四！炮5平6
29. 马三进一　马6退8
30. 马一进二　将6平5
31. 相七进五　车7退1
32. 兵七平六　车7进1
33. 车四平二！（图192）

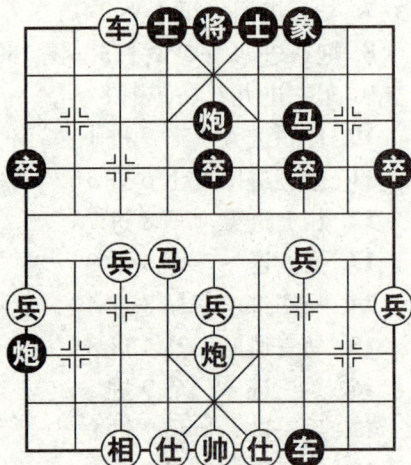

图 191

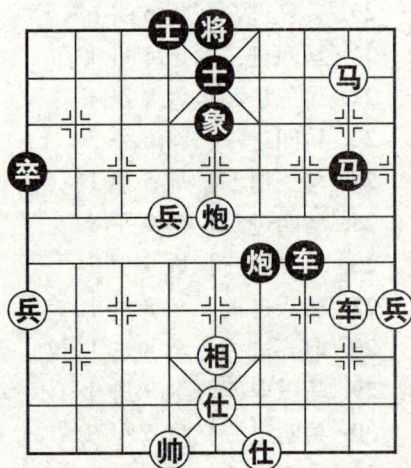

图 192

第 97 局　黎金福负胡荣华

1. 炮二平五　马 8 进 7
2. 马二进三　车 9 平 8
3. 车一平二　炮 2 平 5
4. 马八进七　马 2 进 3
5. 车九平八　炮 8 进 4
6. 兵七进一　卒 7 进 1（图 193）
7. 炮八平九　炮 8 平 5
8. 马七进五　车 8 进 9
9. 马三退二　炮 5 进 4
10. 仕四进五　象 3 进 5
11. 马二进三　炮 5 退 1
12. 车八进六　马 3 退 5
13. 马三进五　卒 5 进 1
14. 马五退七　马 7 进 6
15. 帅五平四　炮 5 平 8
16. 车八退一　卒 3 进 1!
17. 兵七进一　卒 5 进 1
18. 兵七进一　马 5 进 7
19. 车八平五　马 6 进 7
20. 车五平三　后马进 6
21. 车三进四　车 1 进 1
22. 车三退五　炮 8 进 4!
23. 相三进一　车 1 平 8!
24. 炮五平二　炮 8 平 9
25. 帅四平五　卒 5 进 1
26. 马七进五　马 6 进 5!
27. 车三退一　车 8 进 6!
28. 炮九平五　车 8 进 2
29. 仕五退四　车 8 退 3
30. 车三退三　炮 9 平 8!
31. 仕六进五　士 4 进 5
32. 炮五平九　马 5 进 7!
33. 炮九退一　车 8 平 1!
34. 炮九平六　车 1 进 2!（图 194）

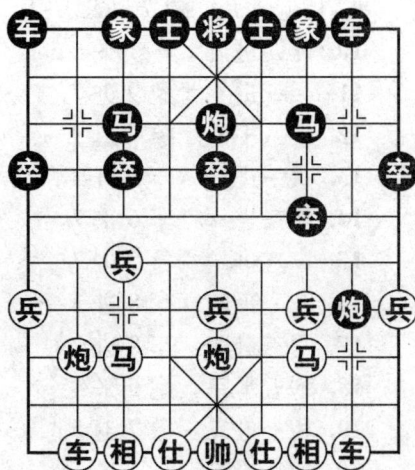

图 193

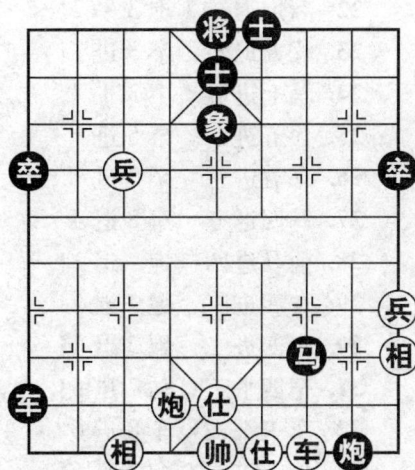

图 194

第 98 局　洪智负金松

1. 炮二平五	马8进7	
3. 兵三进一	炮2平5	
5. 车九平八	卒3进1	
7. 炮八平三	车1进1	
9. 相七进九	象7进9	
10. 仕四进五	车1平6	
11. 兵三进一	象9进7	
12. 车八平三	象7退9	
13. 兵一进一	车6进3	
14. 相三进一	车6平7	
15. 车三进一	象9进7	
16. 车一平四	车8进3	
17. 马三进四	车8进2	
18. 炮五平三	炮5平4	
19. 相一进三	象7退5	
20. 相三退五	卒1进1	
21. 兵五进一	士6进5	
22. 后炮退一	炮3平2！	
23. 相九退七	卒3进1！	
24. 马七进五	卒3平4	
25. 兵五进一	卒5进1	
26. 马五进三	卒5进1	
27. 马四退三	车8退4	
28. 前马进四	炮4退1！	
29. 车四进三	炮2退2	
30. 车四进二	炮2退1！	
31. 车四平三	马7进5！	
32. 车三平四	车8进6	
33. 相五进三	炮2平6！	
34. 后炮平一	炮6退1（图196）	

2. 马二进三　车9平8
4. 马八进七　马2进3
6. 炮八进四　炮8进4
8. 车八进四　炮8平3（图195）

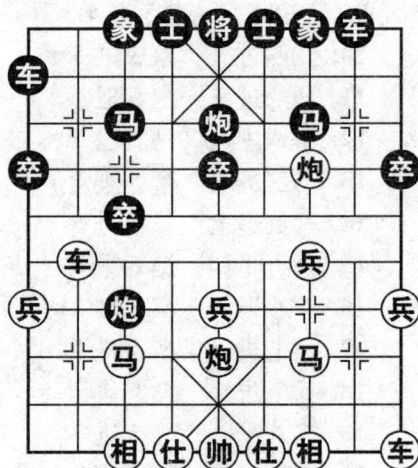

图 195

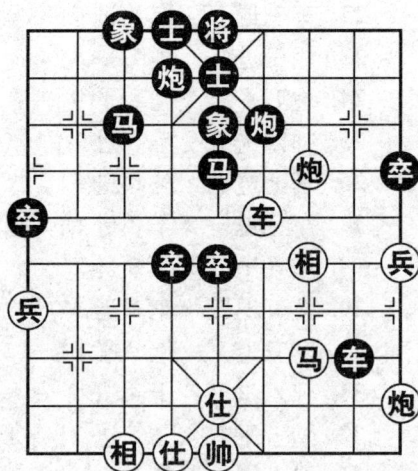

图 196

第 99 局　马国梁负杨官璘

1. 炮二平五　马8进7	2. 马二进三　车9平8
3. 兵三进一　卒3进1	4. 马八进七　炮8进4
5. 兵五进一　炮2平5	6. 车一进一　马2进3
7. 车一平六　车1平2	8. 车九平八　士6进5（图197）

10. 相三进一　炮5进3

11. 仕六进五　象3进5

12. 炮八进五　卒5进1!

13. 帅五平六　车8进4

14. 车六平七　车2平3

15. 炮八退二　炮5平4

16. 兵七进一　炮7平3!

17. 马七进五　车8进2

18. 炮八平五　车8平6

19. 车七平六　卒3进1

20. 帅六平五　马3进5

21. 前炮平八　炮3平4!

22. 车六平九　马5进3

23. 车九平三　后炮退3

24. 马五进四　后炮平2!

25. 炮八平九　炮4平2!

26. 车八平九　卒3平2!

27. 马四进三　前炮进3

28. 相七进九　马3进4!

29. 车九进一　车3进9

30. 仕五退六　车3退2

31. 仕六进五　车3平5

32. 炮九进四　象5退3

33. 车三平六　马4进6!

34. 帅五平六　后炮平4!（图198）

9. 车六进五　炮8平7

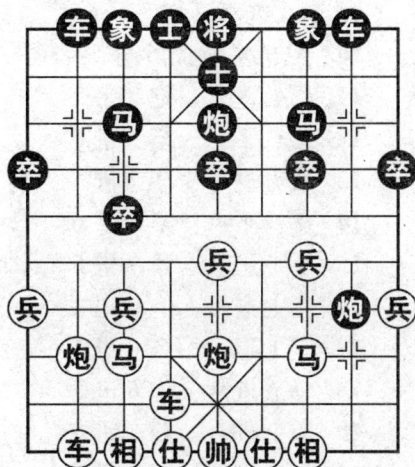

图 197

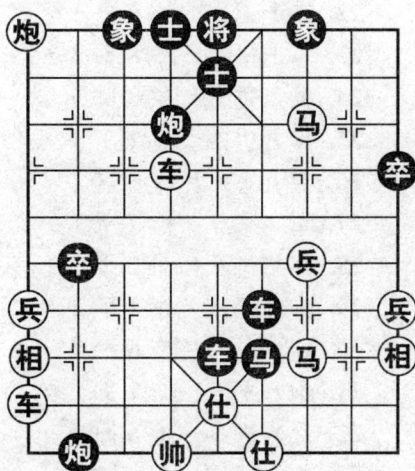

图 198

第100局　赵国荣胜孟立国

1. 炮二平五	马8进7	2. 马二进三	车9平8
3. 车一平二	炮8进4	4. 兵三进一	炮2平5
5. 马八进七	马2进3	6. 兵七进一	车1平2
7. 车九平八	车2进4	8. 炮八平九	车2平8

9. 车八进六　炮5平6

10. 兵五进一　士6进5？（图199）

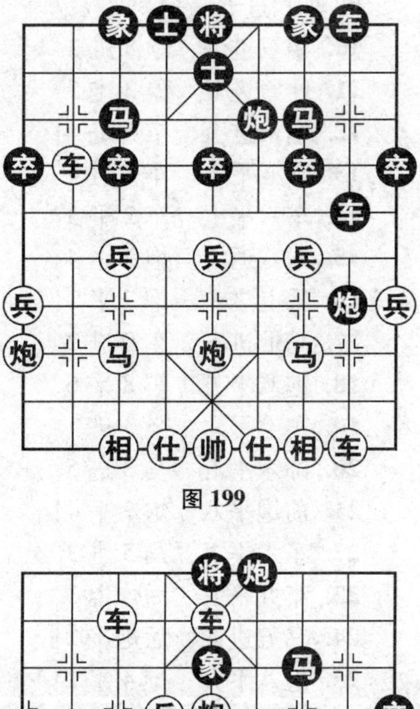

11. 马七进五　炮8平7

12. 车二平一　卒7进1

13. 兵五进一！卒7进1

14. 车八平七！卒7平6

15. 车七进一　象7进5

16. 车七进一　炮6退1

17. 车七退一　卒6进1

18. 马五进六　炮6进1

19. 车七进一　前车平5

20. 兵七进一！车8进5

21. 仕四进五　炮6退1

22. 车七退一　炮6进1

23. 车七进一　车8平3

24. 马六进五！象3进5

25. 炮九进四　车3平2

26. 兵七平六！车5进1

27. 车一平二　炮7平1

28. 车二进八！车2平1

29. 炮九平八　车1平2

30. 炮八进二！卒6平7

31. 炮八平五！卒7进1

32. 兵六进一　炮6退2

33. 前炮退二！士4进5

34. 车二平五！（图200）

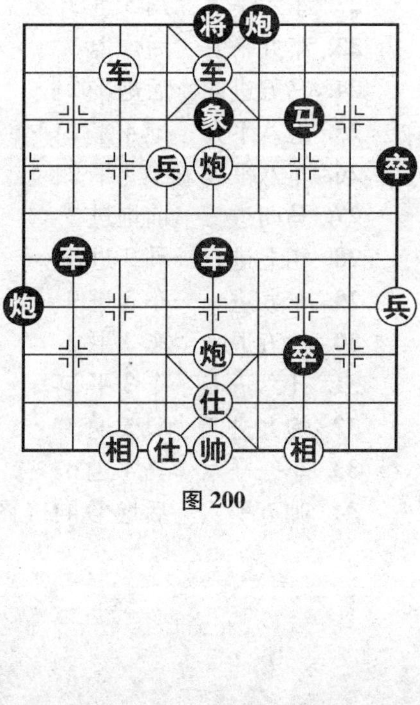

图199

图200

第101局 黄学谦负赵鑫鑫

1. 炮二平五　马8进7
2. 马二进三　车9平8
3. 车一平二　卒7进1
4. 炮八平六　炮8进4
5. 马八进七　炮2平5
6. 仕六进五　马2进3（图201）
7. 车九平八　车1平2
8. 车八进九　马3退2
9. 兵七进一　马2进3
10. 马七进六　车8进5
11. 马六进七　马7进6
12. 炮六进一　炮5平7!
13. 兵五进一　炮7进4!
14. 仕五退六　马6进5!
15. 炮六平三　马5进7
16. 车二进二　马7退5
17. 炮五退一　卒7进1!
18. 炮三进六　士6进5
19. 车二平五　马5退3!
20. 相七进九　炮8平2!
21. 车五平七　前马进5
22. 车七平五　马5退3
23. 车五平七　前马进5
24. 车七平五　马5退3
25. 车五平七　前马进5
26. 车七平八　炮2平9
27. 炮五平七　炮9退1!
28. 车八进五　车8进2
29. 马七退六　马3进4
30. 相九进七　炮9平5!
31. 相三进五　象3进5
32. 炮三退三　马5退3!
33. 仕六进五　车8退1
34. 炮三平九　车8平1!（图202）

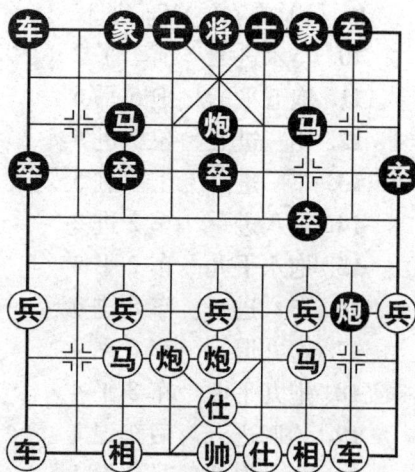

图201

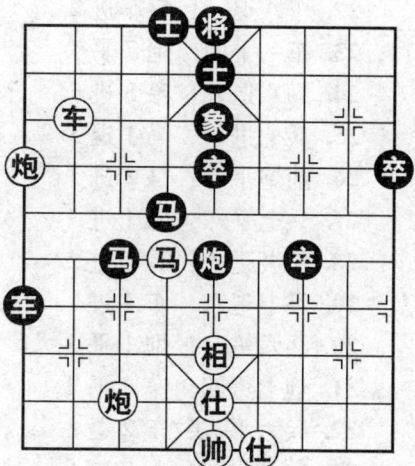

图202

第 102 局　聂铁文胜蒋凤山

1. 炮二平五　马8进7　　2. 马二进三　车9平8

3. 车一平二　炮2平5　　4. 兵七进一　炮8进4

5. 兵三进一　车1进1　　6. 马八进七　车1平8

7. 车九平八　炮8平7　　8. 车二平一　马2进3

9. 马七进六　前车进3

10. 马六进七　前车平2 （图203）

11. 炮五平七！　炮5平6

12. 相三进五　象7进5

13. 车一进一　士6进5

14. 车八进一　车2进2

15. 炮八平九　车2平3

16. 车八进一　车8进4

17. 炮九退一　车8平4

18. 炮九平七　车3平4

19. 仕四进五　后车退1

20. 马七退八！　马3退1

21. 兵七进一　前车进2

22. 车八退一！　后车进2

23. 车一平四　炮7平1

24. 马八退九！　象3进1

25. 兵七进一　马1退3

26. 前炮平六！　马3进4

27. 兵七平六　象1进3

28. 马九进七！　后车进2

29. 马七退六　车4进1

30. 兵六进一！　炮1平3

31. 炮七进四！　车4平2

32. 兵六平五！　车2退8

33. 前兵平四！　士5进6

34. 车四进六　马7退8

35. 车四退一！ （图204）

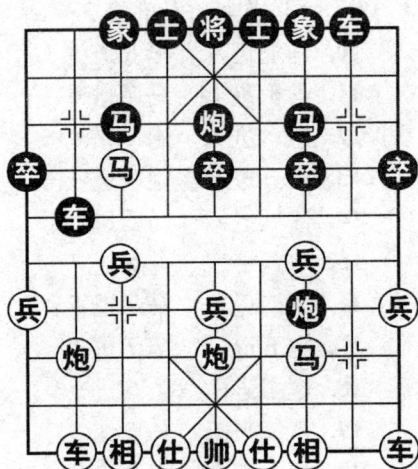

图 203

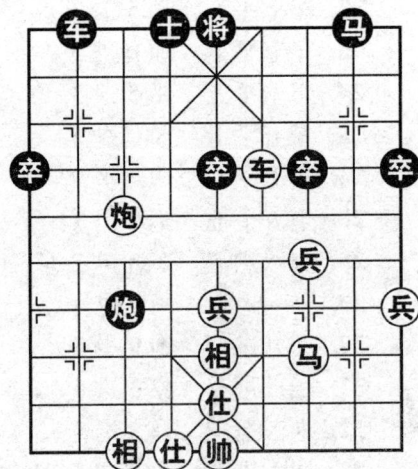

图 204

第103局 王嘉良负臧如意

1. 炮二平五	马8进7	2. 马二进三	车9平8
3. 车一平二	炮8进4	4. 兵三进一	炮2平5
5. 兵七进一	马2进3	6. 马八进七	车1平2
7. 车九平八	车2进4	8. 炮八平九	车2平8
9. 车八进六	炮8平7	10. 车二平一	炮5平6

11. 兵五进一　象7进5
12. 马七进五　士6进5（图205）
13. 兵五进一　卒5进1
14. 车八平七　卒7进1
15. 车七平三　马7退9
16. 兵七进一！卒7进1
17. 车三退二　后车平7
18. 兵七进一　马3进5
19. 车一平二　车8进5
20. 马三退二　马5进3
21. 车三平七　车7进4！

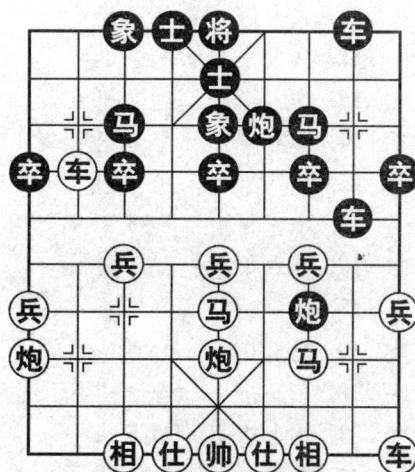

图205

22. 炮九平七　卒5进1
23. 炮五进二　炮6进3！
24. 炮五进四　炮6进1
25. 炮五平六　炮7平5
26. 炮七进三　车7平3！
27. 车七平三　炮6退5！
28. 炮六平一　炮6平5
29. 车三平二　车3平8！
30. 车二平四　象5进7
31. 车四平五　车8进5
32. 帅五进一　车8退1
33. 帅五进一　车8退3
34. 车五进二　象3进5
35. 车五平四　前炮平6！
36. 帅五平四　炮6进3！（图206）

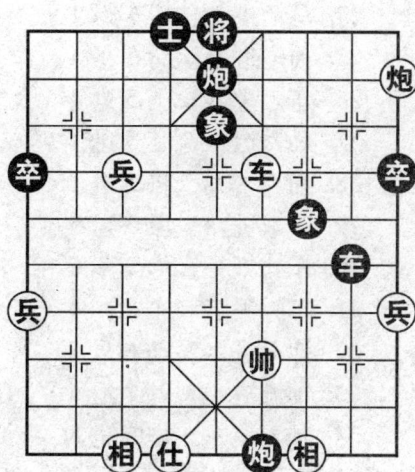

图206

第 104 局　蒋志梁胜胡荣华

1. 炮二平五	马8进7	2. 马二进三　车9平8
3. 车一平二	炮8进4	4. 兵三进一　炮2平5
5. 马八进七	车1进1	6. 车九平八　车1平8
7. 兵七进一	炮8平7	8. 车二平一　前车进3（图207）
9. 马七进八	马2进1?	10. 兵九进一　卒7进1

11. 兵七进一！　卒7进1

12. 兵七平六　炮5退1

13. 炮五退一　炮7平6

14. 炮五平三　卒3进1

15. 炮八平七　象7进5

16. 炮三平七　炮5平9

17. 兵六平七！　马7进6

18. 马三退五　马6进4

19. 马五进四　马4进6

20. 车一进一　士4进5

21. 相七进五　卒5进1

22. 车一平六　后车进3

23. 马八进七　象5进3

24. 马七进六！　后车退1

25. 前炮进七！　后车平4

26. 车六进六　士5进4

27. 马六退八　卒5进1

28. 前炮平九　将5进1

29. 车八进六！　象3退5

30. 车八平一　炮9平6

31. 车一平五　车8平4

32. 炮七进六！　马6进7

33. 帅五进一　马7退6

34. 帅五退一　炮6进8

35. 车五进一！　将5平6

36. 炮九退一！（图208）

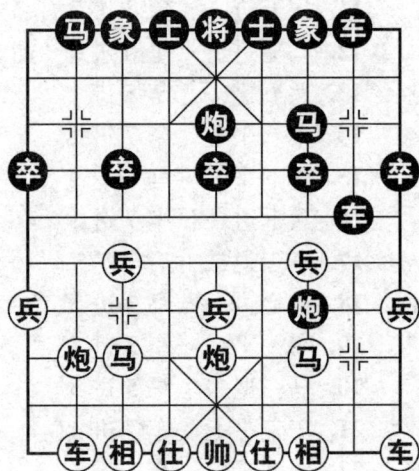

图 207

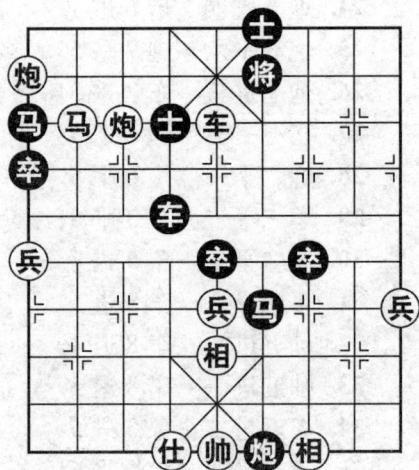

图 208

第 105 局　于幼华胜陈孝坤

1. 炮二平五	马8进7	2. 马二进三	车9平8
3. 车一平二	炮8进4	4. 兵三进一	炮2平5
5. 马八进九	马2进3	6. 车九平八	卒3进1
7. 炮八平七	马3进4	8. 车八进四	马4进5（图209）
9. 马三进五	炮5进4	10. 仕六进五	炮5退2

11. 炮七进三! 车1进2
12. 车八平六 象7进5
13. 炮七进一 士6进5
14. 车二进二 炮8平1
15. 车二进七 马7退8
16. 车六进二 车1平4
17. 车六平五! 车4进2
18. 车五平三 士5退6
19. 炮七平一 士4进5
20. 炮五进二 炮1平9
21. 相七进五 炮9进3
22. 车三平七! 炮5进3
23. 仕五进四 车4平5
24. 炮一退二 炮5平4
25. 车七平六 炮4退3
26. 马九进八! 炮4平2
27. 马八进六! 炮2退2
28. 马六进八! 马8进7
29. 马八退七! 车5退1
30. 车六平五 马7进5
31. 马七进五! 马5退3
32. 马五进六! 将5平4
33. 炮五平六! 马3进4
34. 马六进八! 将4平5
35. 炮六平五! 炮9平8
36. 炮一平二! （图210）

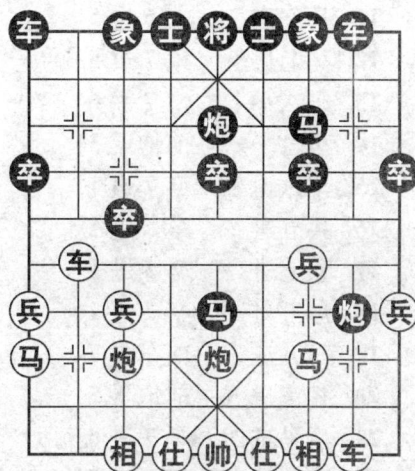

图 209

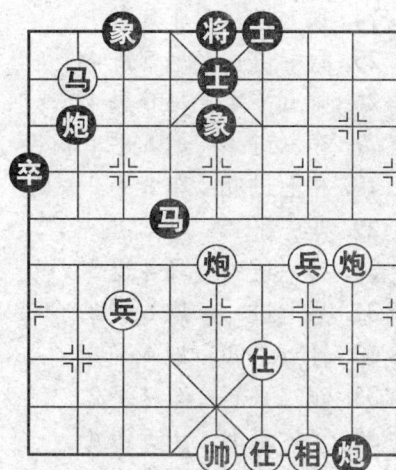

图 210

第106局　尚威负邹立武

1. 炮二平五　马8进7	2. 马二进三　车9平8
3. 车一平二　炮8进4	4. 兵三进一　炮2平5
5. 兵七进一　马2进3	6. 马八进七　车1平2
7. 车九平八　车2进4	8. 炮八平九　车2平8
9. 车八进六　炮8平7	10. 车二平一　炮5平6（图211）

11. 兵五进一　士6进5

12. 马七进五　象7进5

13. 车八平七　炮7平6!

14. 车七平六　前炮退3!

15. 车六退五　卒7进1

16. 兵五进一　卒5进1

17. 兵七进一　卒5进1

18. 炮五进二　卒7进1

19. 马五进三　前车平7

20. 相三进五　前炮平5

21. 后马进四　马7进6!

22. 车一平三　车8进5!

23. 仕六进五　炮6进3

24. 兵七进一　车8进1

25. 兵七进一　炮5进4!

26. 帅五平六　马6进4!

27. 车六进一　炮5平1

28. 相七进九　车8平2!

29. 车三平二　车2进3

30. 帅六进一　马4退5

31. 兵七进一　炮6进3

32. 仕五进四　炮6平8!

33. 车二平三　车7平2

34. 车六进七　士5退4

35. 马三进四　后车进4!

36. 帅六进一　后车平7!（图212）

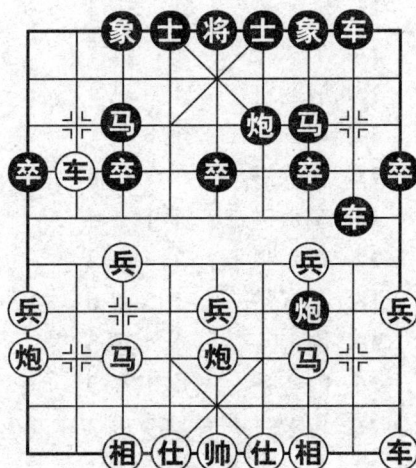

图 211

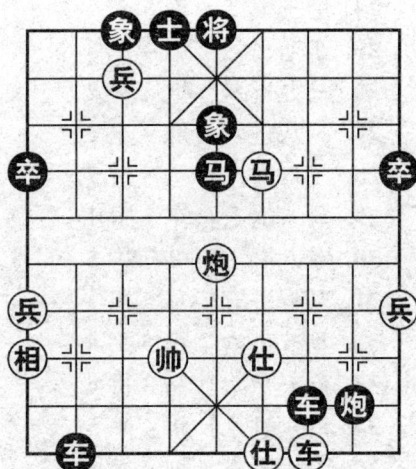

图 212

第 107 局　邓颂宏胜张元启

1. 炮二平五　马 8 进 7
2. 马二进三　车 9 平 8
3. 车一平二　炮 8 进 4
4. 兵三进一　炮 2 平 5
5. 马三进四　马 2 进 3
6. 马四进六　车 1 平 2
7. 马八进七　马 7 退 5
8. 兵七进一　车 2 进 4 （图 213）
9. 马六退八　车 2 平 6
10. 马八进七　车 6 进 2
11. 前马进五　象 7 进 5
12. 仕六进五　炮 8 退 2
13. 兵三进一！卒 7 进 1
14. 相七进九　卒 7 进 1
15. 相三进一　马 5 进 7
16. 车九平六　士 6 进 5
17. 相一进三　车 6 平 9
18. 兵七进一！象 5 进 3
19. 车六进六　炮 8 退 1
20. 车六进二　炮 8 进 4
21. 仕五进四　炮 8 退 6
22. 车六退二　炮 8 进 2
23. 车六进二　象 3 退 1
24. 炮八退二　车 9 退 2
25. 炮八平七！车 9 平 4
26. 车六平八　马 7 进 8
27. 车二平三　车 4 进 3
28. 马七进八　象 3 进 5
29. 车八退一　炮 8 退 1
30. 车八平九！车 8 平 6
31. 仕四退五　车 4 退 4
32. 炮五平七　车 6 进 5
33. 后炮进七！炮 8 进 1
34. 前炮退三　士 5 进 4
35. 相三退五　车 4 平 2
36. 车九平六！（图 214）

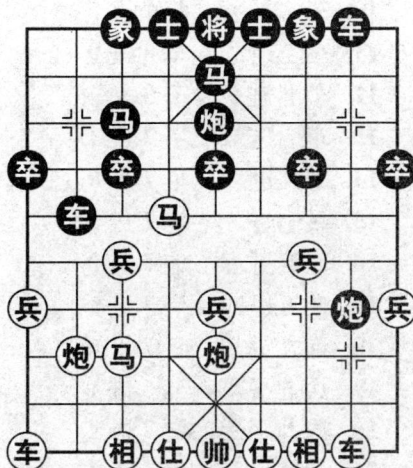

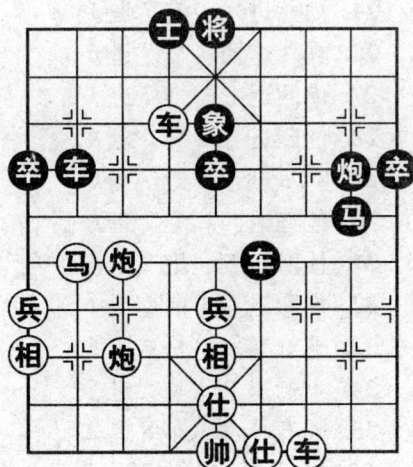

图 213

图 214

第 108 局　李庆先负马仲威

1. 炮二平五　马 8 进 7　　　2. 马二进三　车 9 平 8

3. 车一平二　炮 8 进 4　　　4. 兵三进一　炮 2 平 5

5. 马八进七　马 2 进 3　　　6. 兵七进一　车 1 平 2

7. 车九平八　车 2 进 4　　　8. 炮八平九　车 2 平 8

9. 车八进六　炮 8 平 7

10. 车八平七　前车进 5

11. 马三退二　车 8 进 9

12. 车七进一　车 8 平 7

13. 车七进二　卒 7 进 1

14. 炮九进四　车 7 平 8（图 215）

15. 兵七进一　炮 7 进 3!

16. 仕四进五　炮 7 退 2

17. 仕五退四　卒 7 进 1

18. 炮九进三　卒 7 平 6

19. 兵七平八　卒 6 进 1

20. 炮九平六　炮 7 进 3

21. 仕四进五　炮 5 平 4

22. 炮六平四　将 5 进 1

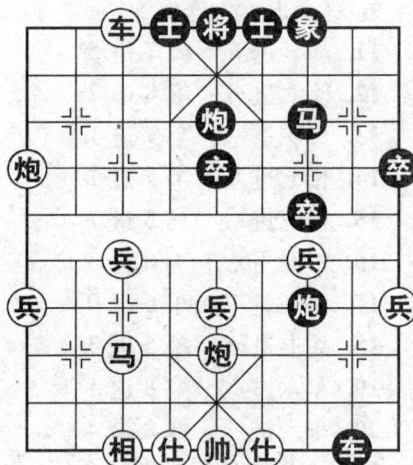

图 215

23. 车七退一　将 5 退 1

25. 仕五退四　卒 6 进 1!

24. 马七进六　炮 7 退 1

26. 马六进四　马 7 进 6

27. 炮四退七　炮 7 进 1

28. 仕四进五　马 6 进 4

29. 兵八进一　炮 7 退 6

30. 仕五退四　炮 7 进 6

31. 仕四进五　炮 7 平 4

32. 炮四退二　前炮退 1

33. 炮五平六　马 4 进 5!

34. 车七退七　马 5 进 7

35. 帅五平六　车 8 退 2!

36. 炮四平五　马 7 退 6

37. 车七进五　马 6 进 5!（图 216）

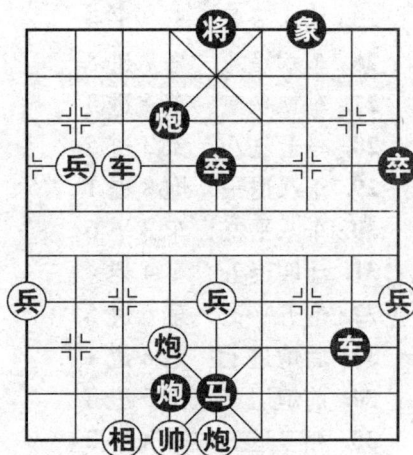

图 216

第109局 胡荣华胜于幼华

1. 炮二平五　马8进7
2. 马二进三　车9平8
3. 车一平二　炮8进4
4. 兵三进一　炮2平5
5. 马八进九　马2进3
6. 车九平八　卒3进1
7. 炮八平七　马3进4
8. 车八进四　马4进5
9. 马三进五　炮5进4
10. 仕六进五　象3进5
11. 车八平五　炮5平9
12. 兵九进一　士4进5 （图217）
13. 兵三进一! 卒7进1
14. 车五平一　炮9平3
15. 马九进七　车1平4
16. 马七进八　车4进2
17. 车一退一　炮8退2
18. 马八进七　卒7进1
19. 相三进一　卒7平6
20. 车一平八　马7进6
21. 车二进三　马6进4
22. 车八进六　士5退4

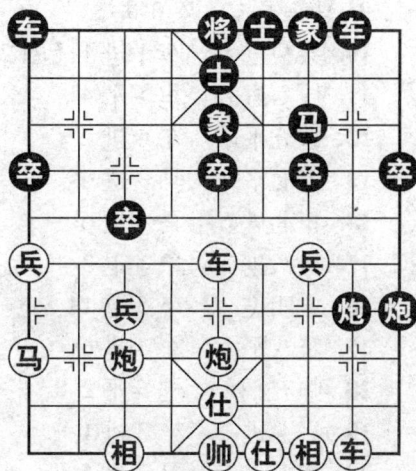

图 217

23. 车二平六　卒3进1
25. 相一退三　士6进5

24. 炮五平六! 炮8进5
26. 马七退八　卒6平5
27. 炮七退一! 炮8平9
28. 车六平一! 车8进9
29. 车一退三! 车8平9
30. 炮六进五　士5进4
31. 炮七平九! 车9退3
32. 马八进七　士4退5
33. 炮九进五　将5平6
34. 炮九进三　将6进1
35. 车八退一! 将6进1
36. 炮九退二! 马4退3
37. 马七进六! （图218）

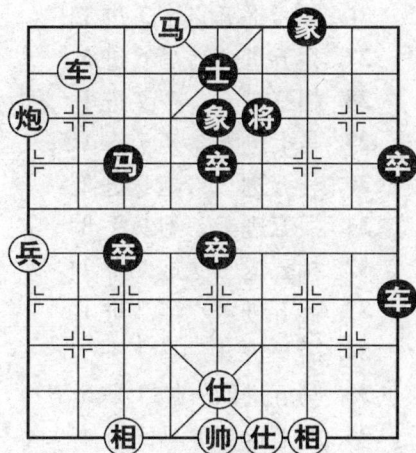

图 218

第110局 卜凤波负陈孝坤

1. 炮二平五　马8进7
2. 马二进三　车9平8
3. 车一平二　炮8进4
4. 兵三进一　炮2平5
5. 马八进七　马2进3
6. 车九平八　卒3进1
7. 炮八进四　炮8平7
8. 炮八平七　车8进9
9. 马三退二　象3进1
10. 兵一进一? 车1进1（图219）
11. 仕六进五　车1平4
12. 炮五平四　车4进2
13. 炮七平八　马3进4
14. 相七进五　马4进6
15. 炮八进三　象1退3
16. 炮四进一　卒5进1！
17. 车八平六　车4进6
18. 帅五平六　炮5平2
19. 兵七进一　卒3进1
20. 相五进七　马7进5
21. 马二进一　炮7平9
22. 炮四退一　炮2退1！

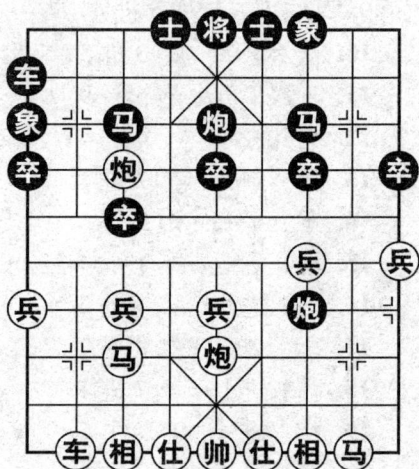

图219

23. 炮四平五　马5退4
24. 炮八平九　马4进3
25. 马一退三　炮2平4

26. 帅六平五　卒7进1！
27. 兵五进一　马6进5
28. 相三进五　卒7进1
29. 马七进五　卒7进1
30. 马五进三　炮9进2
31. 兵五进一　炮9平8
32. 相五退三　炮4平7！
33. 仕五进六　卒7进1
34. 后马进五　马3进5！
35. 马五进四　炮7平5
36. 相七退五　马5进4
37. 马四进五　马4退6！（图220）

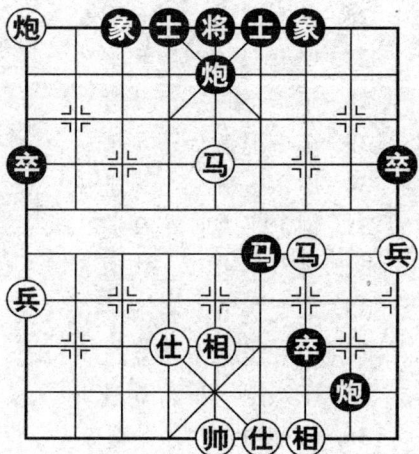

图220

第111局 聂铁文胜苗永鹏

1. 炮二平五　马8进7
2. 马二进三　车9平8
3. 车一平二　炮8进4
4. 兵三进一　炮2平5
5. 兵七进一　马2进3
6. 马八进七　车1平2
7. 车九平八　车2进4
8. 炮八平九　车2平8
9. 车八进六　炮8平7
10. 车八平七　前车进5
11. 马三退二　车8进9
12. 车七进一　车8平7
13. 车七进二　炮7进1
14. 兵七进一！炮7平3（图221）
15. 兵七平六！炮3平2
16. 车七平八　车7退4
17. 车八退七　炮5进4
18. 炮五平七！车7平3
19. 炮七平三！马7退5
20. 车八进一　炮5退1
21. 炮九进四　象7进5
22. 炮三平二　卒7进1
23. 炮九进三　车3退5
24. 炮二平九！马5进3
25. 车八进一　炮5进1

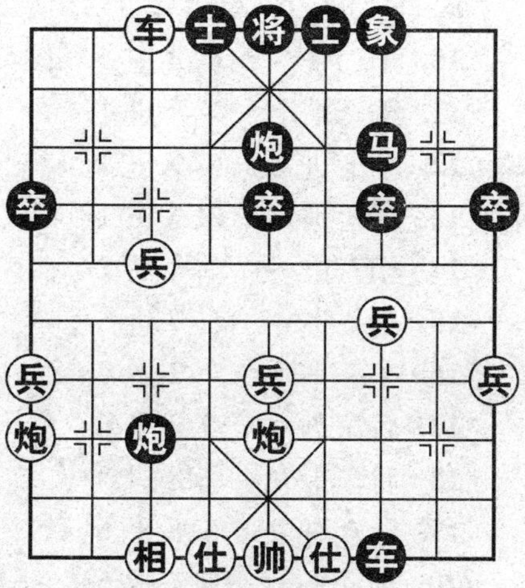

图 221

26. 兵六进一　炮5退2
27. 兵六进一！马3进4
28. 车八平六　马4退2
29. 兵六进一！士6进5
30. 车六平二　象5退7
31. 车二平八　马2进4
32. 车八平六　马4退5
33. 兵九进一　炮5平6
34. 车六平七！车3平2
35. 车七平八　车2平3
36. 车八进四　士5退6
37. 兵六平七！（图222）

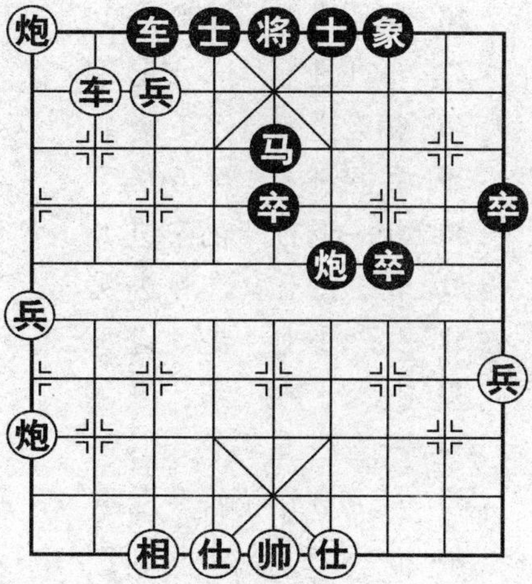

图 222

119

第 112 局　王跃飞负柳大华

1. 炮二平五　马8进7	2. 马二进三　车9平8
3. 车一平二　炮8进4	4. 兵三进一　炮2平5
5. 马八进九　马2进3	6. 兵七进一　车1平2
7. 车九平八　车2进4	8. 炮八平七　车2平8

9. 车八进六　炮8平7
10. 车二平一　马3退5（图223）
11. 车八平七　卒7进1
12. 车七进二　卒7进1
13. 车七平六　象3进1
14. 相三进一　前车平2
15. 车一进一　马7进8
16. 车一平六　车2退4
17. 后车进六　卒7平6
18. 后车平九　车8进3！
19. 仕六进五　车8平6
20. 车九平七　炮7退5
21. 车七进二　炮7平4
22. 车七平八　马5进7

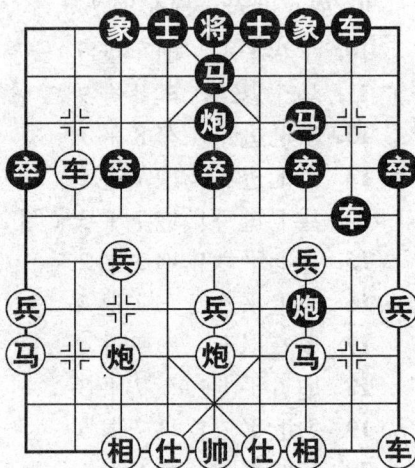
图 223

23. 炮五平六　炮4平7！
25. 兵七平八　车6平4

24. 兵七进一　车6进1
26. 炮七进七　将5进1！
27. 马九进七　车4退3！
28. 相七进五　卒6进1
29. 兵八进一　卒6平5
30. 相一退三　前卒进1
31. 相三进五　车4进5
32. 兵八平七　炮5进5
33. 帅五平六　象7进5！
34. 马三进五　象5退3
35. 马五进六　将5退1
36. 车八平七　士6进5
37. 兵七平六　炮5平8！（图224）

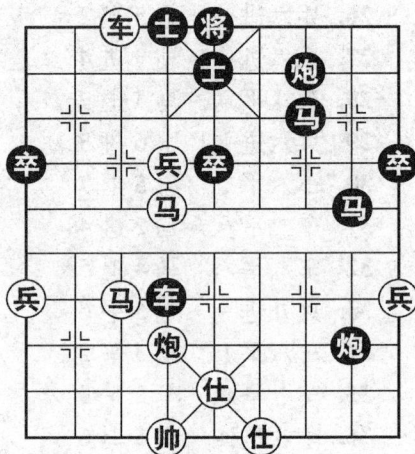
图 224

第 113 局　武俊强胜郑一泓

1. 炮二平五　马 8 进 7	2. 马二进三　车 9 平 8
3. 车一平二　炮 2 平 5	4. 马八进七　马 2 进 3
5. 兵七进一　炮 8 进 4	6. 兵三进一　车 1 进 1
7. 车九平八　车 1 平 4	8. 炮八进五　车 4 进 6
9. 车八进二　炮 8 平 7	

10. 车二进九　马 7 退 8（图 225）

11. 仕四进五　车 4 退 3

12. 车八进四！卒 7 进 1

13. 炮八平五　象 7 进 5

14. 车八平七　卒 7 进 1

15. 车七进一　炮 7 进 3

16. 炮五进四　士 6 进 5

17. 车七退二！车 4 退 1

18. 炮五退二　卒 7 进 1

19. 相七进五！炮 7 退 1

20. 车七平三！将 5 平 6

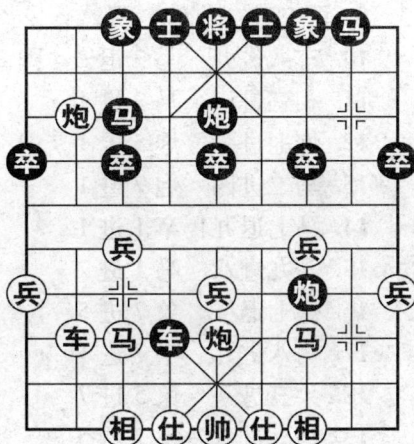

图 225

21. 车三平四　将 6 平 5	22. 马三退一　车 4 平 8
23. 马一退三　马 8 进 7	24. 车四退三　车 8 平 7
25. 车四退一！卒 7 进 1	26. 马三进一　卒 7 平 8

27. 车四进一！车 7 平 8

28. 马一退三　马 7 平 5

29. 炮五进一！马 5 进 7

30. 马七进六　车 8 退 1

31. 马六进七　马 7 退 6

32. 炮五退一　卒 8 进 1

33. 车四进四！卒 8 进 1

34. 马七退五！将 5 平 6

35. 马五进四　士 5 进 6

36. 车四退五！炮 7 退 7

37. 马三进四　炮 7 平 6

38. 车四平二！（图 226）

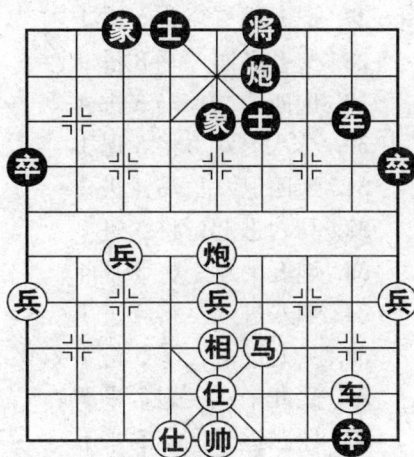

图 226

第 114 局　胡荣华胜陈孝坤

1. 炮二平五　马8进7
2. 马二进三　车9平8
3. 车一平二　炮8进4
4. 兵三进一　炮2平5
5. 马八进七　马2进3
6. 车九平八　卒3进1
7. 炮八进四　炮8平7
8. 炮八平七　车8进9
9. 马三退二　车1平2
10. 车八进九　马3退2（图227）

11. 相三进一　马2进1
12. 炮七进一　炮5退1
13. 马二进四　炮7进1
14. 马七退九！卒1进1
15. 马九进八　马1进2
16. 炮七退一　象7进5
17. 马八进九　卒7进1
18. 兵三进一　象5进7
19. 马九进八　象7退5
20. 兵九进一！炮5平6
21. 兵九进一　马2退3

22. 马四进二　炮7退3
24. 兵五进一　马7进8
26. 相一进三　卒5进1

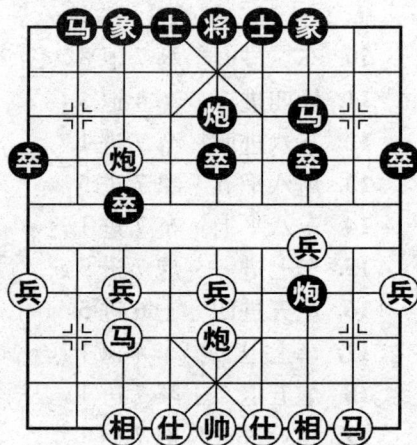

图 227

23. 马二进三　炮6平7
25. 兵五进一！后炮进4
27. 炮七进三！将5进1
28. 炮七平四　马8进9
29. 炮四退二！马3进4
30. 马八退六　将5退1
31. 炮四退六！马4进3
32. 马六进七！将5进1
33. 炮五平八　将5平4
34. 炮八进六！将4进1
35. 兵九进一　卒5进1
36. 兵九进八！炮7平5
37. 仕四进五　卒5平6
38. 帅五平四（图228）

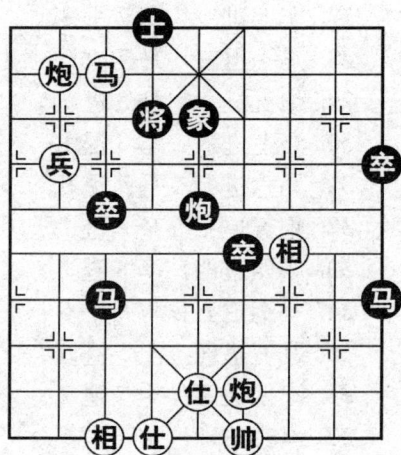

图 228

第 115 局　金启昌胜孟昭忠

1. 炮二平五　马8进7
2. 马二进三　车9平8
3. 车一平二　炮8进4
4. 兵三进一　炮2平5
5. 炮八进五　马2进3
6. 炮八平五　象3进5
7. 马三进四　炮8进1
8. 马八进九　卒3进1（图229）

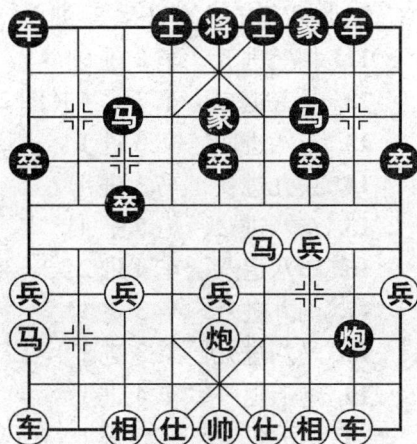

图 229

9. 车九平八　卒1进1
10. 车八进七　车1平3
11. 车八退一　炮8退4
12. 马四进三！马3进4
13. 车八进二　士4进5
14. 车八平六　马4进5
15. 车二进三　马5退7
16. 车二平三！前马退6
17. 车六退四　卒5进1
18. 炮五平二！车8平9
19. 仕六进五　车3进3
20. 车六平八　卒5进1
21. 炮二平三　车9平8
22. 炮三平二　车8平9
23. 炮二平三　车9平8
24. 车三平六！车8进2
25. 车八进五　象5退3
26. 炮三进三　马6退4
27. 马三退五！炮8平7
28. 马五进六　士5进4
29. 炮三平九！马7进5
30. 炮九进四　车3平1
31. 车六进二！象7进5
32. 车六平五　马5进7
33. 相三进五　马7进6
34. 车五进一！车8进2
35. 车五平三！士4退5
36. 车三退三　卒5进1
37. 车八平七　士5退4
38. 车七退四！（图230）

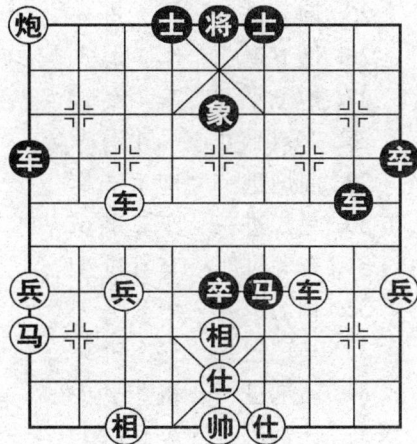

图 230

123

第116局　于幼华负柳大华

1. 炮二平五　马8进7	2. 马二进三　车9平8
3. 车一平二　炮8进4	4. 兵三进一　炮2平5
5. 兵七进一　马2进3	6. 马八进九　车1平2
7. 车九平八　车2进5	8. 炮五退一　炮8平7
9. 炮八平七　车2平3	10. 车八进二　马7退5

11. 相七进五　车8进9
12. 马三退二　车3平4（图231）
13. 车八进四　卒3进1
14. 兵九进一　马3进4
15. 车八进二　炮5平4!
16. 车八退八　车4进2!
17. 马九进八　卒3进1!
18. 马八进九　象3进1
19. 炮七退一　车4进1
20. 炮七进一　卒3进1
21. 炮七平九　车4退1!
22. 炮九退一　车4平1
23. 炮九平七　卒3进1!
24. 相五进七　车1退2
25. 炮五进五　马5进7
26. 炮五退二　车1退2
27. 炮七平五　车1平2!
28. 车八平九　马4退3
29. 前炮进一　炮7平8
30. 马二进三　车2平6
31. 车九进四　车6进4!
32. 相七退九　炮8平7
33. 马三退二　将5进1
34. 后炮进一　将5平6
35. 仕六进五　车6退1
36. 兵五进一　马3进4

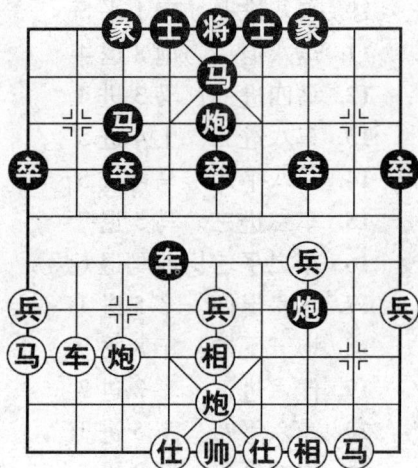

图231

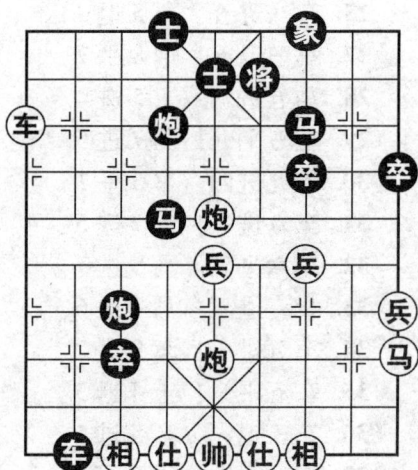

图232

37. 车九进三　士6进5
39. 相九退七　车2进3
38. 马二进一　车6平2!
40. 仕五退六　炮7平3!（图232）

第 117 局　刘殿中负胡荣华

1. 炮二平五　马8进7
3. 车一平二　炮2平5
5. 车九平八　炮8进4
7. 马三进四　车1进1
8. 炮八进六　炮8退1（图233）
9. 马四进三　炮8进2
10. 炮五退一?　炮8平5!
11. 炮五平二　前炮平7
12. 马三进五?　象7进5
13. 炮二进七　车1退1!
14. 炮八平七?　马7进6
15. 车八进四　车1进1!
16. 炮二平九　车8进9
17. 车八进三　炮7平8!
18. 相七进五　炮8退5
19. 兵七进一　马6退4
20. 车八进一　卒3进1!
21. 炮九进一　马4退3
22. 车八平七　卒3进1
23. 马七退五　士6进5
24. 兵三进一　车8退1
25. 兵三进一　车8平6
26. 马五退七　卒3进1
27. 兵三平二　炮8平6
28. 仕六进五　车6退4!
29. 马七进九　车6平2
30. 兵二平三　车2退2
31. 车七平六　卒3进1
32. 马九进七　车2平1

2. 马二进三　车9平8
4. 马八进七　马2进3
6. 兵三进一　卒3进1

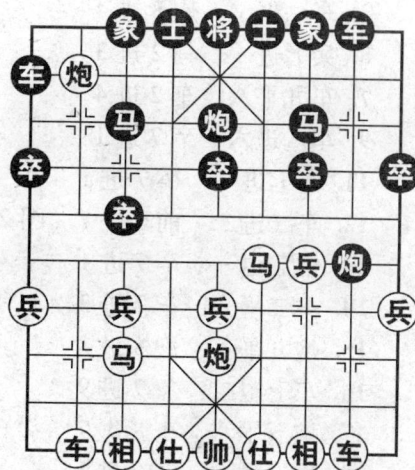
图 233

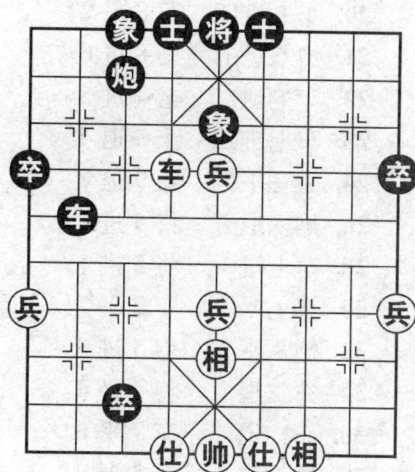
图 234

125

33. 兵三平四　炮6退1
34. 车六退二　车1退2
35. 车六平七　车1进2
36. 兵四平五　车1平2
37. 仕五退六　士5退6
38. 马七进六　炮6平3
39. 车七平六　马3进2!
40. 马六进八　车2进2!（图234）

第118局　蔚强负赵力

1. 炮二平五　马8进7
2. 马二进三　车9平8
3. 车一平二　炮8进4
4. 兵三进一　炮2平5
5. 兵七进一　马2进3
6. 马八进七　车1平2
7. 车九平八　车2进4
8. 炮八平九　车2平8
9. 车八进六　卒7进1
10. 车八平七　卒7进1
11. 车七进一　卒7进1
12. 车二进二　前车平7（图235）
13. 炮五退一　卒7进1
14. 车二平三　车7进3
15. 炮九平三　炮8进3
16. 车七退二? 象7进9
17. 炮五平八　车8进7!
18. 炮八进一　车8进1
19. 相七进五　马7进8
20. 车七进四　车8平2!
21. 炮八进七　马8进6
22. 车七退二　士4进5
23. 车七进二　士5退4
24. 炮三平四　象9退7

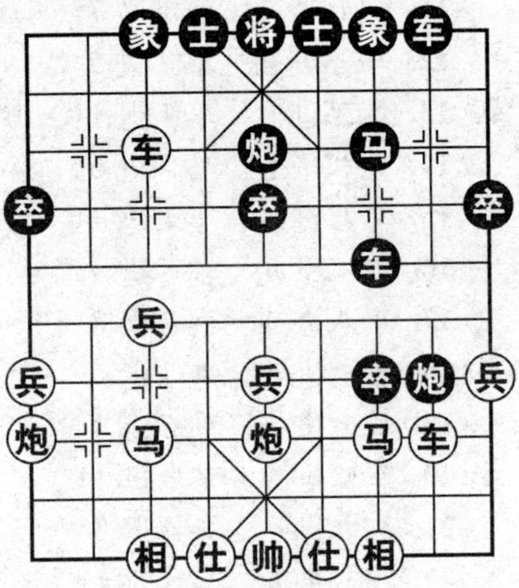

图235

25. 炮八平六　马6进5!
26. 炮六退五　将5进1
27. 车七退一　将5退1
28. 车七进一　将5进1
29. 车七退一　将5退1
30. 车七平二　车2平7!
31. 仕六进五　车7进1
32. 炮六平五　炮5进3
33. 兵五进一　炮8平9
34. 车二退六　将5平4
35. 仕五进六　车7退2
36. 车二退二　车7平6!
37. 车二平一　车6平7
38. 帅五进一　马5退7!
39. 帅五退一　车7平4
40. 车一平三　马7退5!（图236）

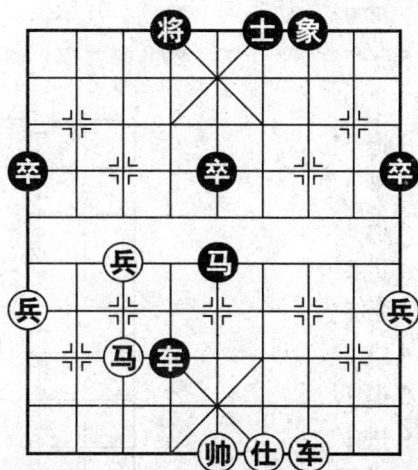

图 236

第 119 局　李家华负陈孝坤

1. 炮二平五　马8进7
2. 马二进三　车9平8
3. 车一平二　炮8进4
4. 兵三进一　炮2平5
5. 马八进九　马2进3
6. 车九平八　卒3进1
7. 炮八平六　炮8平7
8. 车二进九　马7退8（图237）
9. 相三进一　车1进1
10. 车八进六　炮5平8
11. 兵七进一　车1平4

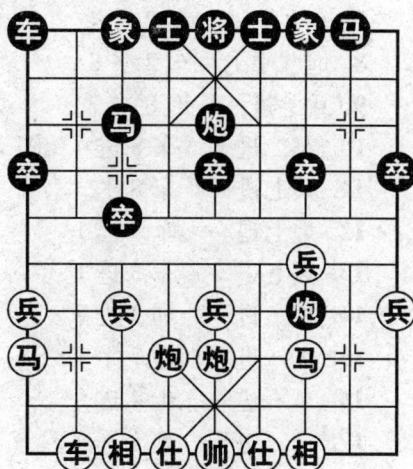

图 237

12. 仕六进五　车4进3
13. 兵五进一　卒3进1
14. 兵五进一　车4平5
15. 车八平七　象7进5
16. 车七退二　马3进2
17. 车七平八　炮8进4!
18. 兵三进一　卒7进1!
19. 车八平二　炮8平1
20. 车二进五　马2进4
21. 车二退五　马4进5
22. 相七进五　车5进3
23. 车二平九　炮1平2

24. 车九平八　炮 2 平 9！　　25. 车八平一　炮 9 平 8

26. 车一平二　车 5 平 7　　　27. 车二退一　卒 7 进 1

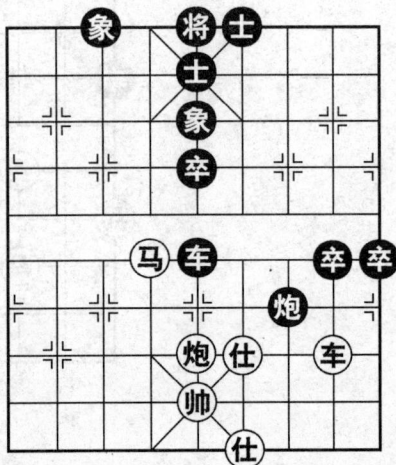

28. 马九进八　车 7 平 9

29. 仕五进四　车 9 退 3！

30. 马八进七　车 9 平 4

31. 炮六平五　车 4 退 1

32. 马七退八　车 4 进 2

33. 马八进九　车 4 平 5！

34. 帅五进一　士 4 进 5

35. 马九进七　车 5 退 1

36. 马七退九　卒 9 进 1

37. 马九退八　卒 9 进 1

38. 马八进七　车 5 进 2

39. 马七退六　卒 7 平 8

40. 车二退一　车 5 退 1！（图 238）

图 238

第 120 局　徐天红胜金松

1. 炮二平五　马 8 进 7　　　2. 马二进三　车 9 平 8

3. 车一平二　炮 8 进 4　　　4. 兵三进一　炮 2 平 5

5. 马八进九　马 2 进 3　　　6. 兵七进一　车 1 平 2

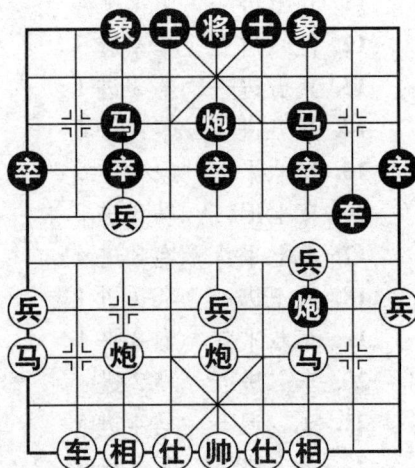

7. 车九平八　车 2 进 4

8. 炮八平七　车 2 平 8

9. 兵七进一！炮 8 平 7

10. 车二进五　车 8 进 4（图 239）

11. 兵七进一　车 8 平 3

12. 炮七退一　车 3 退 1

13. 兵五进一　车 3 进 1

14. 相三进一　马 3 进 2

15. 车八进三！炮 7 平 1

16. 车八进一　士 4 进 5

17. 马三进五　炮 1 平 4

18. 仕四进五　炮 5 平 2

19. 车八平九　炮 2 平 1

图 239

20. 车九平八　象 3 进 5
21. 兵五进一！卒 5 进 1
22. 车八退一！炮 4 退 4
23. 炮五平七！炮 4 平 2
24. 马九进八！马 7 进 5
25. 后炮进四　马 5 进 3
26. 马五进七！卒 5 进 1
27. 炮七进三　象 5 进 3
28. 马七进五　象 7 进 5
29. 车八退一　卒 1 进 1
30. 车八平五　炮 2 进 3
31. 车五进二　炮 1 平 3
32. 仕五退四　卒 1 进 1
33. 马五进三　士 5 进 6
34. 相一退三　炮 3 进 7
35. 帅五进一　炮 3 退 1
36. 车五平七　炮 2 进 3
37. 帅五退一　炮 3 平 7
38. 车七进一！马 2 进 1
39. 车七进四　将 5 进 1
40. 马三进二！炮 2 进 1
41. 帅五进一（图 240）

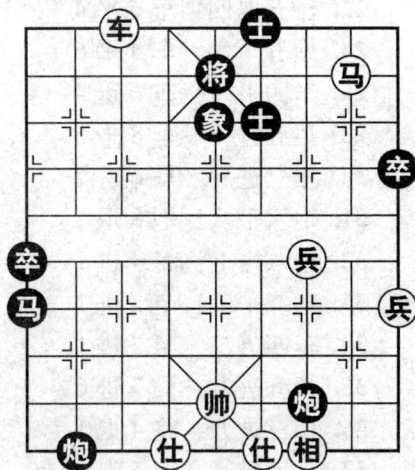

图 240

第 121 局　蒋川胜陈富杰

1. 炮二平五　马 8 进 7
2. 马二进三　车 9 平 8
3. 车一平二　炮 2 平 5
4. 兵七进一　卒 7 进 1
5. 马八进七　炮 8 进 4
6. 仕四进五　马 2 进 3
7. 车九平八　炮 5 退 1
8. 炮八进六　象 3 进 5（图 241）
9. 车八进七　车 1 平 3
10. 马七进八　车 3 进 1
11. 炮八进一　车 3 退 1
12. 炮八退一　车 3 进 1
13. 马八进九　炮 5 平 2

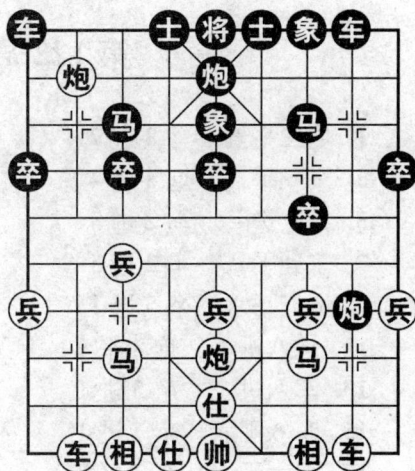

图 241

14. 马九进七　车3平8　　　　15. 车二进二　炮2平7
16. 马七进六！将5平4　　　　17. 车八进二　将4进1
18. 车八平四　炮7平6　　　　19. 车四平五！炮6进4
20. 车二退一　前车平6　　　　21. 车二平四　车6进3
22. 仕五退四！车6平4　　　　23. 仕六进五　车8进5
24. 炮五平六　车4平6　　　　25. 炮六退二！炮6平5
26. 车四平一！车6退4　　　　27. 车五平四　马7退6
28. 兵五进一　车8平5　　　　29. 车一平二　炮8退1
30. 相七进五　马6进7
31. 炮六平八！炮8退1
32. 炮八进七！将4进1
33. 车二平四！卒3进1
34. 车四进二　卒3进1
35. 相五进七　马7进6
36. 相三进五　将4退1
37. 兵三进一　车5退1
38. 车四平六　将4平5
39. 车六平二　车5平2
40. 炮八平六！将5平4
41. 兵三进一！象5进7
42. 炮六退七！（图242）

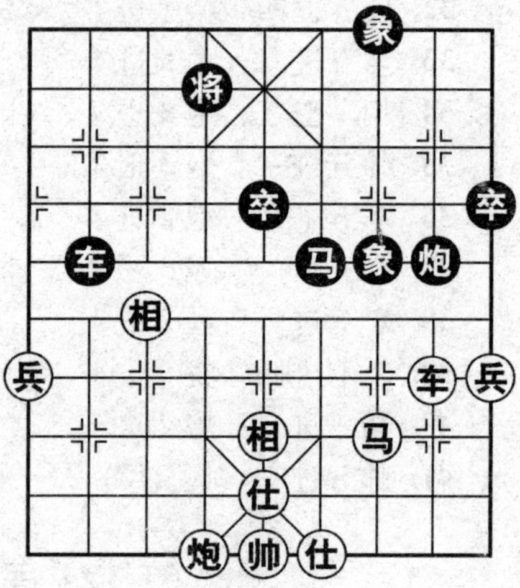

图 242

第 122 局　党斐胜赵力

1. 炮二平五　马8进7　　　　2. 马二进三　车9平8
3. 车一平二　炮8进4　　　　4. 兵三进一　炮2平5
5. 兵七进一　马2进3　　　　6. 马八进九　车1平2
7. 车九平八　车2进5　　　　8. 仕四进五　车2平3
9. 炮五平六　卒5进1　　　　10. 相三进五　车3退1（图243）
11. 炮八进一！炮8平2　　　　12. 车二进九　马7退8
13. 车八进三　卒5进1　　　　14. 兵五进一　马3进5
15. 车八平六　卒7进1　　　　16. 马九进七　卒7进1
17. 炮六平七！车3平7　　　　18. 车六进三　马8进7
19. 马七进六！卒3进1　　　　20. 炮七进七　士4进5

21. 炮七退一! 炮5进3　　　22. 马六进四　卒7平6

23. 马三进五　士5进4　　　24. 车六平九! 将5平4

25. 炮七平二! 卒6进1　　　26. 车九进三　将4进1

27. 车九退一　将4退1　　　28. 马四进三　马5退6

29. 车九平四! 士6进5　　　30. 炮二进一　将4进1

31. 车四退五　车7平8　　　32. 车四进一! 车8进5

33. 仕五退四　炮5退2　　　34. 炮二退五　车8退3

35. 车四平九　车8平5　　　36. 炮二平六　炮5平4

37. 马三进五! 马7进6　　　38. 马五退七! 车5平4

39. 车九进四! 将4退1　　　40. 车九进一　将4进1

41. 马七退九! 士5进6　　　42. 车九平五!（图244）

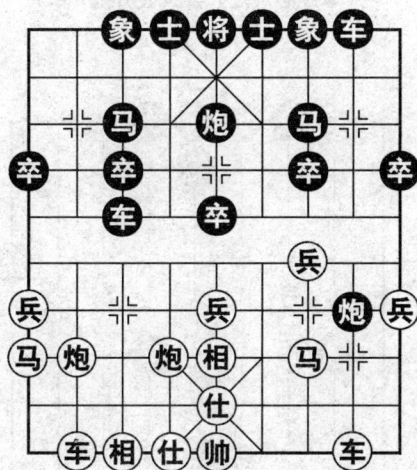

图 243

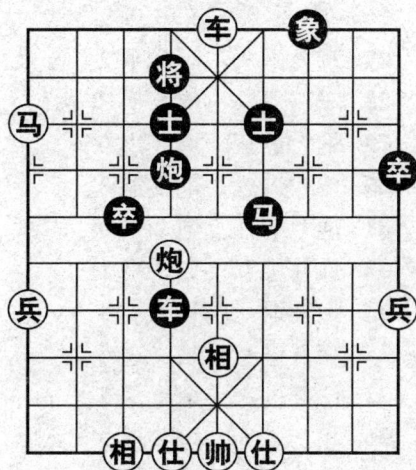

图 244

第 123 局　万春林胜许银川

1. 炮二平五　马8进7　　　2. 马二进三　车9平8

3. 车一平二　炮2平5　　　4. 马八进七　马2进3

5. 车九平八　炮8进4　　　6. 兵三进一　车1平2

7. 兵七进一　车2进6　　　8. 马七进六　马3退5（图245）

9. 车二进一! 炮5平2　　　10. 兵七进一　车2退1

11. 马六进七　炮2进5　　　12. 车二平八　马5进4

13. 前车进一　车2平7　　　14. 马七进六　炮8退4

15. 炮五平七！ 马4进3

16. 相七进五！ 车7平4

17. 相五进七 车4退4

18. 相七退五 象3进1

19. 前车进六 车8进1

20. 兵七平六！ 车4平3

21. 炮七进二 卒7进1

22. 马三进四 象7进5

23. 前车平七 车8平3

24. 车八进六 炮8进1

25. 车八进一 马7进6

26. 车八平九！ 车3进2

27. 车九平八 车3平2

28. 车八退一 炮8平2

29. 炮七退三 炮2进6

30. 仕六进五 炮2退3

31. 炮七平九 炮2平9

32. 炮九进五 炮9平1

33. 炮九退一！ 马6进4

34. 相五进七 马4进3

35. 仕五进六 炮1平2

36. 相三进五 炮2退5

37. 马四进五 马3退2

38. 炮九平八 卒7进1

39. 仕四进五 炮2平5

40. 炮八进四 象5退3

41. 马五退七！ 卒7平6

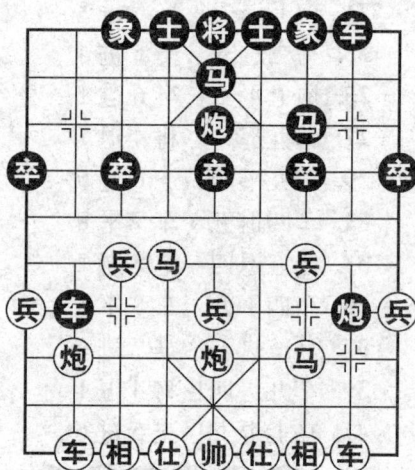

图 245

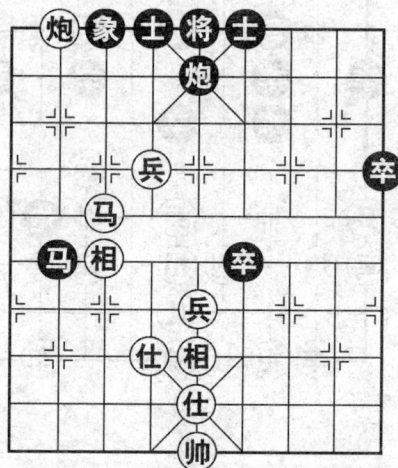

图 246

42. 兵六进一！（图246）

第124局 郑乃东胜于幼华

1. 炮二平五 马8进7

2. 马二进三 车9平8

3. 车一平二 炮8进4

4. 兵三进一 炮2平5

5. 马八进七 马2进3

6. 车九平八 卒3进1

7. 炮八进四 炮8平7

8. 炮八平七 象3进1

9. 车八进八　士4进5

10. 仕四进五　车1平2

11. 车二进九　马7退8

12. 车八进一　马3退2（图247）

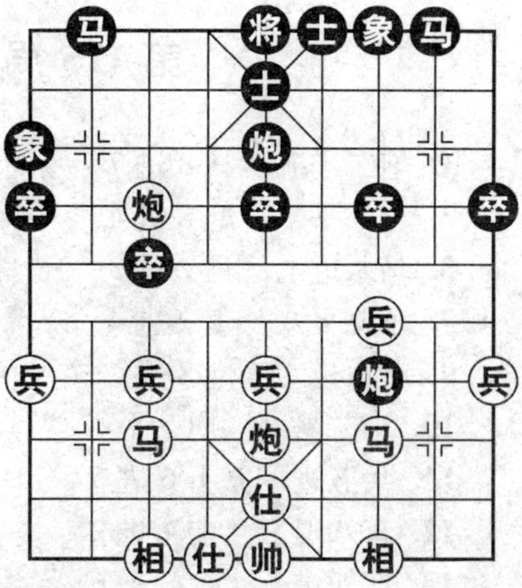

13. 兵一进一　马2进4

14. 炮七平八　炮5平9

15. 兵五进一　炮9进3

16. 马七进五　炮7进3

17. 马三退一　炮7退3

18. 兵五进一　卒5进1

19. 炮五进三　马4进5

20. 马五进四　炮7平1

21. 马四进二　炮9退1

22. 炮八平三！将5平4

图 247

24. 炮五退三　马5进6

26. 帅五平四　炮5平6

28. 帅五平四　马7进8

30. 兵三进一　马8进9

31. 兵三平四　马9进8

32. 帅四平五　炮4进1

33. 前炮平四　炮4平5

34. 仕五进四　炮1退1

35. 兵四平五　炮5进1

36. 炮四平六　炮1平4

37. 帅五进一　马8退7

38. 帅五退一　马6进5？

39. 仕六进五！马7进9

40. 前炮平八！炮5平4

41. 相七进五！马9进7

42. 帅五平四！后炮进2

43. 仕五进六！（图248）

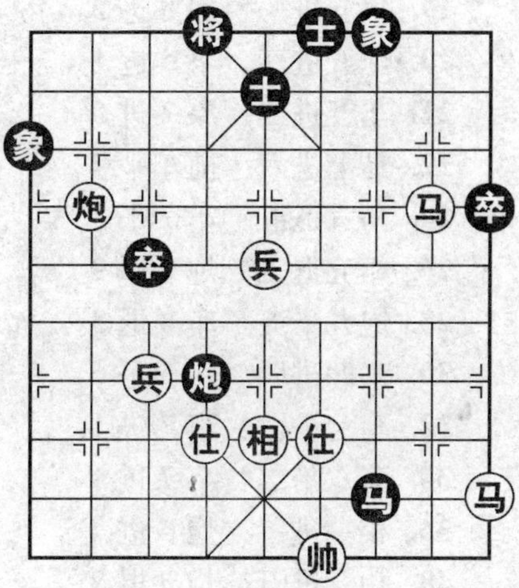

23. 炮三平九　马8进7

25. 炮五平六　炮9平5

27. 帅四平五　炮6平5

29. 炮九平六　炮5平4

图 248

第 125 局　黄勇胜孙志伟

1. 炮二平五　马8进7
2. 马二进三　车9平8
3. 车一平二　炮8进4
4. 兵三进一　炮2平5
5. 马八进七　马2进3
6. 兵七进一　车1平2
7. 车九平八　车2进4
8. 炮八平九　车2平8
9. 车八进六　炮8平7
10. 车二平一　炮5平6
11. 兵五进一　士6进5
12. 车八退三　前车进2
13. 仕四进五　炮7平6
14. 车八平五　后炮平5（图249）

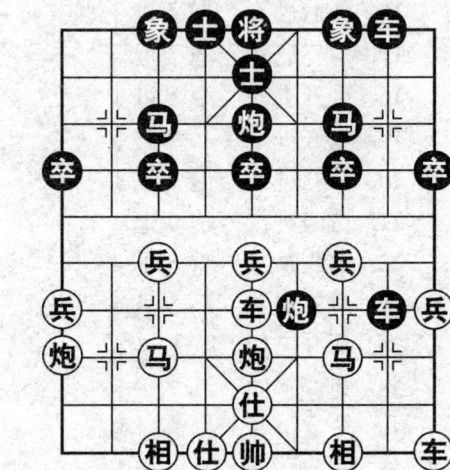

图 249

15. 相三进一　卒9进1
16. 兵一进一！卒9进1
17. 车一平四！炮6退4
18. 车四进六　马7进9
19. 兵五进一　炮5进2
20. 炮五进三　卒5进1
21. 车五进二　象7进5
22. 马七进六　前车平7
23. 车五平一！车7进1
24. 马六退五！车7平5
25. 相七进五　车8进3
26. 相五退三　炮6平9
27. 车一平四　马9进8
28. 炮九平五　车8退3
29. 前车平七　车8平6
30. 车四进四　将5平6
31. 兵七进一！炮9平6
32. 车七平六！卒7进1
33. 兵七进一　马3退2
34. 车六平二！卒7进1
35. 车二进三　将6进1
36. 相一进三　炮6进4
37. 炮五平四　炮6平5
38. 相三进五　炮5退2
39. 车二平一！炮5平1
40. 车一退五！将6退1
41. 车一进五　将6进1
42. 车一平二！卒1进1
43. 相三退一！（图250）

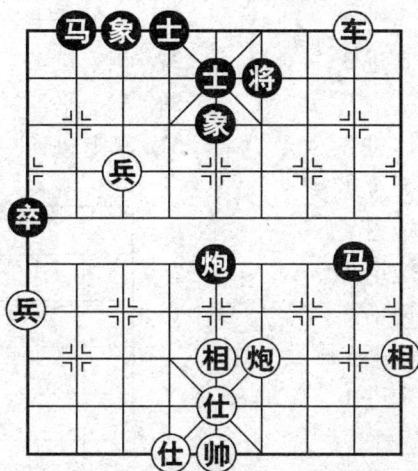

图 250

第 126 局 徐俊杰负李来群

1. 炮二平五　马8进7
2. 马二进三　车9平8
3. 车一平二　炮8进4
4. 兵三进一　炮2平5
5. 兵七进一　马2进3
6. 马八进七　车1平2
7. 车九平八　车2进4
8. 炮八平九　车2平8
9. 车八进六　炮8平7
10. 车二平一　炮5平6
11. 车八平七　象7进5
12. 兵七进一　士6进5（图251）
13. 马七进六　卒7进1
14. 兵七平六　卒7进1
15. 马六进八　马3退1
16. 兵六平五　炮6进1
17. 车七退二　卒7平8
18. 前兵进一！马7进5
19. 炮五进四　前车平2
20. 相三进五　车2退1
21. 炮五平一　炮6退1
22. 炮一平九　卒8进1
23. 马三退五　马1进3

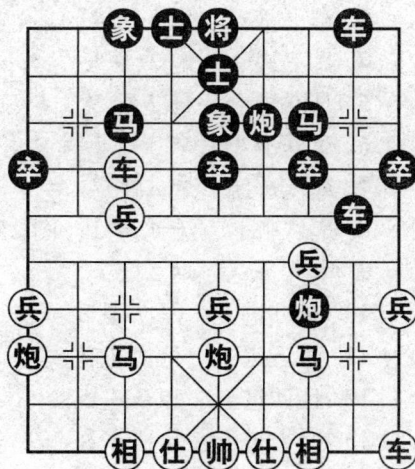

图 251

135

24. 前炮退一	马 3 进 5	**25.** 马五进七	马 5 进 7
26. 相五进三	车 8 进 3	**27.** 相七进五	炮 6 平 9
28. 车一平二	炮 7 平 9	**29.** 车七平四	车 2 进 4
30. 车四平七	后炮进 3	**31.** 车七进四	卒 8 进 1

32. 车二平三　卒 8 进 1

33. 后炮退一　后炮退 4

34. 车七退四　前炮退 1

35. 车七退一　后炮平 7

36. 车三平一　卒 8 平 7

37. 仕四进五　车 2 进 1

38. 前炮退一　炮 7 平 9！

39. 车一平四　卒 7 平 6！

40. 车四平三　前炮进 3！

41. 仕五退四　前炮退 2

42. 兵五进一　前炮平 8！

43. 后炮平四　车 2 平 6

44. 仕六进五　炮 9 进 5！（图 252）

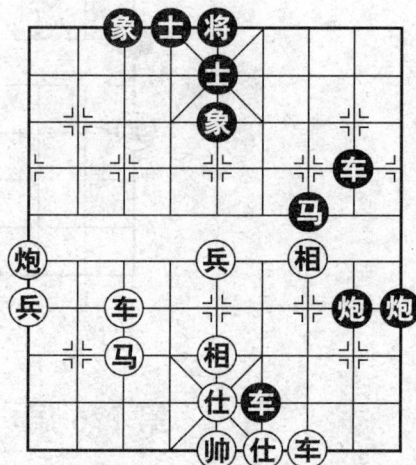

图 252

第 127 局　于幼华负赵国荣

1. 炮二平五	马 8 进 7	**2.** 马二进三	车 9 平 8

3. 车一平二　炮 8 进 4

4. 兵三进一　炮 2 平 5

5. 马八进七　马 2 进 3

6. 车九平八　卒 3 进 1

7. 炮八进四　炮 8 平 7

8. 炮八平七　士 4 进 5（图 253）

9. 车八进八　炮 5 平 6

10. 车二进九　马 7 退 8

11. 兵五进一　炮 7 进 3

12. 仕四进五　象 3 进 5

13. 马七进五　车 1 平 4

14. 兵七进一　车 4 进 6！

15. 兵七进一　炮 6 平 8

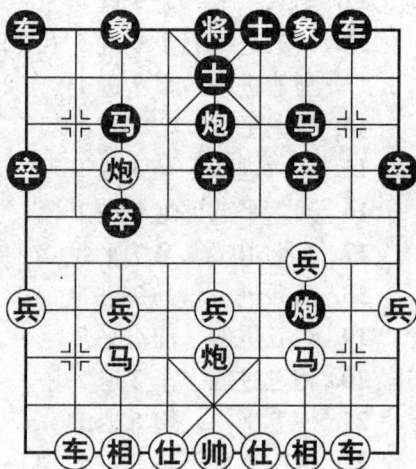

图 253

16. 帅五平四　象5进3
17. 兵五进一　卒5进1
18. 炮五进三　象3退5
19. 车八退四　马8进7
20. 相七进五　炮7平9
21. 炮七平四　马7进5
22. 炮四退三　车4进2
23. 车八平四　马5进3
24. 车四进二　前马退4
25. 炮五平二　车4退3
26. 炮四退二　车4平5！
27. 车四退二　车5退2
28. 相五进七　马4进3
29. 车四进一　前马进5
30. 仕五进六　卒7进1
31. 兵三进一　马5进7！
32. 车四退一　马7进9！
33. 炮四平一　象5进7
34. 炮二退四　象7进5
35. 炮二平五　车5平4
36. 炮五进一　马9进7
37. 炮一平二　炮8平6
38. 炮五平四　马3进5！
39. 车四进二　马5进4！
40. 车四退二　车4平8！
41. 炮四进五　车8进5
42. 车四平六　士5进6
43. 车六平二　车8进1！
44. 帅四进一　炮9退1！（图254）

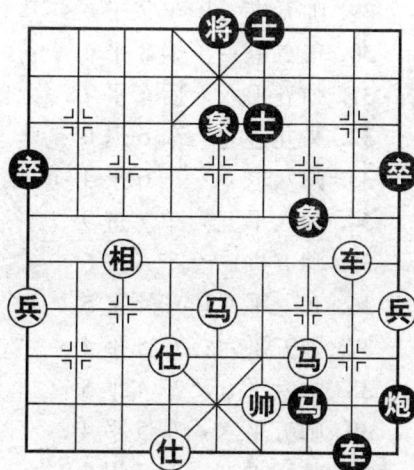

图254

第128局　程福臣胜车兴国

1. 炮二平五　马8进7
2. 马二进三　车9平8
3. 车一平二　炮8进4
4. 兵三进一　炮2平5
5. 兵七进一　车1进1
6. 马八进九　车1平8
7. 车九平八　炮8平7
8. 车二平一　马2进3
9. 炮八平七　前车进3
10. 车八进六　炮5平6（图255）
11. 车八平七　象7进5
12. 兵七进一　士6进5
13. 兵九进一　卒7进1
14. 兵三进一　前车平7
15. 兵七平六　炮7平8
16. 车一进二　炮8退3
17. 兵六进一　马7进6
18. 炮七进五　马6进4
19. 车七退五　炮6平3
20. 车七进六　炮8平7

21. 兵六平五！ 炮7进4
22. 前兵进一！ 马4进5
23. 前兵进一 士4进5
24. 车七进二 士5退4
25. 相三进五 炮7平8
26. 相五退三 车7进5
27. 车七退七 炮8进2
28. 车一平二！ 车8平6
29. 帅五进一！ 车7平6
30. 车二退一！ 炮8平4
31. 帅五平六 后车平7
32. 马九进七 车6退6
33. 帅六退一 车6平4
34. 帅六平五 车7进9
35. 帅五进一 车4进6
36. 车七平八！ 车4平5
37. 帅五平六 车5平4
38. 帅六平五 车4平5
39. 帅五平六 车5平4
40. 帅六平五 车7退9
41. 马七退五！ 车4平3
42. 车二进四 车3平1
43. 车二平五 将5平6
44. 马五进三！（图256）

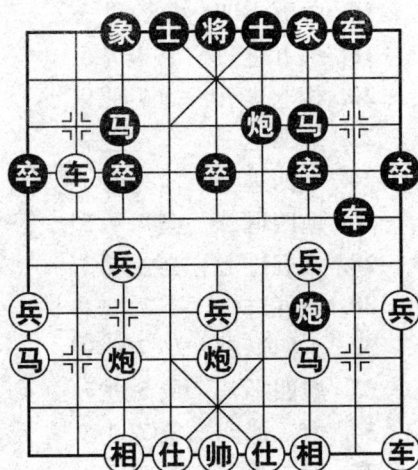

图 255

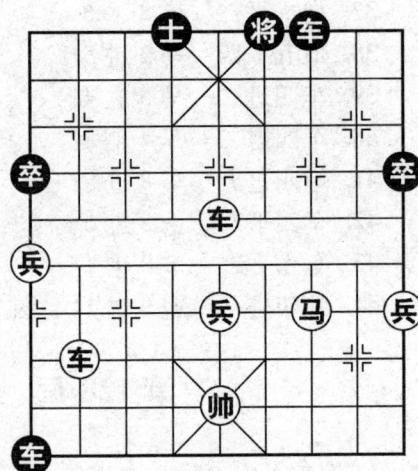

图 256

第 129 局　洪智负陶汉明

1. 炮二平五　马8进7
2. 马二进三　车9平8
3. 车一平二　炮8进4
4. 兵三进一　炮2平5
5. 兵七进一　马2进3
6. 马八进九　车1平2
7. 车九平八　车2进5
8. 炮五退一　炮8平7
9. 炮八平七　车2平3
10. 车八进二　马7退5

11. 相七进五　车 8 进 9

12. 马三退二　车 3 平 4

13. 车八进四　卒 3 进 1

14. 车八平七　象 3 进 1（图 257）

15. 马二进三　车 4 平 2

16. 炮七平六　车 2 进 2

17. 炮六进六　马 3 退 2!

18. 炮六平九　车 2 平 1

19. 炮九进一　车 1 平 2

20. 车七进二　象 1 退 3!

21. 炮五平七　炮 5 平 3!

22. 炮七平六　炮 3 平 1!

23. 炮六进七　马 5 进 4!

24. 车七退二　炮 1 进 4!

26. 车七平六　象 7 进 5

28. 车九进三　卒 3 进 1

30. 车九平八　士 5 退 4

32. 车八退二　士 6 进 5

33. 炮六平一　卒 3 平 4

34. 仕四进五　车 3 进 3

35. 炮一进五　卒 7 进 1

36. 车八退四　炮 1 进 3

37. 车八退三　炮 1 退 3

38. 兵三进一　车 3 平 7

39. 马三退一　炮 1 平 5!

40. 车八进四　炮 7 平 8!

41. 炮一平四　炮 8 进 2!

42. 炮四退六　车 7 进 5

43. 车八平六　车 7 退 3!

44. 车六退一　将 5 平 6!（图 258）

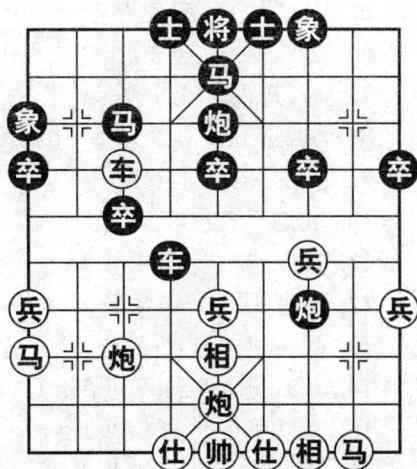

图 257

25. 炮九平七　士 4 进 5

27. 车六平九　车 2 退 6!

29. 炮七退一　车 2 平 3

31. 炮六退七　卒 3 进 1

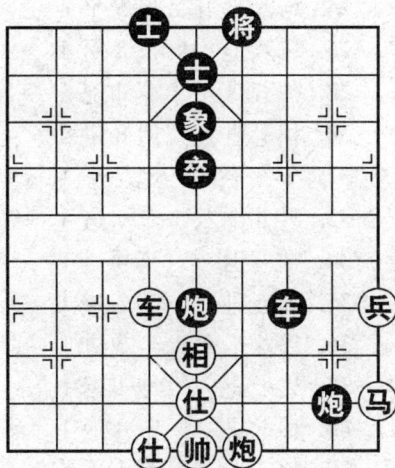

图 258

第 130 局　刘殿中胜金波

1. 炮二平五　马 8 进 7

2. 马二进三　车 9 平 8

3. 车一平二　炮 8 进 4

4. 兵三进一　炮 2 平 5

5. 马八进七　马 2 进 3

6. 炮八进四　车 1 进 1

7. 马三进四　车 1 平 4

8. 马四进五　马 3 进 5（图 259）

9. 炮八平五　士 6 进 5

10. 前炮平九　车 4 进 5

11. 车二进二　车 4 平 3

12. 车九平八　炮 8 退 2

13. 兵三进一！卒 7 进 1

14. 车八进九！炮 5 进 5

15. 车八平七！车 3 进 1

16. 炮九进三！车 3 平 2

17. 车二平五！象 7 进 5

18. 车五平八！象 5 退 3

19. 车八进七！士 5 退 6

20. 炮九平七！士 4 进 5

21. 炮七平四　士 5 退 4

22. 炮四平六　车 8 进 3

23. 炮六退七　将 5 进 1

24. 炮六平五　将 5 平 4

25. 车八退一　将 4 退 1

26. 车八退一！车 8 平 4

27. 车八平三　车 4 进 6

28. 帅五进一　车 4 退 5

29. 兵九进一　卒 3 进 1

30. 相七进九　炮 8 进 3

31. 兵九进一　炮 8 平 7

32. 车三平四　炮 7 平 1

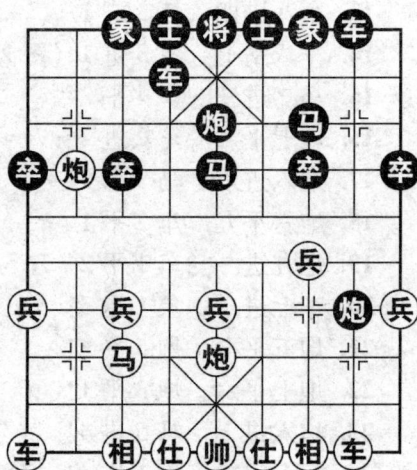

图 259

33. 兵九平八　车 4 进 4

34. 帅五退一　车 4 进 1

35. 帅五进一　卒 3 进 1

36. 兵八平七！卒 3 进 1

37. 兵七进一　炮 1 退 1

38. 兵七进一　车 4 退 1

39. 帅五退一　炮 1 平 5

40. 炮五平九！车 4 退 2

41. 车四进二　将 4 进 1

42. 兵七进一　将 4 平 5

43. 炮九进六　将 5 进 1

44. 车四平二！（图 260）

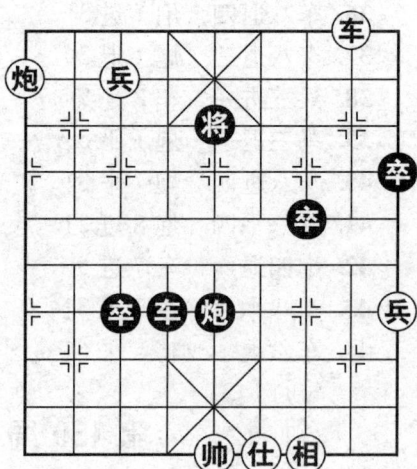

图 260

第 131 局 郑鑫海负付光明

1. 炮二平五	马 8 进 7	2. 马二进三	车 9 平 8
3. 车一平二	炮 8 进 4	4. 兵三进一	炮 2 平 5
5. 马八进七	马 2 进 3	6. 车九平八	卒 3 进 1
7. 炮八进四	炮 8 平 7	8. 炮八平七	象 3 进 1
9. 车二进九	马 7 退 8		

10. 相三进一　士 4 进 5（图 261）

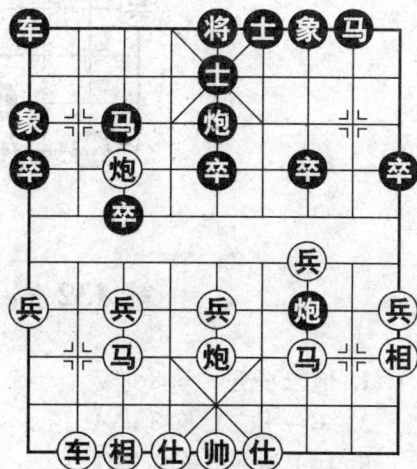

图 261

11. 车八进一	车 1 平 4
12. 车八平二	车 4 进 3
13. 车二进八	车 4 平 3
14. 兵五进一	卒 3 进 1
15. 兵七进一	车 3 进 2
16. 车二退六	车 3 进 2
17. 车二平三	车 3 进 2!
18. 仕四进五	车 3 退 4
19. 兵三进一	车 3 平 5
20. 相一退三	卒 7 进 1
21. 车三进二	象 7 进 9

22. 车三平四	炮 5 平 7	23. 马三进四	炮 7 进 4!
24. 马四进二	炮 7 平 2	25. 仕五退四	车 5 平 3!
26. 炮五平二	炮 2 进 3	27. 帅五进一	车 3 进 3
28. 帅五进一	车 3 平 8!	29. 炮二平三	车 8 退 1
30. 马二退四	车 8 退 2	31. 炮三进五	象 9 退 7
32. 炮三退六	车 8 进 2	33. 帅五退一	车 8 平 6
34. 车四平三	象 7 进 5	35. 车三退一	车 6 退 1
36. 兵一进一	象 1 退 3	37. 炮三平一	车 6 平 5!
38. 帅五平四	车 5 退 1!	39. 炮一进五	马 3 进 4!
40. 炮一进三	象 5 退 7	41. 车三进五	车 5 平 6
42. 帅四平五	车 6 平 9	43. 帅五平四	马 4 进 5
44. 帅四进一	马 5 进 4!（图 262）		

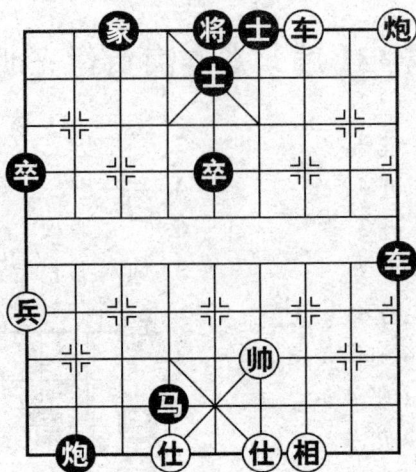

图 262

第 132 局　蔡忠诚胜陈渔

1. 炮二平五	马 8 进 7	2. 马二进三	车 9 平 8
3. 车一平二	炮 8 进 4	4. 兵三进一	炮 2 平 5
5. 兵七进一	车 1 进 1	6. 马八进七	车 1 平 8
7. 车九平八	炮 8 平 7	8. 车二平一	前车进 3
9. 炮八平九	马 2 进 1	10. 车八进七	士 6 进 5（图 263）

11. 车八平七！　炮 5 平 6

12. 车七进二！　象 7 进 5

13. 车七平九！　卒 7 进 1

14. 马七进六　卒 7 进 1

15. 马六进五　马 7 退 6

16. 兵九进一　前车平 2

17. 兵九进一！　车 2 平 1

18. 车九退一　车 8 进 8

19. 仕四进五　炮 7 平 8

20. 炮五平八　车 1 平 2

21. 炮九退一　炮 6 进 6

22. 炮九平四　车 2 进 3

23. 炮四进四！　车 2 平 7

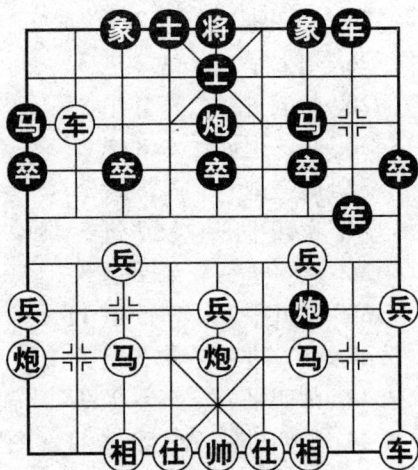

图 263

24. 车九退一　车8平6

25. 炮四平八　车7平2

26. 炮八平五　卒7进1

27. 兵五进一　卒7进1

28. 马五退三　炮8平3

29. 车一平二　车2平3

30. 相七进五！炮3平5

31. 车二进一！车6退4

32. 炮五退二　象5进7

33. 炮五平二　马6进8

34. 炮二平八　车3平2

35. 炮八平七！马8退6

36. 炮七进三　车2退7

37. 炮七平二　马6进5

38. 炮二平五！将5平6

39. 兵五进一！车6进2

40. 炮五进二　车2进8

41. 车二进八　将6进1

42. 车二退一　将6退1

43. 炮五平四！将6平5

44. 车二进一　马5退6

45. 炮四平三！（图264）

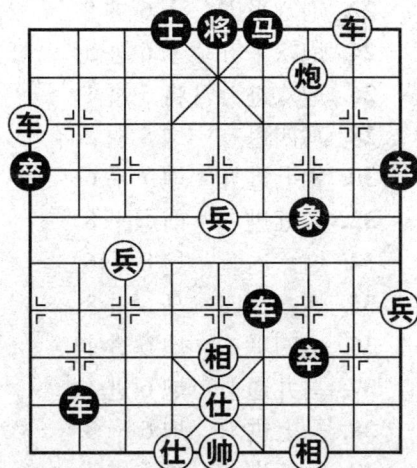

图 264

第133局　蒋川负许银川

1. 炮二平五　马8进7

2. 马二进三　车9平8

3. 车一平二　炮2平5

4. 兵三进一　马2进3

5. 马八进九　车1平2

6. 车九平八　炮8进4

7. 炮八进四　卒3进1

8. 炮八平七　车2进9

9. 马九退八　炮8平7

10. 车二进九　马7退8（图265）

11. 兵九进一　士4进5

12. 马八进九　炮7进3

13. 仕四进五　炮7退4

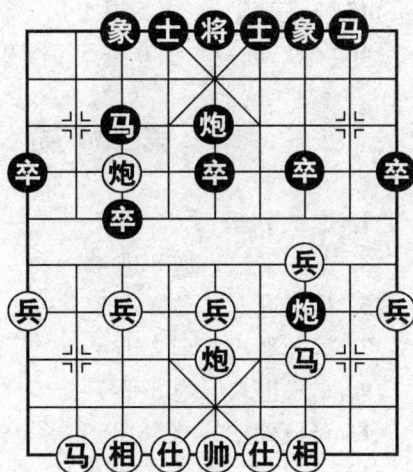

图 265

143

14. 马三进四　炮5平8！　　15. 炮七进三　象7进5

16. 炮七平九　马8进6　　　17. 炮五平八　士5进4

18. 炮八平五　士6进5　　　19. 炮五平八　士5退6

20. 炮八平五　士6进5　　　21. 炮五平八　士5退6

22. 炮八平五　士6进5　　　23. 炮五平八　士5退6

24. 炮八平五　士6进5　　　25. 炮五平八　士5退6

26. 炮八进七？将5进1　　　27. 炮八退二　炮8进3

28. 马四退三　炮8退2　　　29. 马三进二　卒7进1

30. 相七进五　炮7平6　　　31. 马二进四　炮8平6

32. 兵五进一　前炮平8　　　33. 炮八平六　炮8退1！

34. 炮六退一　炮8平6

35. 炮六平四　马6进8

36. 炮四平二　炮6进1！

37. 马九退七　炮6进1

38. 马七进六　炮6平3

39. 兵五进一　卒5进1

40. 马六进五　马8进6

41. 炮九退二　炮3平5！

42. 炮九平八　马6进5！

43. 马五进三　马3进4！

44. 炮二进二　马4进6！

45. 马三进一　将5退1

46. 炮二进一　士6进5（图266）

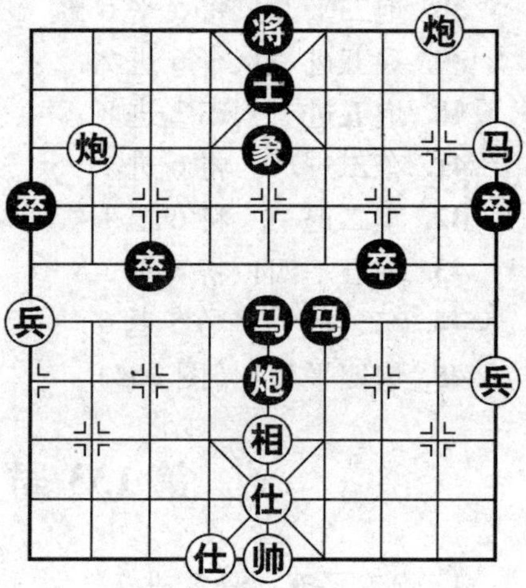

图 266

第 134 局　王跃飞胜卜凤波

1. 炮二平五　马8进7　　　2. 马二进三　车9平8

3. 车一平二　炮8进4　　　4. 兵三进一　炮2平5

5. 马八进七　马2进3　　　6. 兵七进一　车1平2

7. 车九平八　车2进4　　　8. 炮八平九　车2平8

9. 车八进六　炮8平7　　　10. 车八平七　前车进5

11. 马三退二　车8进9　　　12. 车七进一　车8平7

13. 车七进二　炮7平8　　　14. 炮九进四　卒7进1（图267）

15. 炮九进三　炮8进3　　　16. 车七退一　士4进5

17. 车七进一　士5退4
18. 兵七进一　车7退4
19. 仕四进五　车7平3
20. 车七平八！车3退1
21. 马七进六　炮8退8
22. 炮五平三！将5进1
23. 炮三进五　车3平4
24. 马六退七　卒7进1
25. 炮三进一！将5平6
26. 炮九退一！车4平3
27. 马七进六　炮5平4
28. 仕五进四　车3平4
29. 马六进八　炮8进3
30. 车八退一　士6进5
32. 马八进七　车4退2
34. 炮九进一　将6进1
36. 车八平七！象7进5
37. 炮三平四　卒7平6
38. 炮九进一　将6进1
39. 炮九退二！车4进6
40. 炮九进一　将6退1
41. 炮九进一　将6进1
42. 车七平三！炮8平7
43. 马七退五　车4退5
44. 炮九退一！将6退1
45. 马五进三　将6平5
46. 炮四平五！车4平7
47. 炮九进一！（图268）

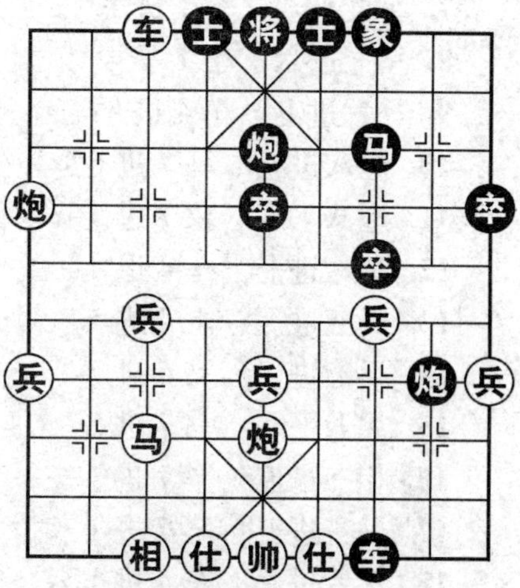

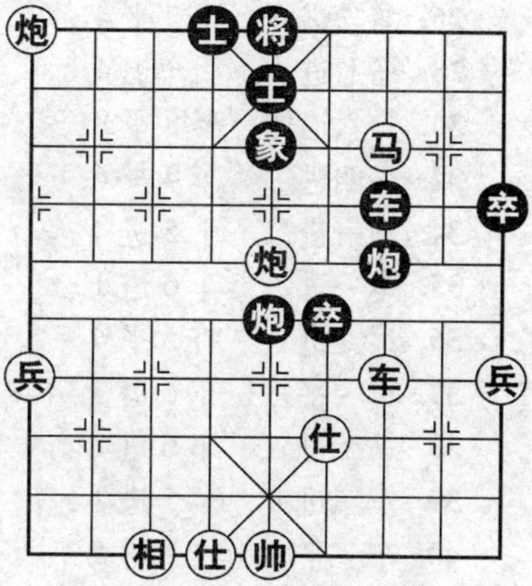

图 267

31. 炮三退三！将6退1
33. 车八退五　炮5退1
35. 炮九退一　将6退1

图 268

第135局　吕钦胜王嘉良

1. 炮二平五　马8进7
2. 马二进三　卒7进1
3. 马八进七　车9平8
4. 车一平二　炮8进4
5. 兵七进一　炮2平5
6. 仕四进五　马2进3（图269）

7. 车九平八　车 1 进 1

8. 马七进六　车 1 平 4

9. 马六进七　车 4 进 5

10. 炮八进五　马 7 进 6?

11. 炮八平五　象 7 进 5

12. 车八进七　车 4 退 4

13. 兵五进一　士 4 进 5

14. 兵七进一!　马 6 进 7

15. 兵七平六　马 7 进 5

16. 相三进五　卒 7 进 1

17. 马三进五!　卒 7 进 1

18. 兵六进一　车 4 进 1

19. 车八平七　车 8 进 4

20. 马七退八　车 4 进 2

22. 马八退七　车 4 进 1

24. 车二进二　车 4 平 3

26. 前马进六　车 2 平 4

28. 马七进八　后车退 1

30. 马六退四　卒 8 平 9

32. 马四进三　车 4 平 6

34. 马三进二　士 5 进 4

35. 车一进一　车 6 进 1

36. 兵九进一　将 5 平 4

37. 车一平三　车 6 退 3

38. 马二进三　车 6 进 1

39. 车三进二　卒 5 进 1

40. 车三平六　士 6 进 5

41. 马三退四　卒 5 进 1?

42. 马四进五　卒 1 进 1

43. 车六进一　将 4 平 5

44. 马五退七　将 5 平 6

45. 车六进二!　将 6 进 1

46. 车六退一!　将 6 退 1

47. 马七退六!（图 270）

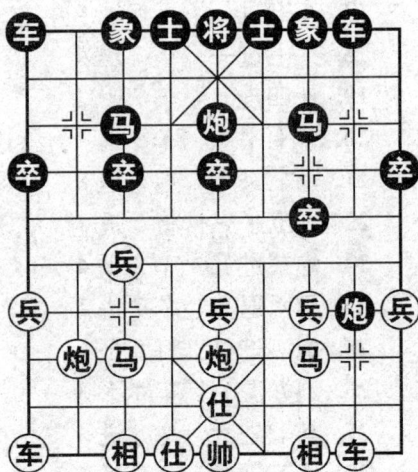

图 269

21. 马五进七　车 8 平 2

23. 车七进一　将 5 平 4?

25. 相五退三　将 4 平 5

27. 车二进一!　车 3 平 4

29. 马八退六　卒 7 平 8

31. 车七退五　车 4 进 1

33. 车七平一　车 6 进 1

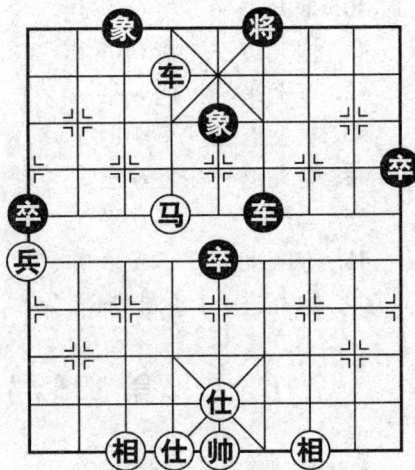

图 270

第 136 局　潘振波负许银川

1. 炮二平五　马8进7　　　2. 马二进三　车9平8

3. 车一平二　炮8进4　　　4. 兵三进一　炮2平5

5. 兵七进一　车1进1　　　6. 马八进七　车1平8

7. 车九平八　炮8平7　　　8. 车二平一　前车进3

9. 马七进八　马2进1

10. 炮五平七　前车平1（图271）

11. 相三进五　车1进2

12. 炮八平九　车8进4

13. 仕四进五　卒7进1

14. 兵七进一　卒7进1

15. 马八进六　车1平2

16. 车八进三　炮7平2！

17. 相五进三　马7进6

18. 兵七平八　士4进5！

19. 炮七进七　马1退3

20. 马六进五　象7进5

21. 炮七退三　卒9进1

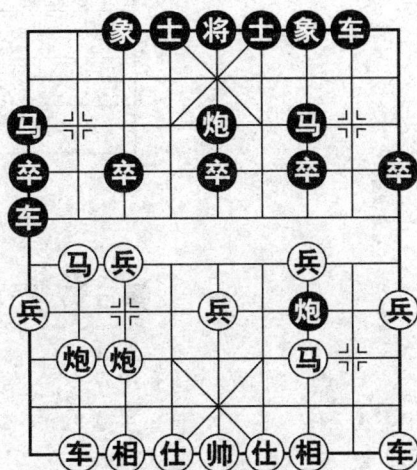

图 271

22. 车一平四　马6进4　　　23. 炮七平八　马3进2

24. 兵八进一　炮2退1　　　25. 车四进二　车8平3

26. 相三退五　车3进3！　　27. 相五进七　车3退2

28. 炮九进二　炮2进1　　　29. 炮九平六　车3平4

30. 马三进四　炮2平9　　　31. 兵八平七　炮9退1

32. 相七进五　卒5进1　　　33. 马四进三　卒5进1！

34. 马三进五　卒5进1　　　35. 相五退七　车4退3

36. 马五进三　将5平4　　　37. 马三退四　车4平7！

38. 仕五进六　车7进7　　　39. 帅五进一　车7平4

40. 兵七进一　车4平3　　　41. 车四进二　车3退7

42. 车四平六　士5进4　　　43. 马四进六　炮9平5

44. 帅五平六　炮5退4！　　45. 马六进四　将4平5

46. 仕六退五　炮5进7　　　47. 马四退六　将5进1

48. 车六退二　将5进1！（图272）

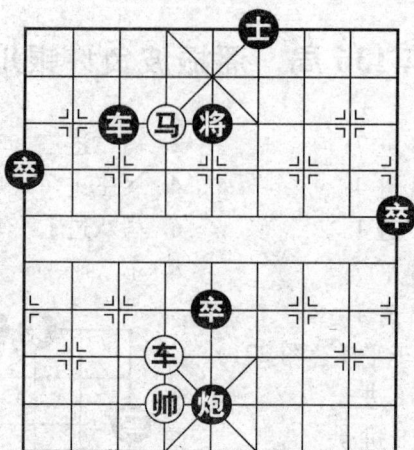

图 272

第 137 局　黄勇胜梁文斌

1. 炮二平五	马 8 进 7	2. 马二进三	车 9 平 8
3. 车一平二	炮 8 进 4	4. 兵三进一	炮 2 平 5
5. 马三进四	马 2 进 3	6. 马四进六	车 1 平 2
7. 马八进七	炮 8 进 1	8. 马六进七	车 2 进 5 （图 273）
9. 车九进一	炮 8 平 3	10. 车二进九	炮 5 进 4

11. 仕六进五　马 7 退 8

12. 车九平六　士 6 进 5

13. 车六进二　炮 5 退 2

14. 帅五平六！马 8 进 7

15. 马七退五！马 7 进 5

16. 炮五进四　将 5 平 6

17. 炮八平九　象 7 进 5

18. 相七进五　车 2 进 4

19. 帅六进一　炮 5 平 2

20. 炮九进四　炮 2 退 2

21. 车六平四！士 5 进 6

22. 车四平二！炮 2 平 1

23. 兵七进一　车 2 退 5

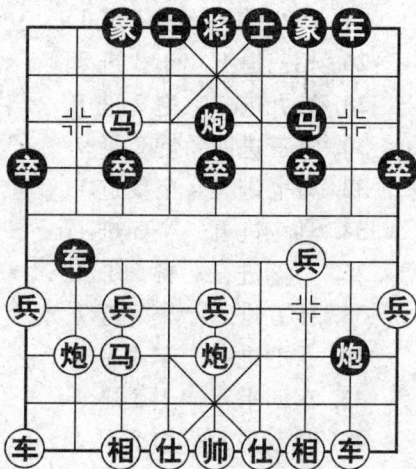

图 273

24. 帅六退一　车 2 进 5	25. 帅六进一　车 2 退 5
26. 炮五平一　卒 7 进 1	27. 炮一平四　士 6 退 5
28. 兵三进一　车 2 平 7	29. 帅六退一　车 7 平 1
30. 炮九平八　车 1 平 2	31. 帅六平五　车 2 进 5
32. 仕五退六　炮 3 平 1	33. 相五退七！前炮进 2
34. 相三进五　车 2 退 2	35. 仕四进五　象 5 退 7

36. 炮八退三　车 2 平 5
37. 炮八平四　将 6 平 5
38. 后炮平五　后炮平 5
39. 帅五平四！将 5 平 6
40. 炮四退四！炮 5 进 3
41. 车二平四！将 6 平 5
42. 帅四进一！炮 1 退 1
43. 帅四退一　炮 1 进 1
44. 帅四进一　炮 1 退 1
45. 帅四退一　炮 1 平 4
46. 炮四平二！象 7 进 5
47. 炮二退一！炮 5 平 6
48. 车四进一（图 274）

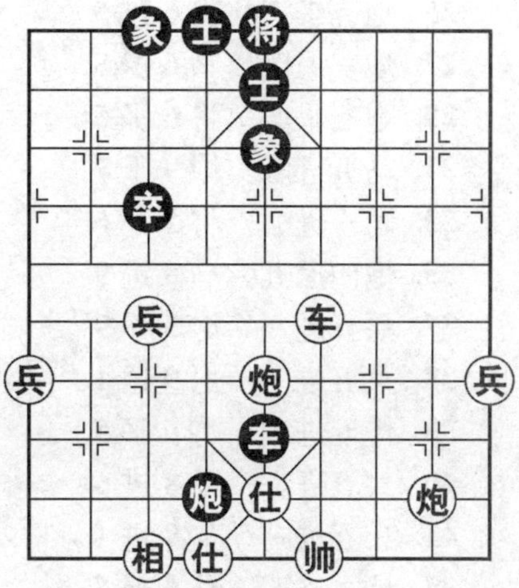

图 274

第 138 局　吕钦胜李艾东

1. 炮二平五　马 8 进 7
2. 马二进三　车 9 平 8
3. 车一平二　炮 8 进 4
4. 兵三进一　炮 2 平 5
5. 马八进七　马 2 进 3
6. 车九平八　卒 3 进 1
7. 炮八进四　炮 8 平 7
8. 炮八平七　车 8 进 9
9. 马三退二　象 3 进 1
10. 车八进一　车 1 平 2（图 275）
11. 车八平三　车 2 进 3
12. 车三进二　车 2 平 3

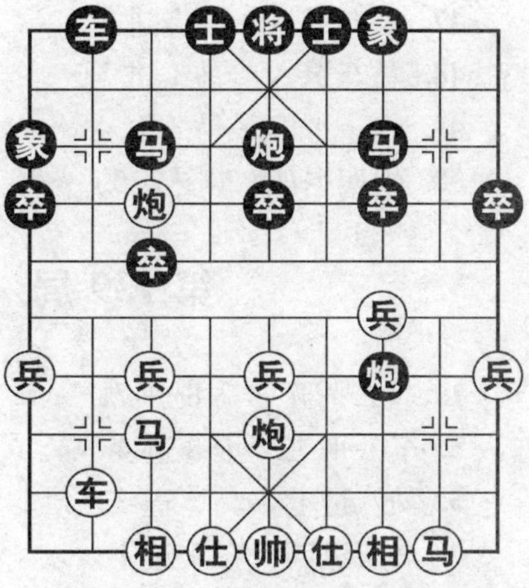

图 275

13. 兵三进一　卒7进1　　14. 车三进二　马7退5
15. 车三退一　车3平4　　16. 马二进三　车4进3
17. 马三进四！车4退1　　18. 相三进一　卒3进1
19. 兵七进一　车4平3　　20. 马四进五！车3平7
21. 相一进三　马3进4　　22. 仕四进五　马4退6
23. 马七进八　马5进7　　24. 马八进六！马7进8
25. 炮五平三！士6进5　　26. 炮三进七　炮5平9
27. 炮三退四！马6退8　　28. 炮三平五　将5平6
29. 炮五平四　将6平5　　30. 马六进八　前马退7
31. 马五进三　炮9平7　　32. 炮四退一！卒1进1
33. 马八进七　将5平6　　34. 马七退九　炮7平3
35. 炮四退五　马8进9　　36. 相三退五　马9进8
37. 兵五进一　炮3平9
38. 兵五进一　炮9退1
39. 仕五进四　将6平5
40. 兵五进一　马8进6
41. 兵五进一　卒9进1
42. 仕六进五　马6退5
43. 炮四平一！马5退4
44. 炮一进四　炮9进5
45. 马九退七！将5平6
46. 马七退九　马4进2
47. 马九进八　马2进1
48. 马八退六　马1进3
49. 炮一平四　马3退4
50. 炮四退四！（图276）

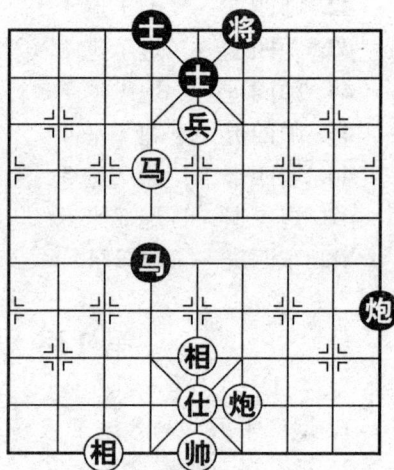

图276

第139局　柳大华胜王嘉良

1. 炮二平五　马8进7　　2. 马二进三　车9平8
3. 车一平二　炮8进4　　4. 兵三进一　炮2平5
5. 马八进七　马2进3　　6. 车九平八　卒3进1
7. 马三进四　车1进1　　8. 炮八进四　车1平4（图277）
9. 炮八平七　象3进1　　10. 车二进二　车4进2

11. 炮七平八　炮8平3

12. 车二平三　车8进4

13. 马四进三　车4进1

14. 炮八进一!　象1退3

15. 仕六进五　卒3进1

16. 炮八平五　象3进5

17. 兵五进一　士4进5

18. 车三进一　马3进2

19. 兵五进一　卒5进1

20. 兵三进一!　车8退1

21. 马七进五!　卒5进1

22. 马五进七　车4平3

23. 车三平六　车8进2

24. 相七进九　车8平7

26. 车六平七!　马2进3

28. 马五进六!　士5进4

30. 车七退一　将5退1

32. 炮六平八　车7退2

34. 车七平八　象5进3!

36. 车八进一!　车3退1

38. 兵三平四　卒4平3

39. 兵四进一!　马8进9

40. 炮八平四!　马9进7

41. 车八进七　将5进1

42. 车八退三　马7进8

43. 车八进二　将5退1

44. 兵四进一　将5平4

45. 仕五进六　车3平1

46. 车八退一　车1平4

47. 仕四进五　卒3进1

48. 车八进二　将4进1

49. 炮四平七　象3退1

50. 车八退一!　将4退1

51. 炮七平三!　(图278)

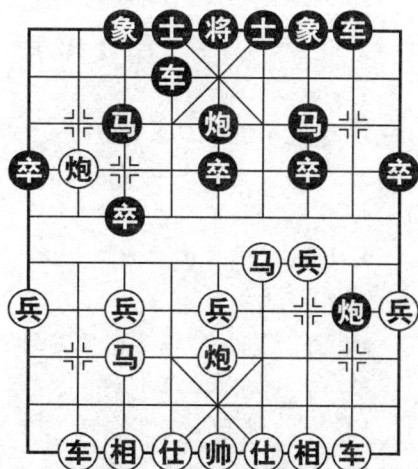

图 277

25. 马三退五!　车7进4

27. 车八进九　车3退4

29. 车八平七　将5进1

31. 炮五平六　马3进2

33. 炮八进七　车7平3

35. 车八退七　卒5平4

37. 兵三进一　马7退8

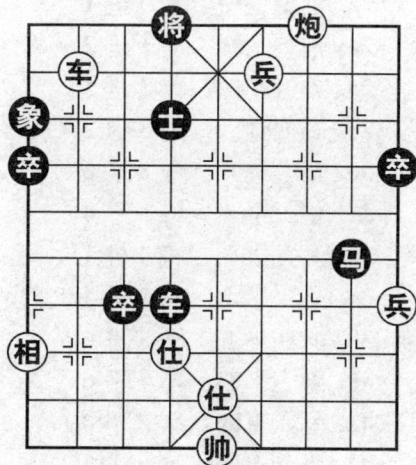

图 278

第 140 局　吴贵临负吕钦

1. 炮二平五　马8进7
2. 马二进三　炮2平5
3. 车一平二　车9平8
4. 马八进七　炮8进4
5. 兵三进一　马2进3
6. 车九平八　卒3进1
7. 炮八进四　炮8平7
8. 炮八平七　士4进5
9. 相三进一　象3进1
10. 车二进九　马7退8（图279）

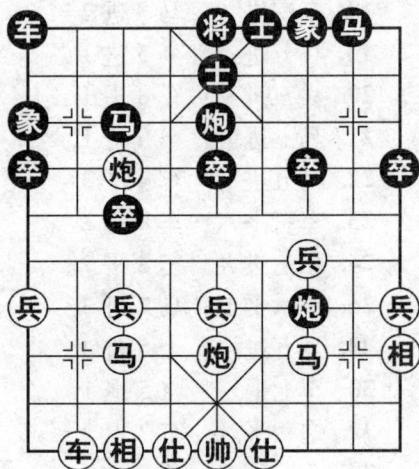

图 279

11. 车八进四　车1平2
12. 车八进五　马3退2
13. 相七进九　马2进4
14. 炮七进一　卒5进1
15. 兵七进一　卒3进1
16. 相九进七　马4进3!
17. 相七退九　炮5平8
18. 仕四进五　卒9进1
19. 马三退四　马8进9
20. 炮五平二　炮8进4
21. 炮七平二　炮7平1
22. 前炮退一　马3进1
23. 马四进三　炮1平3
24. 前炮平九　马1进2
25. 马三进四　象1退3
26. 帅五平四　象3进5
27. 炮九平六　炮8退1
28. 马四进六　炮3退2
29. 炮六平五　炮8退3!
30. 马七进八　炮8平6
31. 兵三进一　卒7进1
32. 炮二平三　将5平4
33. 马八进九　卒7进1
34. 马九进七　将4进1
35. 马七进八　炮3退4
36. 炮三平六　马2进4
37. 仕五进六　马9进8
38. 帅四平五　马8进6
39. 马八退七　卒7进1
40. 炮五平四　卒7平6
41. 兵五进一　卒5进1!
42. 马六退四　卒5平6
43. 马七退六　炮3平4
44. 马六退四?　炮6进3
45. 炮四进二　将4进1
46. 炮四退五　炮4进7
47. 炮四退二　炮6平8
48. 炮四平六　炮4平7
49. 炮六平一　炮8进4

50. 兵一进一 卒9进1

51. 炮一进三 炮8退2！（图280）

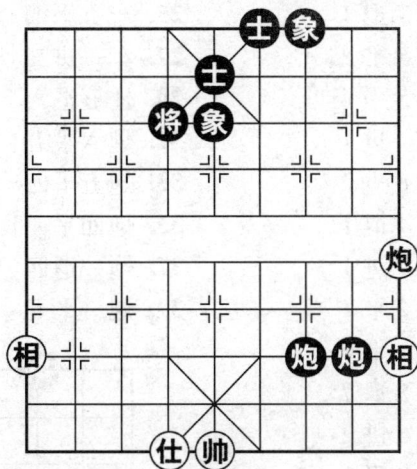

图 280

第 141 局 刘殿中胜赵国荣

1. 炮二平五 马8进7	2. 马二进三 车9平8
3. 车一平二 炮8进4	4. 兵三进一 炮2平5
5. 马八进七 马2进3	6. 车九平八 卒3进1
7. 马三进四 炮8进1	8. 马四进五 马3进5（图281）
9. 车二进二！车8进7	
10. 炮五进四 马7进5	
11. 炮八平二 车1进1	
12. 仕六进五 马5进4	
13. 相七进五 车1平8	
14. 炮二平四 车8进5	
15. 车八进六 炮5平9	
16. 车八平六 马4进3	
17. 车六平五！象7进5	
18. 炮四平七 士6进5	
19. 炮七平六 车8平9	
20. 炮六平八！炮9平8	
21. 炮八进七 士5进6	

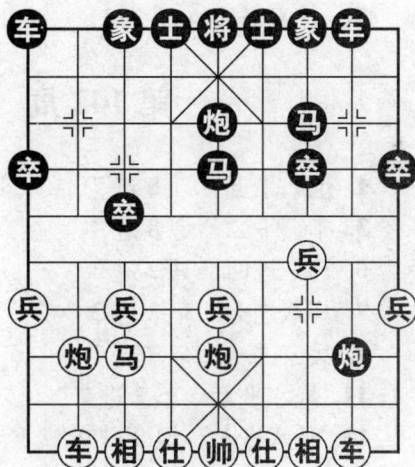

图 281

22. 车五平三　车9平5　　23. 车三平二！炮8平7
24. 车二进一！炮7退1　　25. 车二平四　车5退3
26. 车四平一　车5平2　　27. 车一进二　将5进1
28. 炮八平六　将5平4　　29. 仕五退六　炮7平5
30. 仕四进五　卒1进1　　31. 炮六平五！炮5平8
32. 车一平二　炮8进2　　33. 炮五平四　卒9进1
34. 车二退一　将4退1　　35. 炮四平一！将4平5
36. 相三进一　卒9进1　　37. 炮一退四　炮8平9
38. 相一退三　车2平1　　39. 炮一平五　将5平6
40. 车二退五　车1平6
41. 兵三进一！象5退7
42. 炮五平九　车6进2
43. 兵三进一　卒9平8
44. 车二平一　卒8平9
45. 车一平六　卒9平8
46. 车六进六　将6进1
47. 相三进一　炮9进3
48. 车六退六　炮9平8
49. 兵三进一！将6平5
50. 炮九退一　炮8进3
51. 车六平五　将5平6
52. 仕五进四（图282）

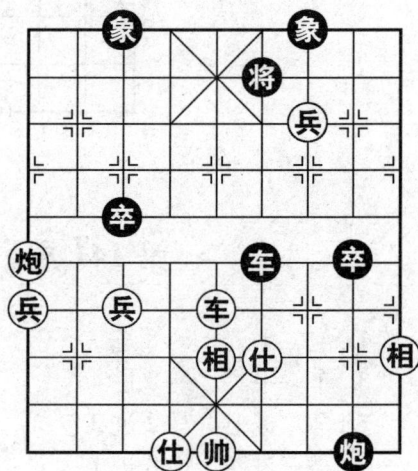

图282

第142局　钱洪发负赵国荣

1. 炮二平五　马8进7　　2. 马二进三　车9平8
3. 车一平二　炮8进4　　4. 兵三进一　炮2平5
5. 马三进四　马2进3　　6. 马四进六　车1平2
7. 马八进七　车2进2　　8. 炮八进四　车8进4
9. 兵三进一　卒7进1　　10. 车九平八　卒3进1（图283）
11. 炮八平七　车2进7　　12. 马七退八　马3退1
13. 马八进七　炮8进2　　14. 仕四进五　卒7进1！
15. 马六进四　车8进1　　16. 炮五平三　炮8退1！
17. 炮三进五　炮8平5！　18. 相七进五　车8进4

19. 马四退三　车8退5
20. 炮七平一　炮5平6
21. 炮一平九　车8平7
22. 炮三平二　炮6进4!
23. 相三进一　炮6平3
24. 炮二退五　象3进5
25. 兵五进一　卒3进1
26. 相五进七　马1进3
27. 炮九退二　士4进5
28. 相七退五　马3进1
29. 马七进五　车7平3
30. 仕五退四　炮3平4
31. 马五退三　车3平8
32. 炮二进二　马1进3
34. 炮二平一　车8进3
36. 仕四进五　马2退4!
38. 炮七平六　炮7平1!
40. 马五进七　炮1进3
41. 帅四进一　车5平7
42. 炮六退一　车7进1!
43. 帅四进一　车7退2!
44. 马七退六　马2进3
45. 马六进七　炮1退2
46. 帅四退一　车7进2
47. 帅四进一　马3退4!
48. 马七退五　马4进2!
49. 炮六进一　马2退3
50. 马五退七　炮1平4
51. 仕五进六　车7退1
52. 帅四退一　马3进4!
53. 帅四退一　车7平5!（图284）

33. 炮九平七　炮4平7
35. 炮七退二　马3进2!
37. 后马进五　车8平5
39. 帅五平四　马4进2

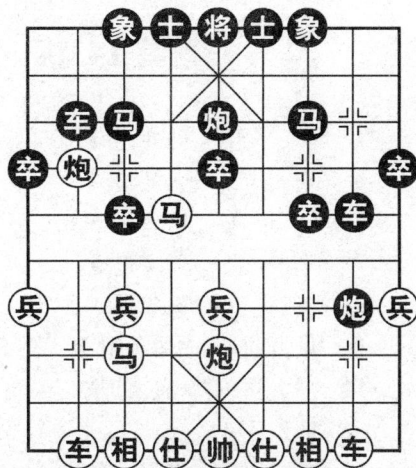

图283

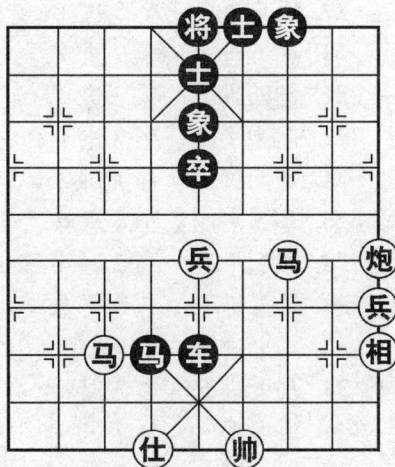

图284

155

第 143 局　胡荣华胜吴贵临

1. 炮二平五　马8进7	2. 马二进三　车9平8
3. 车一平二　炮8进4	4. 兵三进一　炮2平5
5. 马八进九　马2进3	6. 兵七进一　车1平2
7. 车九平八　车2进5	8. 炮五退一　车2平3
9. 相三进五　车3退1	
10. 兵九进一　马7退5（图285）	
11. 马九进八　炮8退2	
12. 炮八平七　炮5平8	
13. 车二平三　车3平2	
14. 马八退九　车2进5	
15. 马九退八　后炮平9	
16. 车三平二　马5进7	
17. 兵五进一　士4进5	
18. 炮五平七　马3退1	
19. 后炮进五　卒5进1	
20. 兵五进一　卒7进1	
21. 仕四进五　象3进5	

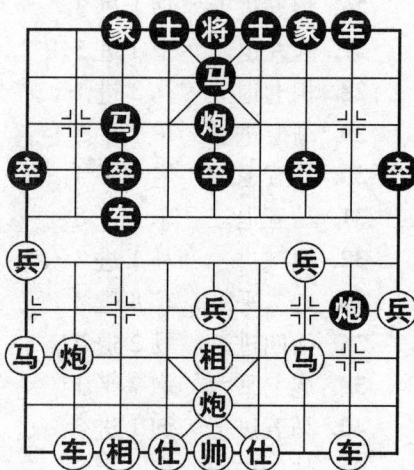

图 285

22. 前炮平四!　卒7进1	23. 相五进三　车8进3
24. 炮四进二　马1进2	25. 马三进五　车8平6
26. 车二平四!　车6进6	27. 帅五平四　象5进7
28. 炮七平五　马2退4	29. 炮四退三!　炮9进4
30. 马五进七　炮8平6	31. 兵五平四　象7退5
32. 马七进六　炮9平3	33. 马八进七　马4进2
34. 马七进五　炮3退4	35. 兵四平五　炮3平1
36. 兵五平六　马7进8	37. 兵六平七!　炮1平4
38. 兵七进一!　马2进1	39. 兵七进一　马1进3
40. 炮五平二　炮4退2	41. 马五进四　马8退6
42. 马二进二!　士5进4	43. 马六进四　将5进1
44. 马二进三　马6进8	45. 兵七平六　炮4平3
46. 相七进九　炮3进1	47. 马三退二　马8退6
48. 兵六平七!　炮3平4	49. 马二退四!　马3退5

50. 炮二平八　将 5 平 6　　　　　51. 炮八进六！炮 4 进 2

52. 前马进二　马 6 退 8　　　　　53. 帅四平五　象 5 进 7

54. 马四进三！（图 286）

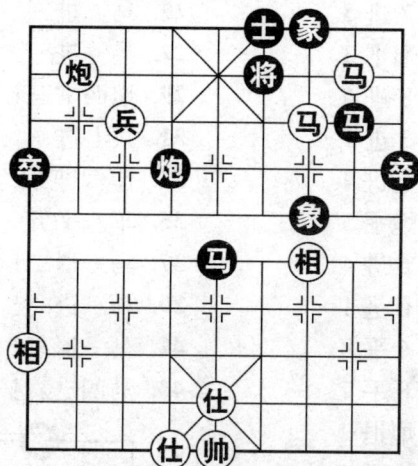

图 286

第 144 局　张影富胜李来群

1. 炮二平五　马 8 进 7　　　　　2. 马二进三　车 9 平 8

3. 车一平二　炮 2 平 5　　　　　4. 马八进七　炮 8 进 4

5. 兵三进一　马 2 进 3

6. 兵七进一　车 1 平 2

7. 车九平八　车 2 进 6

8. 马七进六　炮 8 平 7？

9. 马六进四　车 8 进 9

10. 马三退二　卒 7 进 1（图 287）

11. 马四进三　炮 5 进 4

12. 仕四进五　卒 7 进 1

13. 马三退四　卒 7 平 6

14. 马二进三　炮 5 退 2

15. 车八进一！炮 7 退 2

16. 马三进四　车 2 平 6

17. 后马进六　车 6 退 2

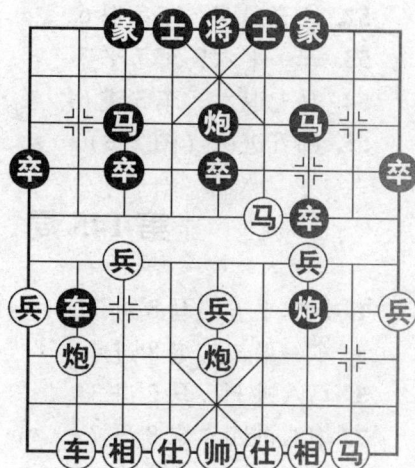

图 287

18. 马六进七　士6进5　　　19. 炮五进二！炮7进4

20. 车八退一　炮7退2　　　21. 炮八平五　炮7平5

22. 车八进三　车6退1　　　23. 前炮平二！车6进3

24. 马七退五！象7进5　　　25. 马五进三　车6平7

26. 相三进一　前炮平3　　　27. 兵一进一　车7平8

28. 炮二平四　车8平6　　　29. 炮四平三　炮5进1

30. 炮三退四　卒3进1　　　31. 兵七进一　炮5平3

32. 仕五进四　后炮进4　　　33. 仕六进五　前炮退5

34. 车八进三！前炮平5　　　35. 车八平五　车6退4

36. 马三退一　车6进4　　　37. 马一退二！车6退1

38. 马二进三！车6进1　　　39. 马三进一！炮3退3

40. 炮三平四　车6平8　　　41. 马一退三！士5进6

42. 马三退四！车8平7　　　43. 马四进六！炮3平5

44. 车五平九　前炮退2

45. 马六进八！前炮平8

46. 马八进七　将5平6

47. 炮五进六　炮8进5

48. 相一退三　车7进3

49. 车九平二！士4进5

50. 车二退三！炮8平9

51. 车二平一　炮9平6

52. 仕五退四　车7退6

53. 车一平六！车7平3

54. 马七退六　车3进6

55. 帅五进一（图288）

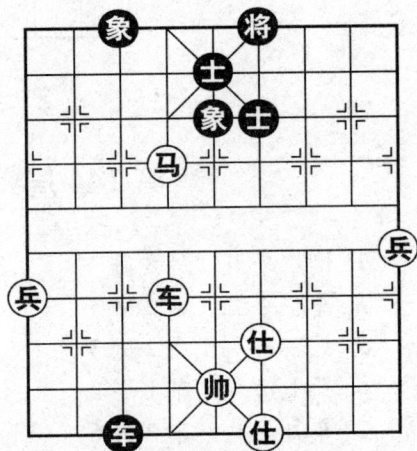

图 288

第 145 局　杨官璘负胡荣华

1. 炮二平五　马8进7　　　2. 马二进三　车9平8

3. 车一平二　炮8进4　　　4. 兵三进一　炮2平5

5. 马八进七　马2进3　　　6. 车九平八　卒3进1

7. 炮八进四　炮8平7　　　8. 炮八平七　象3进1

9. 车八进八　车8进9　　　10. 马三退二　车1平2

11. 车八进一　马3退2　　　12. 仕六进五　马2进4（图289）

13. 炮七进一　炮 5 退 1

14. 马二进一　炮 7 进 1

15. 仕五进四　炮 7 平 5

16. 相七进五　卒 5 进 1!

17. 炮七平六　马 4 进 2!

18. 炮六平九?　马 7 进 5

19. 炮九进一　卒 7 进 1

20. 兵三进一　马 5 进 7

21. 马一进三　炮 5 平 3

22. 兵一进一　炮 3 进 5

23. 马三退一　士 4 进 5

24. 仕四进五　炮 3 平 4

25. 马七进八　卒 3 进 1

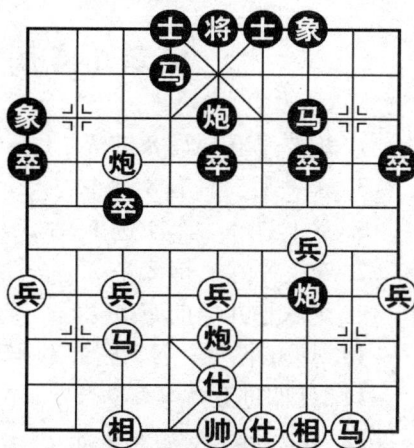

图 289

26. 马八进九　卒 3 进 1

27. 马九退八　炮 4 平 1

28. 炮九退二　马 2 进 3

29. 炮九退一　马 7 退 6

30. 马一进二　卒 3 平 4

31. 马二进一　炮 1 平 5

32. 马一退二　卒 5 进 1

33. 兵一进一　炮 5 平 8!

34. 马二进四　炮 8 进 3

35. 相三进一　卒 4 平 5

36. 相五进三　炮 8 退 8

37. 马八进七　马 3 进 2

38. 炮九平六　炮 8 平 6

39. 马七进五　士 5 进 4

40. 马四进六　马 6 进 5

41. 马五进三　后卒平 6

42. 兵一平二　卒 6 进 1

43. 兵二平三　卒 5 进 1!

44. 兵三平四　马 5 进 4

45. 炮六进二　马 4 进 5!

46. 马六退七　马 5 进 3

47. 炮六退六　卒 6 进 1!

48. 相三退五　卒 6 平 5

49. 帅五平六　卒 5 进 1

50. 炮六平八　马 3 退 4

51. 马七退六　马 2 进 4

52. 炮八平七　将 5 平 4

53. 炮七进二　炮 6 平 4

54. 炮七平六　炮 4 平 1!

55. 炮六平七　士 6 进 5（图 290）

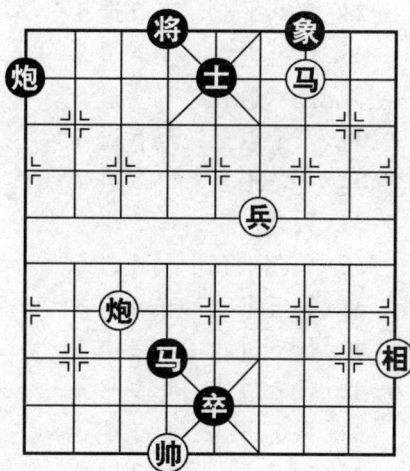

图 290

· 159 ·

第146局　刘星负邹立武

1. 炮二平五　马8进7	2. 马二进三　车9平8
3. 车一平二　炮8进4	4. 兵三进一　炮2平5
5. 兵七进一　车1进1	6. 马八进七　车1平8
7. 车九平八　炮8平7	8. 车二平一　马2进3
9. 炮八平九　前车进7	
10. 炮五平六　卒5进1（图291）	
11. 仕四进五　卒7进1	
12. 车八进六　后车进3	
13. 兵三进一　马7进5	
14. 兵三平四　卒5进1	
15. 炮六平五　马5进6！	
16. 炮五进二　士6进5	
17. 马三退四　前车平6	
18. 炮九退一　车6退2！	
19. 相三进五　炮7平5	
20. 车一平三　车8平5	
21. 马四进三　车5进2	

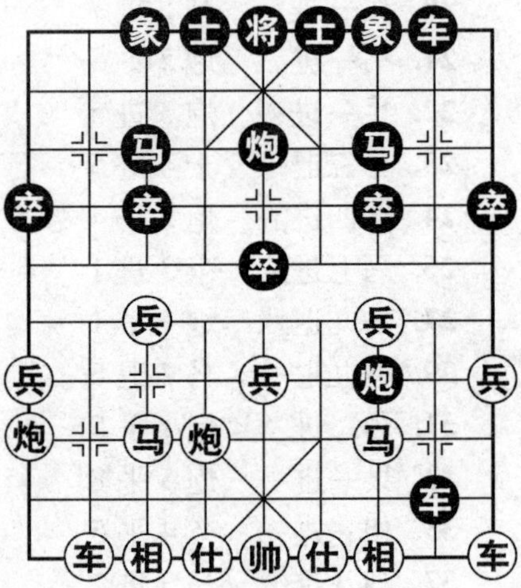

图291

22. 马三进五　炮5进4	23. 马七进五　车5进1
24. 车八平七　车5退4	25. 车三进九　士5退6
26. 仕五进六　士4进5	27. 炮九平三　马6进8
28. 仕六退五　马3进5	29. 车七进三　士5退4
30. 车七退三　马5进4！	31. 车七平四　士4进5
32. 车三退七　马8进7	33. 车三退一　卒9进1
34. 兵九进一　车5平4	35. 车三进五　车6平9
36. 兵四平五　马4进6	37. 兵五进一　马6退5
38. 兵五平六　车4平8！	39. 车三退六　马5进4
40. 仕五进六　车8进3！	41. 车三平四　马4进2
42. 仕六进五　车9平4	43. 兵七进一　马2进1
44. 兵七进一　马1退3	45. 帅五平六　车8平4！
46. 后车进一　马3退2！	47. 帅六平五　马2进4！
48. 仕五进六　前车进1	49. 后车平八　前车进2

50. 帅五进一　士 5 退 4　　　　　　**51.** 车四退五　后车平 8！

52. 兵六平五　车 8 进 4　　　　　　**53.** 车四平一　车 8 平 5

54. 帅五平四　车 4 退 3！　　　　　　**55.** 车一进一　车 4 平 8！（图 292）

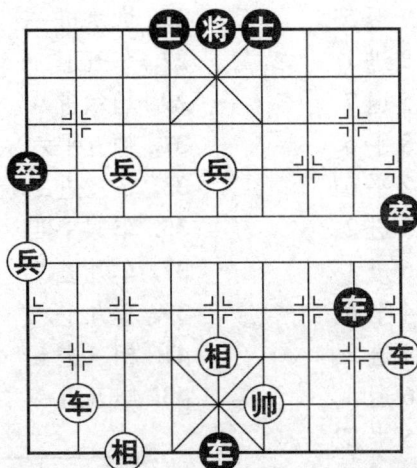

图 292

第 147 局　钱洪发负赵庆阁

1. 炮二平五　马 8 进 7　　　　　　　**2.** 马二进三　车 9 平 8

3. 车一平二　炮 8 进 4　　　　　　　**4.** 兵三进一　炮 2 平 5

5. 马三进四　马 2 进 3

6. 马四进六　车 1 平 2

7. 马八进七　马 7 退 5

8. 车九进一　卒 3 进 1（图 293）

9. 马六进四　炮 5 平 6

10. 马四退五　马 5 进 7

11. 车二进二　炮 8 平 3

12. 车二平四　炮 3 进 3

13. 仕六进五　士 6 进 5

14. 车九平七　炮 3 平 1

15. 车四进四　马 3 进 4

16. 车四退一　马 4 进 5！

17. 车四平七　象 7 进 5

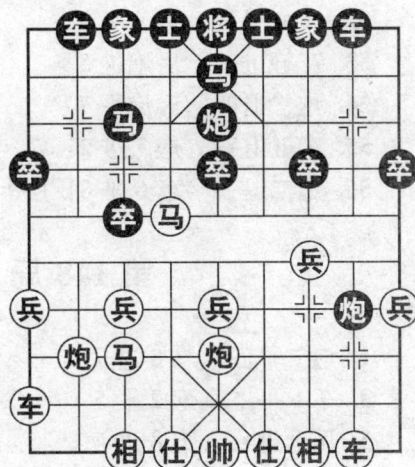

图 293

18. 马五进六　炮6退1　　　19. 后车平九　马5进3
20. 车七退三　炮1平2　　　21. 车九退一　炮2退1
22. 炮八进五　士5进4!　　　23. 车七进五　车8进6
24. 炮八平六　马7退5!　　　25. 炮六进一　炮6平4!
26. 车七平五　炮2进1　　　27. 车五退一　将5平6
28. 车五进一　马5退7　　　29. 马六进八　炮4平5!
30. 车五平三　车8平6　　　31. 帅五平六　车6平4
32. 帅六平五　炮2平6!　　　33. 车三进二　将6进1
34. 车三退三　车2进2　　　35. 车三平四　车2平6
36. 车四进一　将6进1　　　37. 车九进二　炮6退2
38. 炮五进三　车4平6!　　　39. 车九平六　炮6平9
40. 帅五平六　炮9进2　　　41. 相三进五　车6进3
42. 帅六进一　车6退5　　　43. 炮五进一　炮9退1
44. 帅六退一　炮5平8!
45. 车六进五　象3进5
46. 车六进二　将6退1
47. 炮五平二　车6平8
48. 车六退三　车8进5
49. 仕五退四　车8平6
50. 帅六进一　车6退1
51. 帅六退一　车6退2
52. 车六平五　炮8平9
53. 车五进一　后炮进5
54. 炮二退四　后炮平7
55. 车五退一　炮7进2
56. 炮二退一　车6平8!（图294）

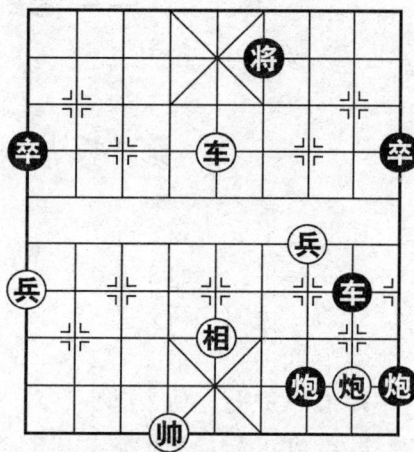

图294

第148局　王斌负林宏敏

1. 炮二平五　马8进7　　　2. 马二进三　车9平8
3. 车一平二　炮2平5　　　4. 马八进七　马2进3
5. 兵七进一　炮8进4　　　6. 兵三进一　车1平2
7. 车九平八　车2进4　　　8. 炮八平九　车2平6（图295）
9. 车八进六　卒7进1　　　10. 车八平七　卒7进1

11. 车七进一　卒7进1
12. 车二进二　车8进4!
13. 车七进二　卒1进1!
14. 车七退二　车6平2
15. 仕六进五　车2进2
16. 炮九平八　士4进5
17. 车七进二　士5退4
18. 车七退二　士4进5
19. 车七进二　士5退4
20. 车七退二　士4进5
21. 车七进二　士5退4
22. 车七退三　士4进5
23. 车七进三　士5退4

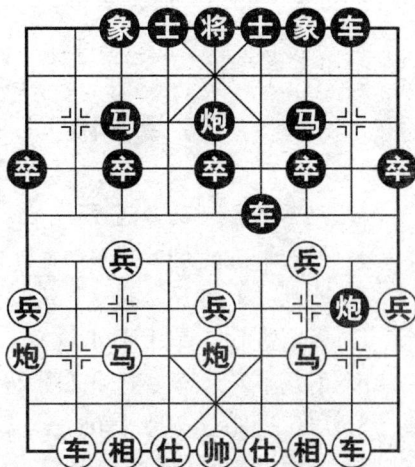

图 295

24. 车七退三　士4进5
26. 车七退三　士4进5
28. 车七退二　士4进5
30. 车七退二　士4进5
32. 车七退三　士4进5
34. 车七退二　士4进5
36. 车七退一　士4进5
38. 车七退一　士4进5
40. 车七退二　士4进5
41. 车七进二　士5退4
42. 车七退二　士4进5
43. 车七进二　士5退4
44. 车七退三　士4进5
45. 车七进三　士5退4
46. 车七退三　士4进5
47. 车七进三　士5退4
48. 车七退一　士4进5
49. 车七进一　士5退4
50. 车七退三　士4进5
51. 车七平九　车8平4!
52. 炮五平六　马7进8

25. 车七进三　士5退4
27. 车七进三　士5退4
29. 车七退二　士5退4
31. 车七进二　士5退4
33. 车七进三　士5退4
35. 车七退二　士5退4
37. 车七退一　士5退4
39. 车七进一　士5退4

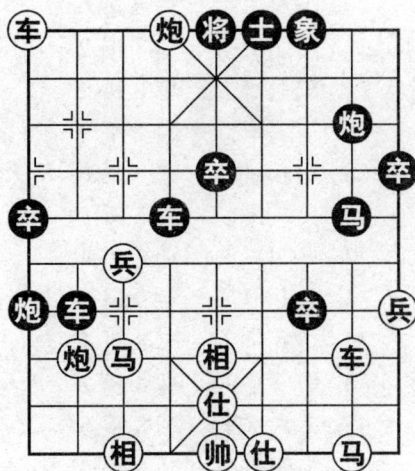

图 296

163

53. 马三退二　炮8平5！
55. 车九进三　士5退4
54. 相三进五　后炮平8！
56. 炮六进七　炮5平1！（图296）

第149局　刘殿中负胡容儿

1. 炮二平五　马8进7
3. 车一平二　炮8进4
5. 马八进七　马2进3
7. 兵七进一　车1平4
8. 车九平八　车4进3（图297）
9. 马三进四　车4平6
10. 炮八退二　炮8进1
11. 炮五平四　车6平8？
12. 相七进五　卒3进1
13. 兵七进一　前车平3
14. 炮八平七　炮8退2？
15. 马四进三　炮8平3
16. 车二进九　马7退8
17. 相五进七　炮5平7
18. 相三进五　车3平6
19. 炮四平三？象7进5

2. 马二进三　车9平8
4. 兵三进一　炮2平5
6. 炮八进四　车1进1

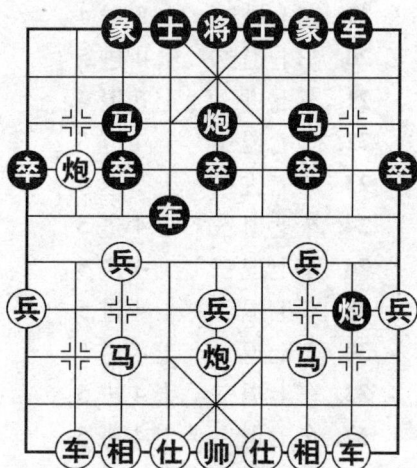

图297

20. 车八进六　马8进6
22. 仕四进五　马3退2
24. 车七平九　车6进2
26. 马三退二　炮7平9
28. 马六进四　车7平6
30. 兵三进一　象5进7！
32. 马四进三　马6进4
34. 车九退一　象9退7
36. 兵九进一　车8进1
38. 炮一平四　马4进2！
40. 车六平七　车8平5！
42. 炮四进三　马3退4
44. 车五平六　车7进2

21. 车八平七　卒1进1
23. 兵五进一　马2进1
25. 马七进六　车6平7
27. 兵五进一？卒5进1
29. 兵三进一　车6平8
31. 马二进一　炮9进4
33. 炮三平一　象7退9！
35. 车九平六　士4进5
37. 炮一退一　炮9平5
39. 车六退二？马2进3
41. 帅五平四　车5平7
43. 车七平五　卒5进1
45. 帅四进一　车7退6

164

46. 炮四进四　马4进3

47. 仕五进四？马1进3

48. 车六平七　后马进5

49. 炮四平三　车7平8

50. 车七平三　象3进5

51. 帅四退一　卒5进1

52. 兵九进一　卒5平6

53. 车三退一　马3进5

54. 仕四退五　卒6进1

55. 车三退二　卒6进1

56. 帅四平五　前马退3

57. 车三进二　马5进4!（图298）

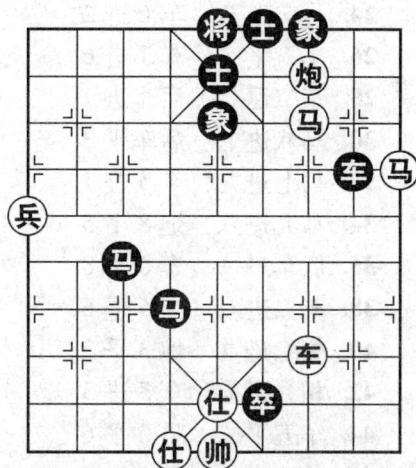

图 298

第 150 局　言穆江胜沈芝松

1. 炮二平五　马8进7　　　2. 马二进三　车9平8

3. 车一平二　炮8进4　　　4. 兵三进一　炮2平5

5. 马三进四　车1进1　　　6. 兵三进一　车1平6（图299）

7. 马四进二　车8进3　　　8. 兵三进一! 车8进1

9. 兵三进一　车6进5　　　10. 仕六进五　炮5进4

11. 炮八进一! 车8平6

12. 相三进一　象7进5

13. 兵七进一　炮5平1

14. 炮八平二　炮1平8

15. 马八进七　前车平3

16. 炮五进一! 炮8平7

17. 车二平三　车6平7

18. 车三进二　车7退2

19. 车九进六　马2进1

20. 仕五退六　车3退1

21. 炮五退二　士6进5

22. 马七进五　车3平6

23. 马五进六　车6退1

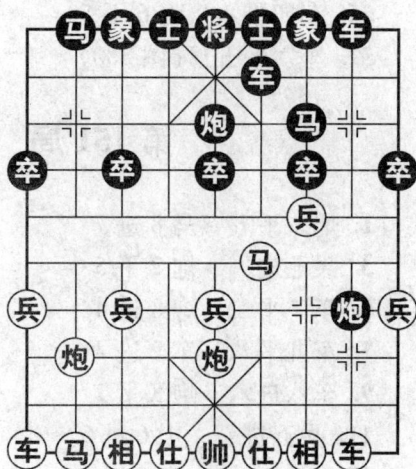

图 299

24. 马六退五　车6进2
25. 马五退六　炮7平8
26. 车三平二　车7进6
27. 马六进八　车7平6
28. 车二退二　后车进1
29. 炮五进一　后车退1
30. 马八进七　后车平3
31. 仕四进五　卒3进1
32. 马七进九！卒5进1
33. 车九平五！车6退4
34. 马九进八　炮8平5
35. 车五平二　车6进4
36. 后车进一　车6平8
37. 车二退五　炮5退1
38. 车二进八　士5退6
39. 车二退四！炮5平3
40. 相七进九　炮3平2
41. 车二平五　炮2平4
42. 相九退七　车3进3
43. 车五进二　士6进5
44. 车五平二　将5平6
45. 仕五进六　卒3进1
46. 马八进六！车3退3
47. 仕六进五　车3平5
48. 相→进三　炮2退5
49. 车二进二　将6进1
50. 车二退四　车5退4
51. 车二平四　士5进6
52. 帅五平四　马1退3
53. 车四平二！车5退1
54. 炮五平四　炮2平6
55. 车二平四　车5平4
56. 车四平六！将6平5
57. 车六平五！（图300）

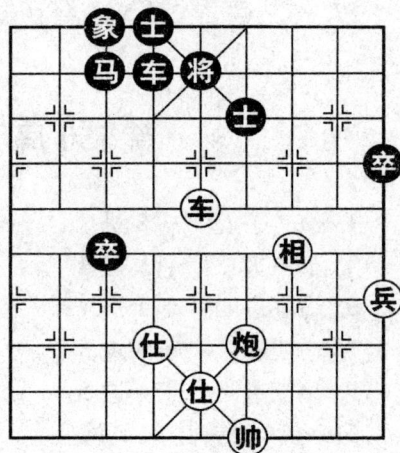

图 300

第 151 局　赵国荣胜蔡福如

1. 炮二平五　马8进7
2. 马二进三　车9平8
3. 兵七进一　炮2平5
4. 马八进七　马2进3
5. 车一平二　炮8进4
6. 兵三进一　车1平2
7. 车九平八　车2进4
8. 炮八平九　车2平8
9. 车八进六　炮8平7
10. 车二平一　炮5平6
11. 兵五进一　士6进5
12. 马七进五　象7进5（图301）
13. 兵五进一　卒5进1
14. 车八平七　卒5进1
15. 炮五进二　卒7进1
16. 炮九平五　后车进3

17. 兵七进一！ 马 3 进 5
18. 兵七平六 卒 7 进 1
19. 马五进三 马 5 进 7
20. 车七退二 前马进 5
21. 车七平五 前车平 7
22. 相三进一 炮 7 平 8
23. 车一平二 马 7 进 6
24. 兵六平五！ 马 6 进 7
25. 车五平七 车 8 进 2
26. 炮五平八！ 炮 6 平 7
27. 前马退五 车 8 退 2
28. 兵五平六 车 7 退 1
29. 兵六平五 炮 8 平 5
30. 车二进六 车 7 平 8
32. 车七平四 炮 7 进 7
34. 马五进六 马 9 进 7
36. 帅五平六 马 6 进 8
38. 帅六平五 马 8 退 6
40. 炮八平四！ 炮 7 平 6
42. 相七进五 炮 6 平 4
44. 帅五退一 车 4 进 1
46. 帅五退一 马 6 退 4
47. 车四平二！ 士 5 退 6
48. 仕四进五 马 4 进 5
49. 马六进四！ 士 4 进 5
50. 车二平五 马 5 退 3
51. 炮四平二！ 士 5 进 6
52. 炮二进七 士 6 进 5
53. 车五平三 将 5 平 4
54. 车三进五 将 4 进 1
55. 炮二退一 士 5 退 6
56. 车三平四 车 4 退 2
57. 车四退二！ 车 4 平 8
58. 马四进二！（图 302）

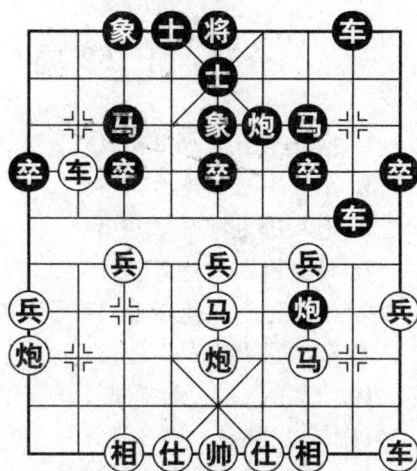

图 301

31. 马三进五 马 7 进 9
33. 帅五进一 车 8 进 3
35. 炮八退一！ 马 7 退 6
37. 炮八进一！ 车 8 平 4
39. 帅五平四 炮 7 退 7
41. 帅四平五 象 5 进 3
43. 兵五进一 车 4 进 2
45. 帅五进一 车 4 退 1

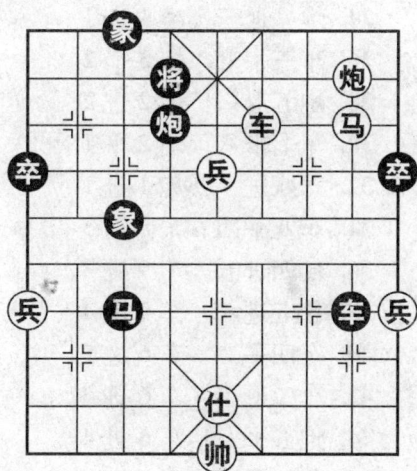

图 302

167

第 152 局　蒋志梁胜卜凤波

1. 炮二平五　马 8 进 7
2. 马二进三　车 9 平 8
3. 车一平二　炮 8 进 4
4. 兵三进一　炮 2 平 5
5. 炮八进五　马 2 进 3
6. 炮八平五　象 7 进 5
7. 马三进四　炮 8 进 1
8. 马八进七！炮 8 平 3（图 303）

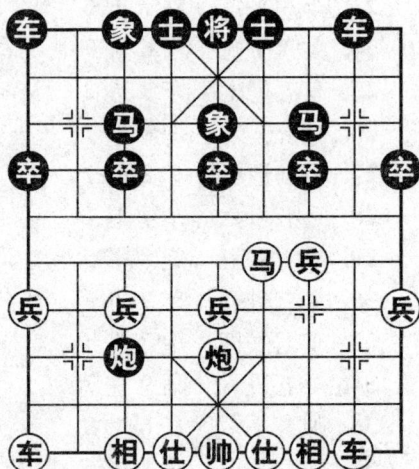

图 303

9. 车二进九　马 7 退 8
10. 车九进二　炮 3 进 1
11. 车九退一　炮 3 退 1
12. 马四进六　车 1 进 2
13. 车九平二　马 8 进 9
14. 车二进六　卒 3 进 1
15. 马六进七　车 1 平 3
16. 车二平一　卒 3 进 1
17. 炮五进四！士 4 进 5
18. 相三进五　卒 3 进 1
19. 炮五平一！车 3 进 2
20. 兵一进一！车 3 平 8
21. 车一平三　卒 3 平 4
22. 兵五进一　车 8 退 1
23. 炮一进三　车 8 退 3
24. 炮一退三　卒 1 进 1
25. 车三退一　士 5 退 4
26. 车三平七　炮 3 平 2
27. 炮一平五　士 6 进 5
28. 炮五退一！炮 2 进 2
29. 车七进三　卒 4 进 1
30. 车七平八　炮 2 平 1
31. 车八退九　炮 1 退 1
32. 车八进一　炮 1 进 1
33. 兵一进一　车 8 进 9
34. 车八平四　车 8 退 3
35. 车四进四　车 8 平 9
36. 仕四进五　车 9 进 3
37. 车四退五！车 9 退 5
38. 仕五进六　车 9 退 4
39. 车四进六　车 9 平 6
40. 车四平二　车 6 进 5
41. 车二进三　车 6 退 5
42. 车二退二　车 6 进 5
43. 车二平五　将 5 平 6
44. 炮五平七！车 6 进 4
45. 师五进一　车 6 退 1
46. 师五退一　车 6 进 1
47. 师五进一　车 6 平 4
48. 炮七进四　将 6 进 1
49. 炮七退一　士 5 进 6

50. 兵三进一　车 4 平 5
51. 帅五平四　车 5 平 6
52. 帅四平五　车 6 平 9
53. 帅五平四　车 9 退 1
54. 帅四进一　车 9 退 2
55. 车五平四　将 6 平 5
56. 兵五进一　车 9 进 3
57. 仕六退五　炮 1 退 1
58. 相五退三　车 9 平 7
59. 炮七退六！车 7 退 1
60. 车四进一（图 304）

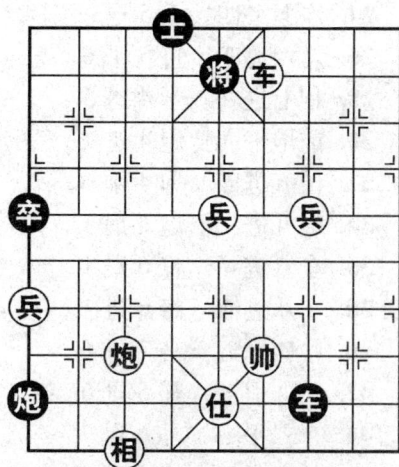

图 304

第 153 局　蒋川胜金松

1. 炮二平五　马 8 进 7
2. 马二进三　车 9 平 8
3. 车一平二　炮 8 进 4
4. 兵三进一　炮 2 平 5
5. 兵七进一　车 1 进 1
6. 马八进七　车 1 平 8
7. 车九平八　炮 8 平 7
8. 车二平一　前车进 3
9. 炮八平九　马 2 进 1
10. 车八进七　卒 1 进 1（图 305）
11. 马七进八　马 1 进 2
12. 炮九进三　马 2 进 4
13. 炮九进四　马 4 进 6
14. 车一进一　前车进 4
15. 车八进二！后车进 4
16. 车一平二　车 8 进 4
17. 马八进七！炮 7 进 3
18. 仕四进五　马 6 进 7
19. 帅五平四　车 8 退 4
20. 炮九平七　士 4 进 5
21. 马七进八　炮 5 平 3
22. 兵三进一！车 8 平 7
23. 马三进二　车 7 进 1

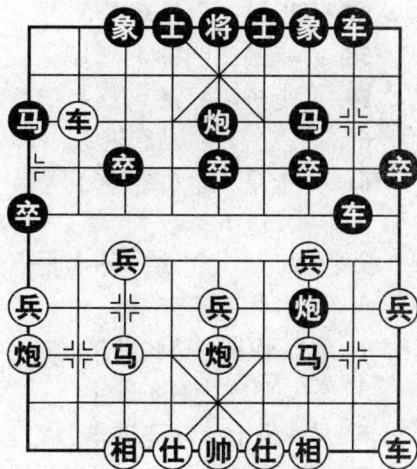

图 305

24. 炮七平四！ 士 5 退 4　　　25. 马八退六！ 将 5 进 1

26. 马六退四！ 将 5 平 6　　　27. 炮五平四！ 车 7 平 6

28. 相七进九　士 4 进 5　　　29. 车八退二　炮 3 平 4

30. 前炮平九！ 炮 4 进 1　　　31. 炮九退五！ 车 6 进 2

32. 仕五进四　炮 4 平 6　　　33. 马二进四　卒 7 进 1

34. 炮九进二　炮 6 退 1　　　35. 炮九进二　士 5 进 4

36. 车八进一　将 6 退 1　　　37. 车八退三　炮 7 平 8

38. 车八进四　将 6 进 1　　　39. 车八退八！ 前马退 5

40. 帅四平五　马 7 进 6　　　41. 车八平二　炮 8 平 9

42. 相九退七　马 5 进 6　　　43. 车二退一！ 后马进 5

44. 车二平一　马 6 退 7　　　45. 兵七进一　马 5 退 7

46. 仕六进五　炮 6 进 4　　　47. 炮九平八　炮 6 平 2

48. 相七进五　后马退 5

49. 车一平三　马 7 退 6

50. 车三进五　马 6 进 5

51. 炮八平七！ 前马退 4

52. 车三进三　将 6 退 1

53. 车三进一　将 6 进 1

54. 车三退一　将 6 退 1

55. 车三退一！ 炮 2 平 5

56. 帅五平四　马 4 进 2

57. 兵七进一　将 6 平 5

58. 车三进二　将 5 进 1

59. 兵七进一！ 将 5 平 4

60. 车三平八！ 马 5 进 4

61. 炮七平九！ （图 306）

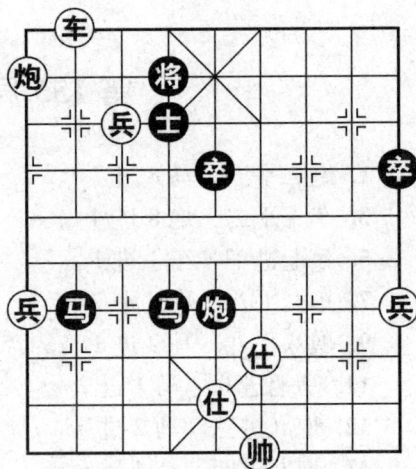

图 306

第 154 局　刘殿中负赵国荣

1. 炮二平五　马 8 进 7　　　2. 马二进三　车 9 平 8

3. 车一平二　炮 8 进 4　　　4. 兵三进一　炮 2 平 5

5. 马八进七　马 2 进 3　　　6. 兵七进一　车 1 平 2

7. 车九平八　车 2 进 4　　　8. 炮八平九　车 2 平 8

9. 车八进六　炮 8 平 7　　　10. 车八平七　前车进 5

11. 马三退二　车8进9

12. 车七进一　车8平7

13. 车七进二　炮7平8

14. 炮九进四　炮8进1！（图307）

15. 炮九进三　车7退4

16. 兵七进一　车7平3！

17. 马七退九　炮8退6

18. 炮五平三　炮5进4

19. 车七平八　将5进1

20. 车八退六　车3平5

21. 马九进七　炮5平3！

22. 炮三平五　炮3进3

23. 帅五进一　象7进5

24. 车八平二　炮8平6

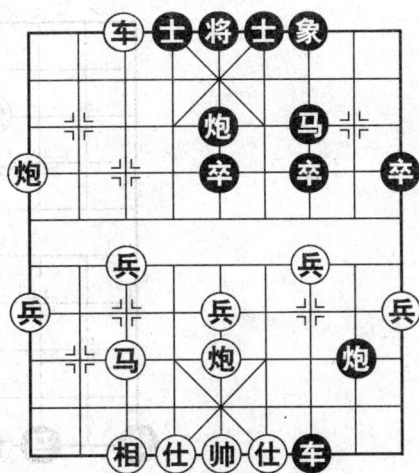

图 307

26. 炮五平三　车2平5

28. 炮五平三　车2平5

30. 炮三平五　炮3平8

32. 炮五进三　卒5进1！

34. 马三进五　马7进5

36. 炮五平四　炮8进1

38. 兵六平七　炮8平5

40. 炮四退二　卒7进1

42. 兵七平六　马1进2

44. 炮五平六　炮9进5

46. 帅六平五　卒7进1

48. 帅五平六　卒7进1

50. 炮六平五　卒5平6

52. 后炮退三　卒7平6

54. 炮六进三　马3进4

56. 后炮平五　将5平6

58. 兵五平六　马4进2

60. 帅五退一　炮1进4

62. 仕五退六　卒6进1！（图308）

25. 马七进五　车5平2

27. 炮三平五　车5平2

29. 炮九退二　炮3退3

31. 炮五进二　卒5进1

33. 马五进三　卒7进1！

35. 兵七平六　炮8退3

37. 炮九退二　马5退3！

39. 炮九平五　马3进1

41. 帅五平六　炮6平9

43. 兵六进一　马2进4

45. 炮六进四　马4进6

47. 兵六平五　马6退4！

49. 炮六退二　炮9平1

51. 炮四平五　炮1退1

53. 后炮平六　马4退3

55. 炮五平六　马4退2

57. 炮五平四　马2进4！

59. 帅六平五　后卒平5

61. 仕六进五　马2进3

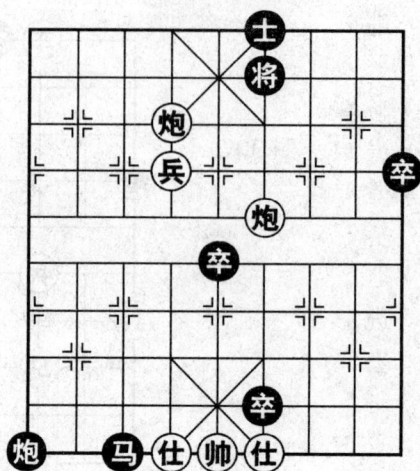

图 308

第四章 其 他

第 155 局 蔡忠诚负金松

1. 炮二平五　马 8 进 7　　　2. 马二进三　车 9 平 8

3. 马八进七　炮 2 平 5　　　4. 车九平八　马 2 进 3

5. 车一进一　车 1 进 1　　　6. 车一平四　车 8 进 1

7. 兵七进一　卒 7 进 1　　　8. 马七进六　车 1 平 6!（图 309）

9. 车八进一　炮 8 进 4　　　10. 车四平六　马 7 进 6

11. 马六进四　车 6 进 3!　　12. 炮八平七　车 8 进 4

13. 车八进三　士 6 进 5　　　14. 车六平二　将 5 平 6

15. 仕四进五　炮 5 进 4!　　16. 车八退一　炮 5 退 2!

17. 炮七进一　车 6 进 3!　　18. 车二进一　车 8 平 6!

19. 炮七平五　前车平 7!（图 310）

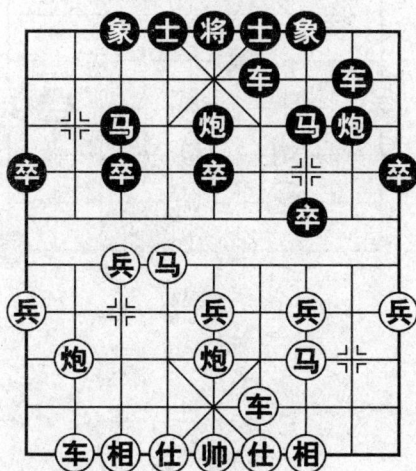

图 309

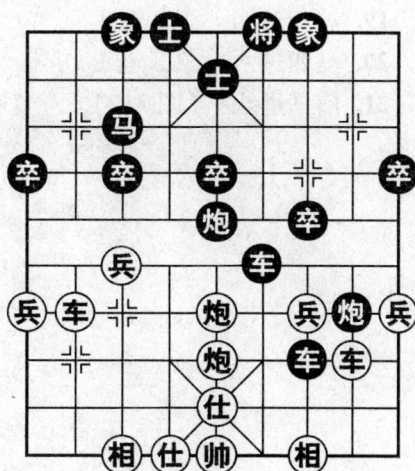

图 310

第 156 局　李雪松胜李艾东

1. 炮二平五　　马 8 进 7
2. 马二进三　　车 9 平 8
3. 车一平二　　炮 2 平 5
4. 兵三进一　　马 2 进 3
5. 马八进七　　车 1 平 2
6. 车九平八　　车 2 进 5
7. 炮五退一　　炮 8 进 4
8. 相七进五　　炮 8 平 7（图 311）
9. 兵七进一　　车 8 进 9
10. 马七进八　　车 8 退 2
11. 炮五平七！　炮 7 进 3
12. 帅五进一！　炮 7 平 9
13. 马八进七　　炮 5 平 6
14. 炮八平七　　象 7 进 5
15. 马七退六　　车 8 退 3
16. 兵七进一！　士 4 进 5
17. 兵七进一　　马 3 退 4
18. 车八进五！　车 8 进 3
19. 马三进四　　车 8 退 1
20. 马四进六！　象 3 进 1
21. 前马进八！（图 312）

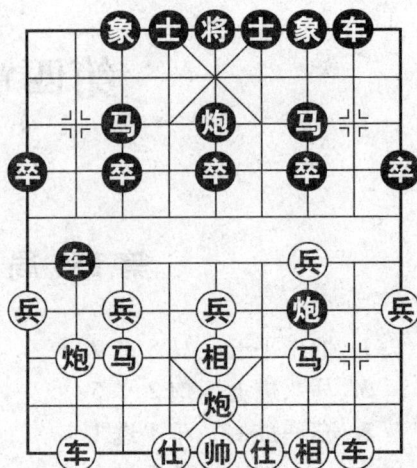

图 311

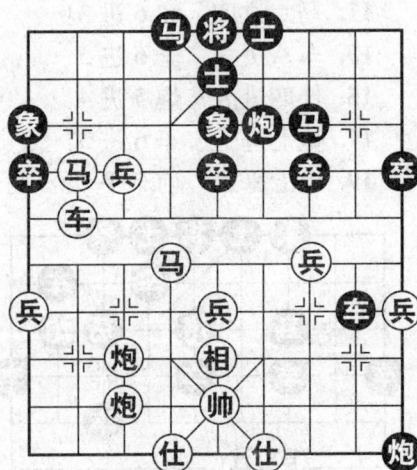

图 312

第 157 局　赵国荣胜柳大华

1. 炮二平五　马 8 进 7

2. 马二进三　车 9 平 8

3. 车一平二　炮 2 平 5

4. 兵三进一　马 2 进 3

5. 炮八平六　车 1 平 2

6. 马八进七　炮 8 进 2

7. 兵七进一　车 2 进 4

8. 车九平八　车 2 平 4（图 313）

9. 仕六进五　卒 7 进 1

10. 车二进四　卒 3 进 1

11. 车八进八　卒 3 进 1

12. 兵三进一　车 4 平 7

13. 车二平七　马 3 进 2？

14. 车七进五！　士 6 进 5

15. 马七进六！　马 2 进 4

16. 炮六进七！　士 5 退 4

17. 车八平六　将 5 平 6

18. 车七平六！　炮 5 退 2

19. 马三进四！　马 4 退 3

20. 炮五平四！　车 7 平 6

21. 马四进二！　车 6 平 8

22. 后车平三　前车退 2

23. 炮四退一　前车进 6

24. 炮四进五！　前车退 6

25. 炮四平七　象 7 进 5

26. 车六退一！　炮 5 进 1

27. 炮七进二　后车平 7

28. 车三平五！（图 314）

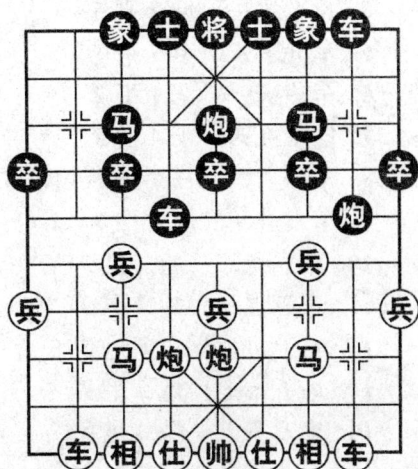

图 313

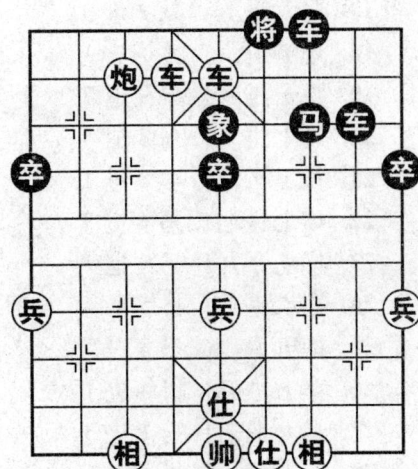

图 314

第 158 局　杨官璘胜赵庆阁

1. 炮二平五　马 8 进 7

3. 兵七进一　炮 2 平 5

5. 车九平八　卒 7 进 1

6. 车一进一　车 1 平 2

7. 炮八进四　士 4 进 5

8. 车一平六　马 7 进 8（图 315）

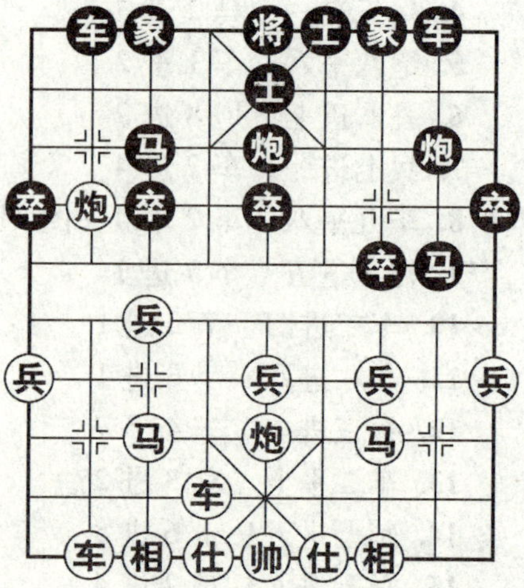

9. 车六进四　炮 8 平 7

10. 车六平三　象 7 进 9

11. 车三退一　炮 7 退 2

12. 马七进六！车 8 进 2

13. 炮五平七！炮 5 平 7

14. 炮八平五　象 3 进 5

15. 车八进九　马 3 退 2

16. 车三平二　前炮进 5

17. 马六进七　马 2 进 3

18. 炮五退一　后炮进 1

19. 兵七进一　象 9 退 7

20. 马七进九！马 3 退 4

21. 兵七平六　车 8 进 1

22. 炮七进七！马 4 进 3

23. 炮七平九！马 3 退 1

24. 车二平七！将 5 平 4

25. 炮五退一　马 8 进 7

26. 车七进五！将 4 进 1

27. 马九退七！马 1 进 3

28. 车七退一！将 4 退 1

29. 炮五平六！将 4 平 5

30. 炮六平八！（图 316）

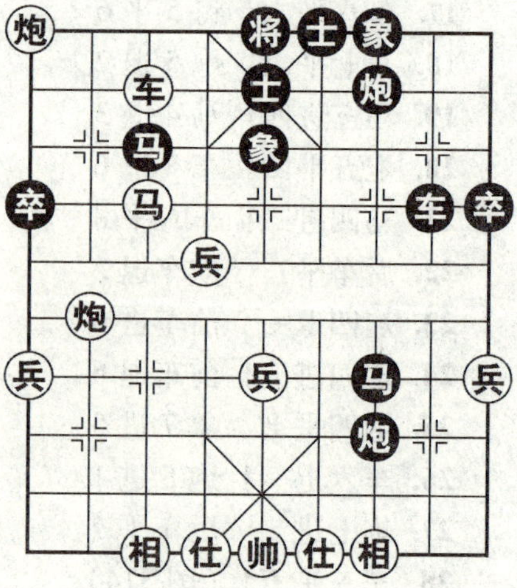

2. 马二进三　车 9 平 8

4. 马八进七　马 2 进 3

图 315

图 316

176

第 159 局　秦劲松负李锦欢

1. 炮二平五　马 8 进 7
2. 马二进三　车 9 平 8
3. 车一平二　炮 2 平 5
4. 马八进七　卒 3 进 1
5. 车九平八　马 2 进 3
6. 车二进五　炮 5 退 1!（图 317）

7. 炮八进二　炮 8 平 9
8. 车二平七　炮 5 平 3
9. 车七平四　象 3 进 5
10. 炮八平三　车 8 进 2
11. 兵五进一　卒 7 进 1
12. 炮三进三　炮 9 平 7
13. 马三进五　炮 7 平 6
14. 车八进八　炮 3 进 5
15. 兵五进一　炮 3 进 3
16. 仕六进五　卒 5 进 1
17. 炮五进三　士 4 进 5
18. 车八退八　炮 3 退 1
19. 车八进一　炮 3 进 3
20. 相三进五　炮 3 平 1
21. 车八平九　炮 1 平 6
22. 仕五退四　车 1 平 4
23. 马五进七　车 4 进 6
24. 车四进一　车 8 进 3!
25. 兵三进一　车 8 进 2!
26. 后马进五　炮 6 进 7!
27. 车四退六　将 5 平 4!
28. 车九退一　马 3 进 2
29. 相五退三　马 2 进 4!
30. 车四进四　车 4 平 5
31. 帅五平四　车 5 平 4!
32. 车九平八　马 4 进 6!
33. 车八进九　将 4 进 1（图 318）

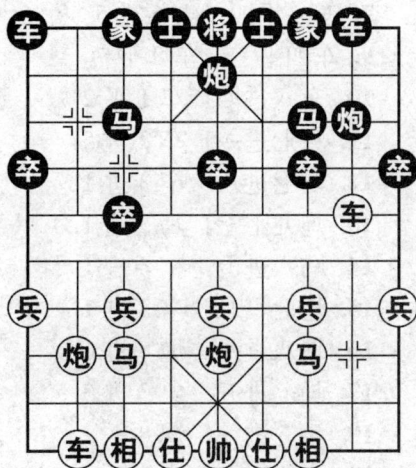

图 317

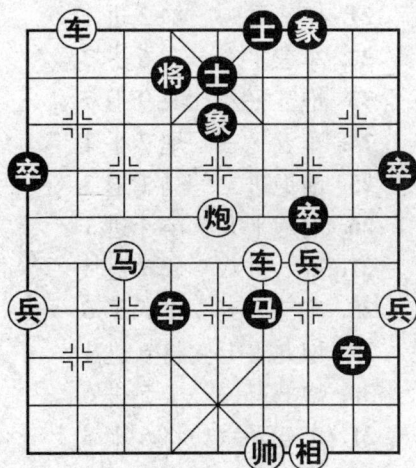

图 318

第160局　柳大华胜王秉国

1. 炮二平五　马8进7
2. 马二进三　车9平8
3. 马八进七　卒3进1
4. 车一进一　炮2平5
5. 车九平八　马2进3
6. 炮八平九　卒7进1
7. 车一平四　士6进5
8. 车四进五　象7进9（图319）
9. 车四平三　车8平7
10. 车八进四　车1平2
11. 兵七进一!　车2进5
12. 马七进八　卒3进1
13. 炮九平七!　马3退1
14. 马八进七　卒3进1
15. 炮七平八　卒3进1
16. 炮八进六　炮8进6
17. 马七进五　象3进5
18. 兵五进一!　炮8平2
19. 炮八退一!　卒3平4
20. 炮五退一　车7平6
21. 车三进一　炮2进1
22. 车三平五　车6进7
23. 炮五平八!　象9退7
24. 车五平三　炮2平1
25. 前炮进二　马1退3
26. 前炮平九!　卒4进1
27. 炮八进八　象7进5
28. 车三平五　将5平6
29. 炮九平七　将6进1
30. 炮七退一　士5进6
31. 车五平六!　将6平5
32. 炮八退一　将5退1
33. 车六进一!　士4进5
34. 炮七进一（图320）

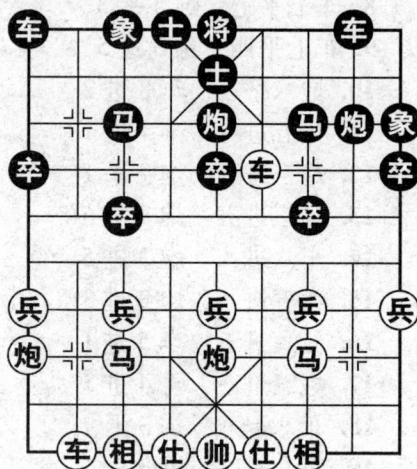

图319

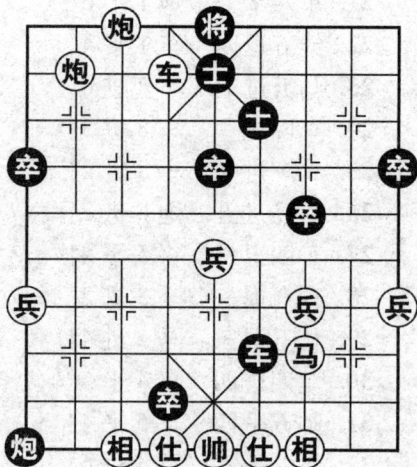

图320

第 161 局　赵国荣胜苗永鹏

1. 炮二平五　马 8 进 7
2. 兵三进一　炮 2 平 5
3. 马八进七　马 2 进 3
4. 车九平八　卒 3 进 1
5. 马二进三　炮 8 进 4
6. 炮八进四　炮 8 平 7
7. 炮八平七　车 9 进 1
8. 车八进四　车 9 平 4　（图 321）
9. 车八平四　车 4 进 2
10. 兵七进一！车 4 平 3
11. 马七进六！车 3 平 2
12. 马六进四！马 7 退 9
13. 兵七进一！炮 5 退 1
14. 车四退一　象 3 进 5
15. 车四平三　象 5 进 3
16. 车一平二　车 1 进 1
17. 车二进八！炮 5 平 3
18. 车二平一　士 4 进 5
19. 车一退二　马 3 进 4
20. 相七进九　马 4 进 3
21. 兵五进一　马 3 进 1
22. 仕四进五　象 3 退 5
23. 帅五平四　炮 3 进 8
24. 帅四进一　马 1 进 3
25. 炮五平六　车 2 进 1
26. 车三平四　马 3 退 2
27. 炮六平五　炮 3 退 1
28. 帅四退一　车 1 平 4
29. 车一平三　车 4 进 3
30. 马四进二！将 5 平 4
31. 车三平五　车 4 进 1
32. 兵五进一　马 2 退 3
33. 炮五平六！马 3 退 5
34. 车四平六　士 5 进 4
35. 车六进四！将 4 平 5
36. 车六进一！（图 322）

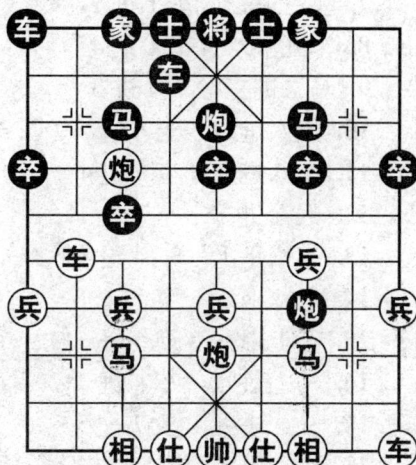

图 321

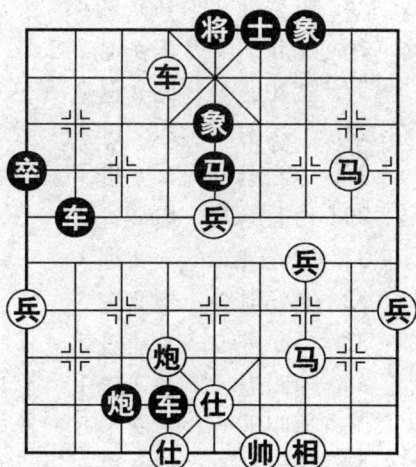

图 322

179

第 162 局　陈新全负何顺安

1. 炮二平五　马 8 进 7　　　　2. 兵三进一　车 9 平 8
3. 马二进三　炮 2 平 5　　　　4. 兵七进一　炮 8 平 9
5. 马八进七　车 8 进 4　　　　6. 车一平二　车 8 进 5
7. 马三退二　车 1 进 1
8. 车九平八　车 1 平 4
9. 马二进三　车 4 进 3
10. 炮八进六　士 6 进 5（图 323）
11. 车八进六　卒 7 进 1
12. 兵七进一　卒 3 进 1
13. 车八平七　车 4 退 3！
14. 炮八退六　卒 7 进 1
15. 车七退一　炮 5 平 3！
16. 马七进八　车 4 进 4
17. 马八进九　象 7 进 5
18. 车七进一　马 7 进 6
19. 炮八进六　炮 3 平 2！

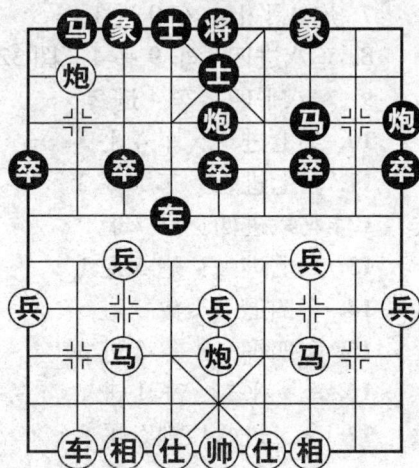

图 323

20. 炮五进四　卒 7 进 1
21. 马三退二　炮 9 进 4
22. 车七平八　马 6 退 4！
23. 车八退二　马 4 进 3！
24. 相七进九　马 3 进 4
25. 帅五进一　马 4 退 6
26. 帅五平四　车 4 退 2！
27. 马九退七　炮 9 退 2
28. 车八平四　炮 2 进 1！
29. 炮五退二　车 4 进 1！
30. 马七退九　炮 2 进 2！
31. 炮五进二　车 4 退 1
32. 炮五退一　炮 2 进 3
33. 马二进一　车 4 进 5
34. 帅四进一　卒 7 进 1！
35. 帅四平五　炮 9 平 8！
36. 仕六进五　炮 8 进 3
37. 仕五进四（图 324）

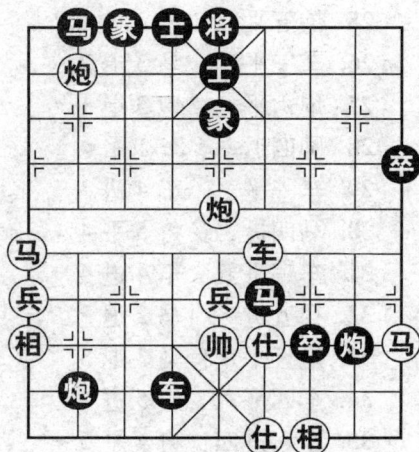

图 324

第 163 局　宗永生胜张江

1. 炮二平五　马8进7　　　2. 马二进三　车9平8
3. 兵三进一　炮2平5　　　4. 车一平二　马2进3
5. 马八进九　车1平2　　　6. 车九平八　车2进5
7. 炮五退一　车2平7　　　8. 相七进五　车7平4
9. 车二进六　卒7进1　　　10. 车二平三　马7退5（图325）

11. 炮五平七！炮8进4

12. 车三退一　炮5平7

13. 炮七进五！象7进5

14. 车三进一　炮7进5

15. 炮八平三　炮8进3

16. 仕六进五　车8进6

17. 车三进二　车8平5

18. 炮七平一　车4平8

19. 车三平四！车8退5

20. 车八进四　车5平9

21. 车八平二！车8平7

22. 炮一进二　炮8平9

23. 炮一平二　车9退6

24. 炮二平三！车7平8

25. 车二平三！车8平7

26. 车三平一！车9平8

27. 后炮进七　车8平7

28. 车一退四　马3进4

29. 车一进四　马5进3

30. 车一平三　车7平8

31. 车四平六　车8进4

32. 车三平七　士6进5

33. 车七进二　马4进2

34. 车七进一　马2进1

35. 车七平五　马1退3

36. 车五平八！马3退5

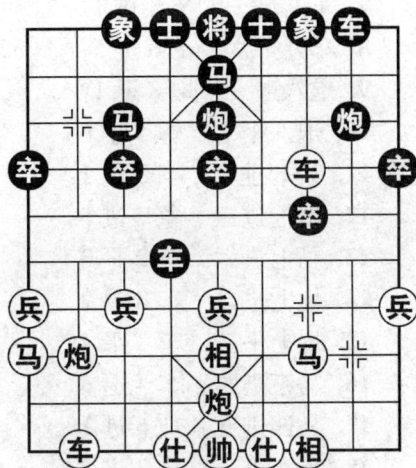

图 325

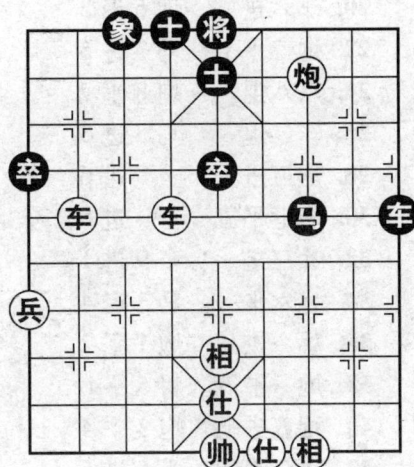

图 326

37. 车六退四　马 5 退 7　　　　　　**38.** 车六进一！车 8 平 9

39. 车八退二（图 326）

第 164 局　黄少龙胜梁文斌

1. 炮二平五　马 8 进 7　　　　　　**2.** 马二进三　车 9 平 8

3. 兵三进一　炮 2 平 5　　　　　　**4.** 车一平二　马 2 进 3

5. 车二进六　车 1 平 2　　　　　　**6.** 马八进七　车 2 进 6

7. 车九进一　卒 3 进 1

8. 车九平六　士 6 进 5（图 327）

9. 炮八退一！炮 8 退 1？

10. 炮八平七　炮 5 平 6

11. 兵七进一　卒 3 进 1

12. 炮七进三　象 7 进 5

13. 马七进六　车 2 平 3

14. 炮七进二　车 3 退 2

15. 炮七平三　车 3 平 4？

16. 马三进四！车 4 退 3

17. 马四进五　炮 6 进 1

18. 车二进一！马 7 进 5

19. 炮五进四　车 4 进 3

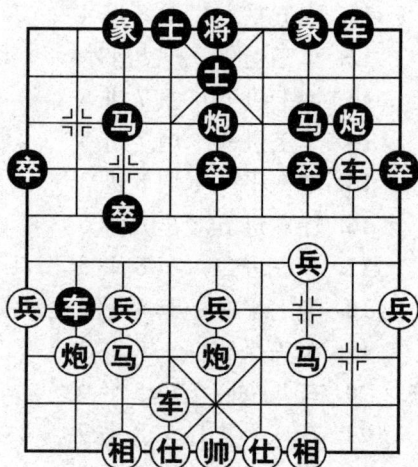

图 327

20. 车六进一　炮 6 退 3　　　　　　**21.** 炮五退二　车 8 平 7

22. 炮三平七　马 3 进 5　　　　　　**23.** 马六退八　车 4 进 3

24. 马八退六　炮 8 平 7　　　　　　**25.** 相三进五！炮 7 进 2

26. 车二退一　马 5 进 3　　　　　　**27.** 马六进七　炮 7 平 5

28. 炮五进一　士 5 进 6　　　　　　**29.** 炮五平六！炮 5 平 6

30. 炮七平五　士 4 进 5　　　　　　**31.** 炮五退一　前炮进 3

32. 兵三进一！卒 9 进 1　　　　　　**33.** 兵三进一　后炮进 1

34. 炮六平二　马 3 退 4　　　　　　**35.** 马七进六　前炮平 1

36. 兵一进一　炮 1 平 2　　　　　　**37.** 炮五平八！马 4 退 2

38. 炮一平五　将 5 平 6　　　　　　**39.** 兵一进一　炮 2 平 3

40. 相五进七！炮 3 平 4　　　　　　**41.** 兵三进一　炮 6 进 8

42. 兵三平四！士 5 进 6　　　　　　**43.** 马六进四！（图 328）

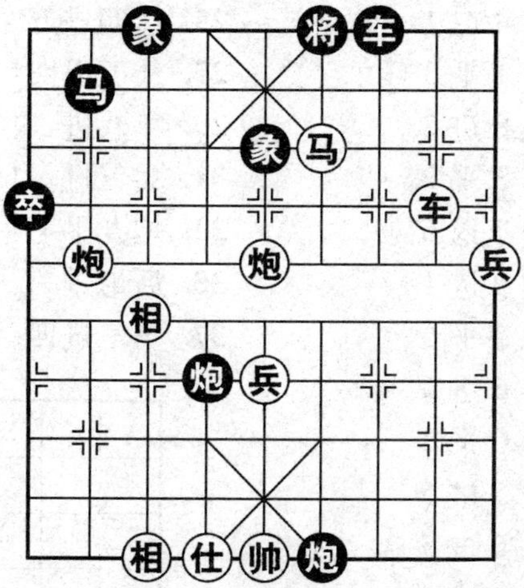

图 328

第 165 局　赵国荣胜柳大华

1. 炮二平五　马 8 进 7	2. 马二进三　车 9 平 8
3. 车一平二　炮 2 平 5	4. 马八进七　马 2 进 3
5. 兵七进一　卒 7 进 1	6. 车九平八　车 1 进 1
7. 车二进四　车 1 平 4	8. 马七进六　炮 8 平 9
9. 车二平四　车 8 进 6	10. 炮八平六　车 4 平 8 （图 329）

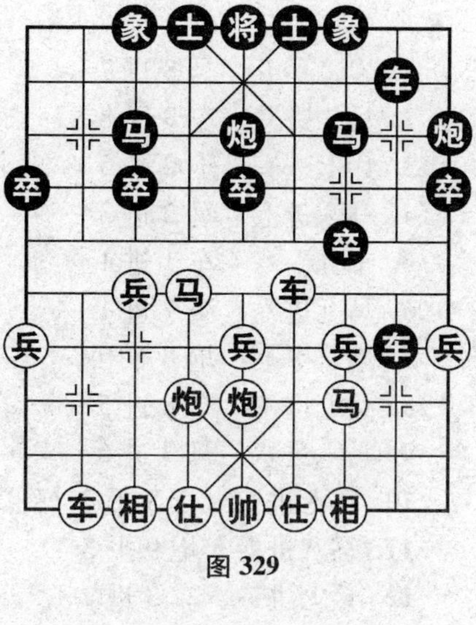

11. 兵七进一！前车退 1

12. 车四平二　车 8 进 4

13. 马六进八　马 3 退 5

14. 兵七进一　车 8 平 3

15. 车八进三　车 3 退 1

16. 马八退七　车 3 退 1

17. 炮六平七　车 3 平 4

18. 车八进二　车 4 进 4

19. 炮七平九　炮 5 平 3

20. 马七进五　马 5 进 4

21. 车八平三　马 4 进 5

22. 炮五进二　象 7 进 5

23. 相三进五　士 6 进 5

图 329

24. 车三平八　车4退1　　25. 仕四进五　车4平1

26. 炮五平七！车1平3　　27. 仕五退四！炮9平8

28. 兵三进一！炮8进2　　29. 车八进二！炮3平4

30. 车八平七！车3平2　　31. 兵三进一！炮8进3

32. 兵三进一　马7退6　　33. 炮九平七！象3进1

34. 车七平九　车2进1　　35. 后炮进一　炮8平5

36. 车九退一　炮5平6　　37. 马三进四　车2退1

38. 马四进六　卒5进1

39. 车九平四！炮6平8

40. 马六进五！士5进6

41. 马五退六　马6进5

42. 车四平五　士4进5

43. 前炮平二　车2进2

44. 仕四进五　车2退4

45. 炮二进一！车2进3

46. 炮二进二！炮8进2

47. 炮二平五　将5平6

48. 炮七进一　卒5进1

49. 车五退二！（图330）

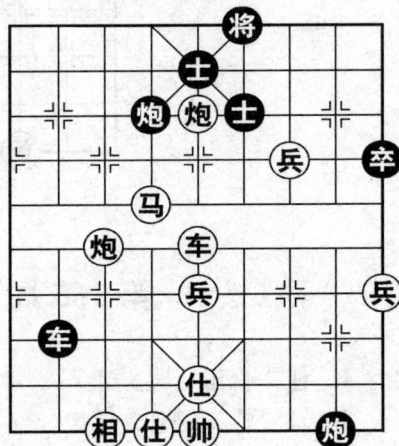

图 330

第 166 局　刘宗泽胜肖革联

1. 炮二平五　马8进7

2. 马二进三　车9平8

3. 兵七进一　炮2平5

4. 马八进七　马2进3

5. 车九平八　车1进1

6. 马七进六　卒7进1

7. 炮八平七　炮8平9

8. 兵七进一　车8进5

9. 马六进八　马7进6

10. 兵七进一　车8平3（图331）

11. 马八进七　炮9平3

12. 兵七进一　车3进2

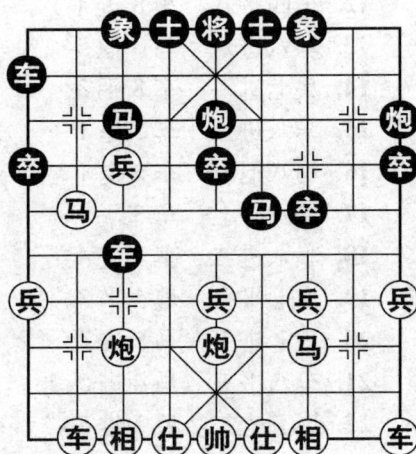

图 331

13. 兵七平六! 炮5平7　　　　14. 车八进五　马6进7

15. 炮五进四! 车3退4　　　　16. 炮五退一　车3平4

17. 兵六平五　士4进5　　　　18. 前兵进一　将5进1

19. 车一平二　车1平4　　　　20. 仕四进五　前车进1

21. 车八进四! 将5退1　　　　22. 炮五进一　前车退1

23. 炮五退一　前车进1　　　　24. 炮五进一　前车退1

25. 炮五退一　前车平3　　　　26. 车二进七! 马7退6

27. 马三进二　卒7进1　　　　28. 马二进一! 车3平9

29. 车八平七　车4退1　　　　30. 车七退二　炮7平4

31. 车二平五　士6进5　　　　32. 车五平三　士5退6

33. 车三退三　车9进3　　　　34. 车三平四　马6退8

35. 兵五进一! 车9退1　　　　36. 车四进二　车9平5

37. 炮五平二　马8退7

38. 车四进二　马7进9

39. 炮二退三　马9进7

40. 车四平三　车5平7

41. 相七进五　车7平8

42. 炮二平三　车8退2

43. 车七退一　炮4进1

44. 车七平九　象7进5

45. 炮三进一　马7进5

46. 车三平四! 士6进5

47. 炮三平五! 炮4平2

48. 炮五进四! 士5进6

49. 车九进二　炮2进6

50. 相五退七（图332）

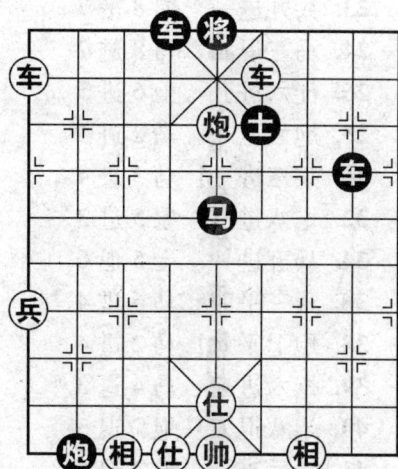

图 332

第 167 局　赵国荣胜赵庆阁

1. 炮二平五　马8进7　　　　2. 马二进三　车9平8

3. 车一平二　炮2平5　　　　4. 马八进七　马2进3

5. 车九平八　车1进1　　　　6. 兵三进一　车1平4

7. 兵七进一　车4进5　　　　8. 炮八平九　炮8进2（图333）

9. 仕四进五　车4平3　　　　10. 车八进二　车3退1

11. 炮五平六　炮 8 平 3
12. 车二进九　马 7 退 8
13. 相七进五　车 3 进 1
14. 炮九退二！炮 5 平 8
15. 炮九平七　车 3 平 4
16. 马七进八　车 4 退 5
17. 马三进四　车 4 平 2
18. 马八退六　车 2 进 6
19. 马六退八　象 7 进 5
20. 马四进三　炮 3 进 3
21. 炮七进六！炮 8 进 1
22. 仕五退四　炮 8 进 3
23. 兵九进一　炮 8 平 7
24. 马三退四　马 8 进 7
26. 仕六进五　士 6 进 5
28. 炮六退一　马 2 进 1
30. 兵三进一！马 3 进 4
32. 炮八进三　象 5 进 3
34. 兵五进一　士 5 退 6
36. 兵三平四　马 6 进 4
38. 炮七平六！马 2 进 4
39. 炮六进三　马 4 退 3
40. 炮八退三！炮 7 退 3
41. 后兵进一　象 3 退 5
42. 炮八平一　炮 7 平 1
43. 炮一进三　象 5 退 7
44. 炮六平五　士 4 进 5
45. 炮五平二　炮 1 进 4
46. 炮二进五！士 5 退 4
47. 马六进七！炮 1 进 4
48. 仕五进四　马 3 进 2
49. 炮一平三　将 5 进 1
50. 炮三退一！（图 334）

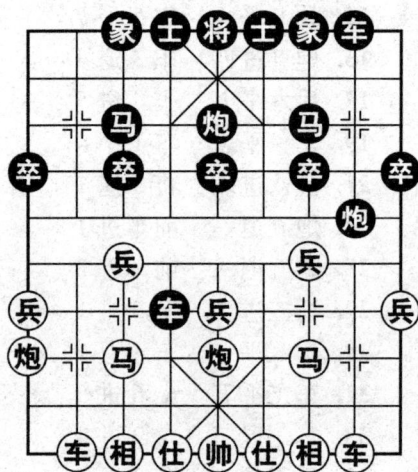

图 333

25. 兵一进一　炮 3 退 1
27. 马四进六　马 3 退 2
29. 炮七平八　马 1 进 3
31. 兵三进一　马 7 退 8
33. 炮六平七　炮 7 退 2
35. 马八进六　马 8 进 6
37. 兵四平五！后马进 2

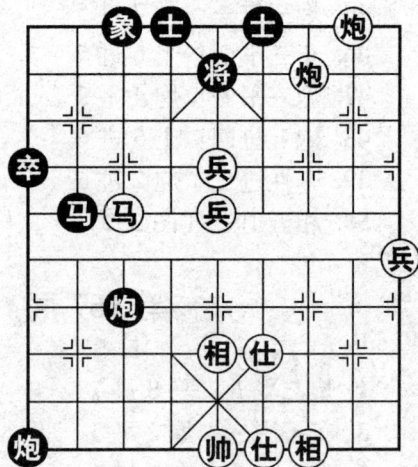

图 334

第 168 局 卜凤波胜赵庆阁

1. 炮二平五　马 8 进 7
2. 马二进三　车 9 平 8
3. 兵三进一　炮 2 平 5
4. 马八进七　马 2 进 3
5. 车九平八　卒 3 进 1
6. 炮八进四　车 1 进 1
7. 炮八平七　象 3 进 1
8. 车八进四　车 1 平 4
9. 兵七进一　车 4 进 3
10. 炮七平三　车 4 进 3（图 335）
11. 兵七进一！车 4 平 3
12. 兵七进一　马 3 退 5
13. 车一平二　车 3 退 3
14. 车二进六　马 5 退 3
15. 炮三退一　炮 8 平 9
16. 车二平三　车 8 进 2
17. 兵七平六　炮 5 平 3
18. 相七进九　象 7 进 5
19. 车三平四　车 3 平 6
20. 车八平四！车 6 退 1
21. 车四进二　士 6 进 5

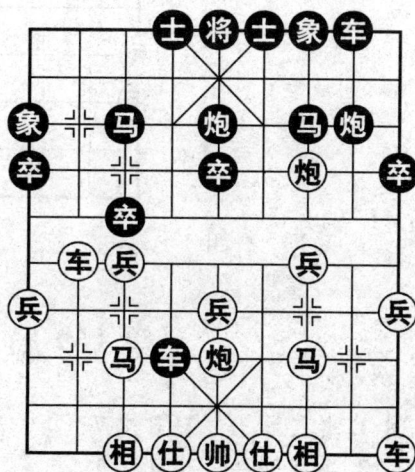

图 335

22. 兵六平五　马 7 退 8
23. 后兵进一　马 3 进 2
24. 后兵进一　马 2 进 3
25. 炮三平七！象 1 进 3
26. 马三进五　炮 3 平 2
27. 仕六进五　车 8 平 6
28. 车四平一　车 6 进 4
29. 马五进四　炮 2 进 2
30. 车一平二　马 8 进 6
31. 前兵进一！炮 2 平 5
32. 兵三进一　象 3 退 5
33. 马四进五！炮 9 平 6
34. 车二平三！马 6 进 8
35. 车三进一！车 6 平 2
36. 帅五平六　车 2 平 4
37. 帅六平五　车 4 平 2
38. 帅五平六　车 2 平 4
39. 帅六平五　车 4 退 4
40. 马五退四！车 4 平 2
41. 帅五平六　车 2 平 4
42. 帅六平五　车 4 平 2
43. 帅五平六　车 2 平 4
44. 帅六平五　马 8 进 9
45. 兵三平二　马 9 进 8
46. 车三进二　炮 6 退 2
47. 车三退六！马 8 进 9
48. 马四进二　车 4 平 8
49. 相三进一！炮 6 进 3

50. 车三进六　炮6退3　　　　51. 炮五进二!（图336）

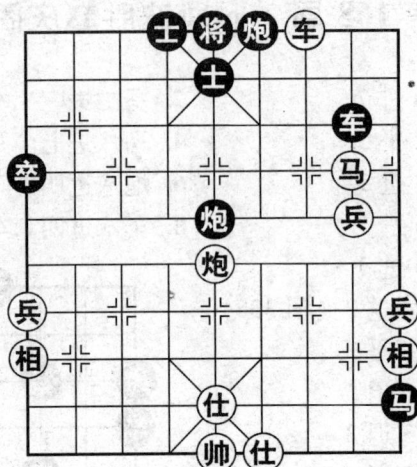

图336

第169局　陈翀胜孙浩宇

1. 炮二平五　马8进7　　　　2. 马二进三　车9平8
3. 兵七进一　卒7进1　　　　4. 马八进七　炮2平5
5. 车九平八　马2进3　　　　6. 车一进一　车1进1
7. 车一平四　车8进1　　　　8. 车八进一　车1平6（图337）
9. 炮八进二　马7进8
10. 马七进六　马8进7
11. 炮五平七　车6进7
12. 车八平四　炮8进4
13. 车四进三　车8平4
14. 炮七进一!　炮8平5
15. 炮七平三!　前炮退1
16. 炮三进六　士6进5
17. 炮三平一　卒3进1
18. 车四平二　卒3进1
19. 车二进五　士5退6
20. 车二退一　士6进5
21. 马六进七　卒3平2

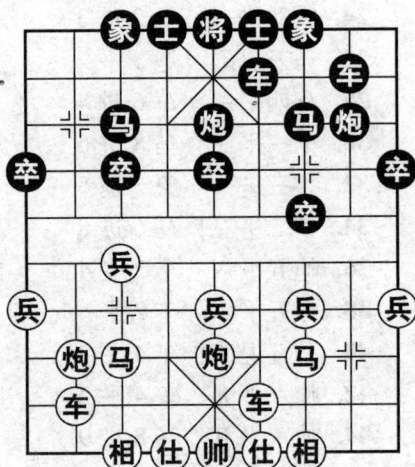

图337

22. 马三进四! 车 4 进 2　　23. 车二进一　士 5 退 6

24. 车二退一　士 6 进 5　　25. 车二进一　士 5 退 6

26. 马四进三! 前炮平 9　　27. 马三进五! 象 3 进 5

28. 兵一进一　车 4 平 3　　29. 相三进五　卒 2 进 1

30. 车二退二　士 6 进 5　　31. 车二平五　车 3 进 1

32. 炮一退二! 马 3 进 4　　33. 车五退一　马 4 进 6

34. 车五平四　马 6 进 4　　35. 炮一平五　士 5 进 4

36. 仕四进五　车 3 进 1　　37. 车四退三　马 4 进 3

38. 帅五平四　车 3 平 5　　39. 炮五平一! 卒 7 进 1

40. 车四进六　将 5 进 1　　41. 相五进三　车 5 平 7

42. 车四退六　卒 2 平 3

43. 帅四进一　卒 3 平 4

44. 车四退一　卒 4 平 5

45. 车四进四　车 7 进 3

46. 帅四退一　车 7 退 2

47. 炮一平四! 将 5 退 1

48. 车四平五　士 4 进 5

49. 炮四退五　马 3 退 4

50. 炮四平六　马 4 进 2

51. 车五平七　马 2 进 4

52. 车七进三　士 5 退 4

53. 炮六进七! 士 4 退 5

54. 炮六退六!（图 338）

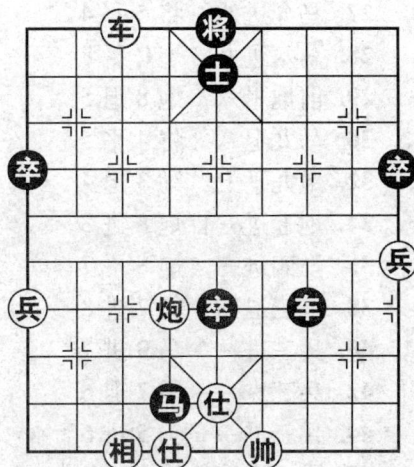

图 338

第 170 局　徐天红胜李来群

1. 炮二平五　马 8 进 7　　2. 兵三进一　炮 2 平 5

3. 马二进三　马 2 进 3　　4. 马八进七　车 1 平 2

5. 车九平八　车 2 进 5　　6. 车一平二　车 9 平 8

7. 炮五退一　炮 8 进 4　　8. 相七进五　炮 8 平 7

9. 车二进九　马 7 退 8　　10. 炮五平七! 卒 5 进 1（图 339）

11. 兵七进一　车 2 进 1　　12. 兵七进一　卒 3 进 1

13. 仕四进五　马 3 进 2　　14. 炮七退一　马 2 进 3

15. 炮八平九　车 2 进 3　　16. 马七退八　象 3 进 1

17. 炮九进四　马3进2
18. 炮七进二　马2退1
19. 炮七平九　马8进7
20. 马八进六　士4进5
21. 马六进八　炮5平2
22. 马八进九！炮2进7
23. 相五退七　马1进3
24. 前炮平八　炮2退4
25. 相三进五　象1退3
26. 炮八平九　象3进5
27. 马九进八　将5平4
28. 马八进九　炮7平8
29. 前炮平六　炮8退5
30. 马九退八　将4平5
32. 炮九平七　马3退4
34. 炮七进三！炮8进3
36. 马四进三　炮8平7
38. 马三退四　马7进8
40. 兵三进一　马9进7
42. 兵三进一　马7退6
44. 兵三进一　士5进6
45. 马二进三！将5进1
46. 马三进一　卒5进1
47. 马八进七　卒5进1
48. 马七退六　将5进1
49. 炮六平四　炮2平6
50. 马一退二　士6退5
51. 马六退七　卒5进1
52. 相七进五　士5进6
53. 马七进五　炮6平5
54. 兵三平四！马6退5
55. 马五进七！（图340）

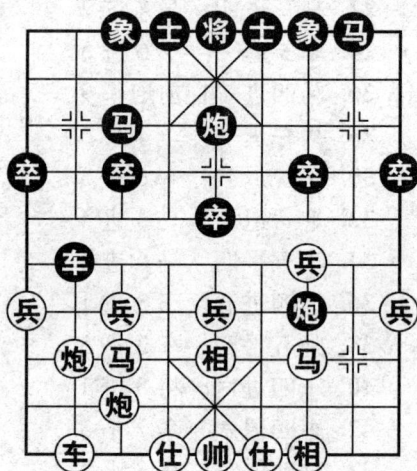

图 339

31. 炮九进三！炮2退1
33. 马三进四　马4进6
35. 炮七退七！炮8退3
37. 炮六退三！炮2进2
39. 兵三进一！马8进9
41. 马四进二　象5进7
43. 兵五进一！炮7平9

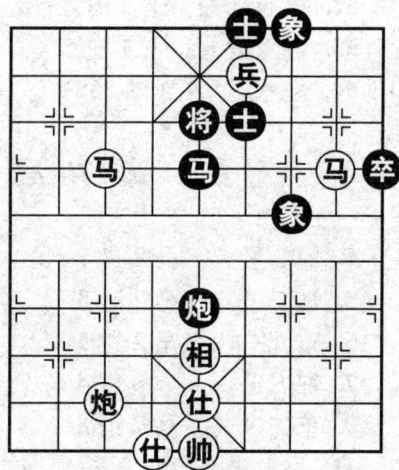

图 340